# 国际传播能力研究：国家与媒体案例集

陈 怡　吴长伟◎编著

北京师范大学出版集团
BEIJING NORMAL UNIVERSITY PUBLISHING GROUP
安 徽 大 学 出 版 社

**图书在版编目(CIP)数据**

国际传播能力研究:国家与媒体案例集 / 陈怡,吴长伟编著. —合肥:安徽大学出版社,2015.1

ISBN 978-7-5664-0566-1

(国家社科基金丛书)

Ⅰ.①国… Ⅱ.①陈…②吴… Ⅲ.①传播学—研究 Ⅳ.①G206

中国版本图书馆 CIP 数据核字(2013)第 266608 号

**国际传播能力研究:国家与媒体案例集** **陈 怡 吴长伟** 编著

**Guoji Chuanbo Nengli Yanjiu:Guojia yu Meiti Anliji**

---

**出版发行:** 北京师范大学出版集团
安 徽 大 学 出 版 社
(安徽省合肥市肥西路 3 号 邮编 230039)
www.bnupg.com.cn
www.ahupress.com.cn

**印　　刷:** 合肥远东印务有限责任公司

**经　　销:** 全国新华书店

**开　　本:** 170mm×230mm

**印　　张:** 19.75

**字　　数:** 340 千字

**版　　次:** 2015 年 1 月第 1 版

**印　　次:** 2015 年 1 月第 1 次印刷

**定　　价:** 39.00 元

ISBN 978-7-5664-0566-1

---

**策划编辑:** 康建中 朱丽琴　　**装帧设计:** 知耕书房

**责任编辑:** 马晓波 朱 楠　　**美术编辑:** 李 军

**责任校对:** 程中业　　**责任印制:** 陈 如

国 家 社 会 科 学 基 金 重 大 项 目

（项目批准号 09&ZD012）

# 总前言

## 一

近年来，中国掀起了一股“国际传播热”。中央领导人在很多重要讲话中反复强调提高国际传播能力的重要性；相关主管部门在各类相关会议上，就此提出要求、作出部署；不同类型的新闻媒体，尤其是国家级重点媒体，在国际传播领域加大投入，动作频繁，引起了国内外的广泛关注。

从动因上分析，中国如此重视国际传播能力的建设，主要是基于以下三个方面的认识和考虑：

其一，中国亟须提高国际传播能力，以更好地维护国家形象和国家利益。中共中央政治局常委李长春《在纪念中国电视事业诞生暨中央电视台建台50周年大会上的讲话》中指出：“传播力决定影响力。当今时代，谁的传播手段先进、传播能力强大，谁的思想文化和价值观念就能更广泛地流传，谁就能更有力地影响世界。因此，加强国内国际传播能力建设，事关我国改革开放和现代化建设大局，事关我国的国际影响和国际地位，事关我国文化软实力的提升，事关我国媒体在国际舆论格局中的地位和作用。”①

其二，中国的国际传播能力与西方相比，差距很大，必须奋起直追。2008年6月，中共中央总书记胡锦涛在人民日报社视察时说到，“西强我弱”的国际舆论格局还没有根本改变。同年10月，他在十七届三中全会上又指出，西方之所以能够掀起一轮又一轮的反华舆论浪潮，一个很重要的原因就是其拥有

---

① 李长春：《在纪念中国电视事业诞生暨中央电视台建台50周年大会上的讲话》，载《光明日报》，2008年12月23日。

强大的国际传播能力。相比之下，我们的国际传播能力还比较弱。构建覆盖广泛、技术先进的现代传播体系，形成与我国经济社会发展水平和国际地位相适应的国际传播能力，打破西方媒体垄断的格局，已经成为一项十分紧迫的任务。[①]

其三，全球传媒格局的大变革，为中国加强国际传播能力建设提供了难得的机遇。近几年，在全球金融危机和新媒体迅猛发展两大因素的强力冲击下，全球传媒格局发生了重大的变化：西方传媒业一蹶不振，很多媒体企业纷纷倒闭或裁员，中国等一些发展中国家的传媒业却逆势上行，而新媒体的迅速发展又为国际传播提供了新的空间和渠道。这无疑为中国媒体加快向国际传媒领域拓展提供了有利条件。

因此，2009 年 6 月，中央制定了《2009—2020 年我国重点媒体国际传播能力建设总体规划》（以下简称《总体规划》）。[②] 根据这个被视为中国国际传播能力建设"纲领性文件"的《总体规划》，加强国际传播能力的建设，成为中国媒体业一项重要的战略任务。

《总体规划》同时要求，我们要组织力量对我国国际传播能力建设中具有全局性、战略性的重大问题进行研究，科学评估我国国际传播的整体实力，深入研究我国国际传播能力建设的重点、方向和途径，同时要加强国际传播理论、现状和发展趋势研究，分析、介绍外国主流媒体加强国际传播能力建设的经验、做法。

正是在这样的背景下，国家社科规划办在 2009 年将"提高我国媒体传播能力研究"列为国家社科基金重大招标课题。新华社组成以新闻研究所的研究人员为主的课题组，参加了竞标，并荣幸地成功中标。这就是"中国媒体国际传播能力建设战略研究"课题（项目批准号 09&ZD012）的由来。

## 二

"中国媒体国际传播能力建设战略研究"是一个应用型对策研究课题，我们的基本思路是：深入分析当前的国内外形势、国际传播发展趋势和舆论格

① 刘文、张国涛：《为时代中国存像，与大千世界共鸣——兼论中央电视台纪录频道的责任与使命》，载《现代传播：中国传媒大学学报》，2011 年第 1 期。

② 陶社兰：《用国际视野和民间表达向世界说明中国军队——中国新闻社军事报道方略》，载《军事记者》，2011 年第 3 期。

局，从国际传播的共同规律出发，从我国媒体国际传播的实际出发，解放思想、实事求是，立足当前、着眼未来，力争提出一套具有高度系统性、科学性、前瞻性和可操作性的中国媒体国际传播能力建设战略，从而为自己创造良好的国际舆论环境、提升中国软实力提供有效的理论和对策支撑。

在对国内外相关文献进行全面检索和梳理、与国内重点媒体负责人和资深专家及高校相关领域资深学者进行广泛交流之后，我们逐渐明确了课题研究的主要内容和基本原则：

1. 理论与实际相结合。一方面，课题研究要对与国际传播能力相关的各种理论进行系统分析，包括新闻传播、国际传播、国际关系、软实力、文化、经济等领域的相关学说，既利用这些学说来分析国际传播能力建设的相关问题，同时又根据新情况对这些学说加以更新和完善；另一方面，课题研究必须紧密联系中国和外国媒体国际传播的实际，从实际中找问题、寻答案、觅规律，有助于解决实际问题。

2. 国内与国际相结合。中国媒体国际传播能力建设离不开中国国情，也离不开国际环境。因此，课题研究既要立足国内，又要面向世界。一方面，从中国媒体的实际出发，按照国际传播的一般规律，充分借鉴国外媒体的成功经验，从中外比较中寻找问题和答案，再根据中国国情提出切实可行的对策、建议；另一方面，要注意中国与世界、国际传播与国内传播的联动，力求兼顾国内、国际两个大局，使课题研究具有更强的系统性和有效性。

3. 整体与局部相结合。课题研究围绕中国媒体这个整体开展，同时也要考虑到各种不同形态的媒体；既综合研究国际传播能力建设的整体战略，又要深入研究与国际传播能力相关的各个方面的战略；既注意突出各个局部（方面、个体）的特点和优势，又要注意兼顾各个局部之间的互相联系和协同。每个子课题各部分之间、总报告与各子课题报告之间、各个子课题互相之间有内在的联系和逻辑关系，彼此关联、互相配合，共同组成一个完整、系统的研究体系。

4. 眼前与长远相结合。课题研究力求用发展的眼光关注国际传播形势，既要从当前的现实出发，又要能预见可能出现的新情况、新变化和新趋势；用发展的眼光分析国际传播理论，充分考虑到各种理论的现实适用性，并根据现实的新变化赋予其新的内容；用发展的眼光进行战略研究，提出的对策建议不仅能够解决当前问题，而且对中长期发展都有实用价值，具有战略性和前瞻性。

据此，我们将课题分解成若干子课题，组建了以新华社新闻研究所的研究人员为骨干、吸纳业界和学界年富力强的专家学者参加的研究团队，从2010年初开始了课题研究。

三

由于这是一个实用型对策研究课题，我们在重视文献研究、定量和定性研究的同时，也非常重视深度访谈、田野调查、案例研究等方法，作了大量深入细致的调研，听取了众多中外业界专家和学者的意见。

为了全面了解我国媒体国际传播能力建设的有关情况，课题组成员先后采访了中央电视台、中国国际广播电台、《中国日报》、《人民日报(海外版)》、国际在线等中央主要外宣媒体的负责人，采访了南方电视台、蓝海电视台、杭州日报报业集团等重要地方的外宣媒体。在新华社内部，课题组成员先后采访了国际部、对外部、人事局、外事局等部门，内蒙古、广西、杭州等地方新闻对外报道试点分社，以及香港、布宜诺斯艾利斯、里约热内卢、旧金山等驻外分社。2011年7月，世界媒体峰会主席团会议在北京举行期间，课题组成员还对新闻集团、美联社、英国广播公司、半岛电视台、《纽约时报》、谷歌等10家国际一流媒体集团的主要负责人进行了直接采访。这一系列调研最后形成了各类调研报告(材料)20多篇，既有对中央媒体如何加强国际传播能力建设的对策、建议，也有对地方媒体及国外媒体在这方面的经验介绍；既有对长期从事国际传播工作的资深人士的深度访谈，也有对媒体稿件的抽样统计分析；既有国内媒体负责人的愿景和规划，也有国外媒体精英的关注与期待。

一年多来，课题研究的负责单位——新华社新闻研究所，先后与国内知名高校和研究机构联合举办了3次国际传播学术论坛，邀请到来自国际知名媒体、国际学术研究机构、中国对外传播主要媒体、中国国际传播主要研究机构的数十位专家学者，就中国媒体国际传播能力建设的有关问题展开讨论：2010年7月，与中国社会科学院新闻与传播研究所在贵阳联合举办了首届“贵阳国际传播论坛”。论坛围绕文明转型期和新媒体背景下国际传播面临的挑战、机遇和对策等问题进行了深入探讨。这是中央作出加强我国媒体国际传播能力建设重大战略部署以来，我国首次举办的以国际传播能力建设为主题、横跨传媒业界与传播学界的国际性学术研讨会。2011年7月，与中国人民大学新闻学院共同举办了“中国海外传播圆桌论坛”，与会中外嘉宾围绕“如何在海外传播中国”的主题进行了深入交流。2011年10月，与浙江大学传媒与国际文化学院联合举办了“全球传播与社会变迁”国际学术研讨会。会议围绕国家形象与跨文化传播、对外传播的策略与效果、国际传播范式与信息传播新秩序、中国媒体国际传播的突破重点等问题进行了探讨和交流。这一系列国际传播论坛从不同角度对我国媒体国际传播中的理论和实践问题进行探讨,不仅为课题研究积累了大量宝贵的资料,也为课题组成员深入采访国内外知名资深专家学者提供了条件。

在课题研究人员的艰苦努力之下,课题研究进展顺利,取得了丰硕的阶段性成果。截至 2011 年 11 月底,已经有十余篇论文在相关专业期刊和学术会议上发表。其中,《媒体国际传播能力评估体系初探》一文,在国务院新闻办公室主办的"全国第二届对外传播理论研讨会"上被评为"优秀论文"。

为了更好地展示课题研究成果,在安徽大学出版社的支持下,我们决定出版"中外媒体国际传播能力建设战略研究丛书"。

## 四

"中国媒体国际传播能力建设战略研究"是一个内涵和外延都比较广大的课题,工作量非常大。作为首席专家,我要对参加课题研究的所有人员表示衷心感谢,感谢他们为高质量完成所承担的研究任务所付出的辛勤劳动;同时,我也要对从各个方面对课题研究给予关心、支持和帮助的人表示由衷的谢意。

感谢新华社领导对课题研究的重视和指导——李从军社长、何平总编辑、周锡生副社长、周树春副社长都对课题研究提出了殷切期望和具体要求;感谢新华社新闻研究所领导的支持和帮助,使课题研究在人员、时间等方面得到了充分保障。

感谢北京大学、中国人民大学、浙江大学等高校的新闻传播学院以及中国社会科学院新闻与传播研究所、中国外文局对外传播研究中心的资深学者们提供的智力援助。

还要感谢安徽大学出版社,尤其是朱丽琴副总编,正是她的工作热情和敬业精神,使得"中外媒体国际传播能力建设战略研究丛书"在很短时间内能够顺利出版。

**唐润华**

**2011 年 12 月 12 日**

# 目　录

## 中编：其他主要国家的国际传播现状与特点

## 下编：外国主要媒体国际传播特色

# 前　言

世界性的传播体系是在全球化过程中建立起来的以跨国媒体集团和国家为主导的、以电子传媒为主要载体的全球性系统。马克思在1848年《共产党宣言》中就预言了全球化的发展，“过去的那种地方的和民族的自给自足和闭关自守状态，被各民族的各方面的互相往来和各方面的互相依赖所代替了。物质的生产是如此，精神的生产也是如此。各民族的精神产品成了公共的财产。民族的片面性和局限性日益成为不可能，于是由许多种民族的和地方的文学形成了一种世界的文学”。[①] 马克思所说的“文学”今天就可以理解为文化产品。全球化是历史发展的必然趋势，在全球化的进程中，多元化应是世界的主流，多元化也是广大发展中国家实现国家利益的必然要求。

当今的国际传播秩序是发达国家垄断的旧秩序，美国等西方发达国家凭借较强的政治经济实力和国际传播能力，居于中心地位；广大发展中国家则由于较弱的国际传播力，处于国际传播秩序的边缘。在国际传播秩序中，改变信息流通现状的唯一途径就是推动多元化发展，这需要广大发展中国家的积极参与。旧的国际传播秩序尽管不平衡、不合理，但作为发展中国家来说，必须正视现实，而不是游离在外。

多元化代表了多种声音并存，而不仅仅是美国媒体或者是其他西方国家媒体的声音。在旧秩序下，国际传播体系的语言和形式都主要来自英语国家，以美国媒体为代表的英美主流媒体为主体，建立了国际传播的价值体系。随着以中国为代表的发展中国家在经济上的崛起，传统的经济旧秩序受到了冲

① 《马克思恩格斯选集》第一卷，北京：人民出版社，1972年，第255页。

击，这引起了西方国家在意识形态和价值观上的不适应，经济基础决定上层建筑，经济秩序的变迁也影响到传播秩序的改变。

为了维护固有的利益和价值体系，西方国家和媒体凭借传播强势掀起一波波反中国的舆论浪潮，从“中国威胁论”到“中国崩溃论”，再到“中国责任论”，西方媒体不断挑起的对华舆论战显示了西方世界的话语霸权。同时，这些国际舆论再不断由其他国家的媒体以转载、转播的方式进行“二次传播”，从而将其意志和价值观念扩散到其他地区，并在很大程度上左右了国际社会对中国有关问题的认知和评价。

这种“西强我弱”的舆论格局与我国的国际传播能力不强有直接关系。改革开放 30 多年来，我国传媒业取得了很大发展，媒体传播能力有了很大提高，国际传播媒体从无到有、从少到多、从弱到强，传媒实力、国际传播力、国际影响力都取得了长足进步。但同时也要看到，我国媒体的国际传播能力总体不足，尚未形成具有国际竞争力的国际传媒集团，新闻信息产品海外有效覆盖和入户水平不高，争夺国际话语权的能力不强。导致在全球范围内的理解和认同度偏低，对国际舆论的引导和掌控能力也较弱。

西方发达国家的媒体经过上百年的发展，具备了坚实的物质基础、先进的技术力量，并且还拥有业务素质精良的国际传播人才队伍，已经发展成跨媒体、跨领域、跨国界的媒体集团，形成了覆盖全球的国际传播体系。21 世纪初特别是近几年来，我国着力加强了国际传播建设，在传媒物质基础、技术实力等方面缩小了与西方发达国家的差距，但是在传媒产业运作方面，尤其是在国际舆论引导方面，与西方发达国家的差距依旧很大。

不公正、不合理的国际舆论秩序不仅直接影响国际传播的可持续发展，而且在一定程度上也是造成当今世界一些矛盾和问题的因素。正如新华社社长李从军 2011 年在《华尔街日报》上撰文指出的：要重构我们的沟通之桥，从而让信息舆论传播在人类文明进程中扮演更加积极的角色，我们需要共同努力，在传媒领域进行一次建设性的“游戏规则”变革。

虽然在争取国际传播新秩序的过程中面临着重重阻力，但任何一种秩序都不是永恒不变的，国际传播秩序是在各国传播实力此消彼长中不断演进发展的。强者不会恒强，弱者也不会永远弱小。多极化与全球化是世界发展的必然趋势，国际传播秩序的希望，也就在于全球化与多元化的发展。

在全球化的传播体系中，国家和媒体是国际传播的重要主体，国家是国际传播的政策制定者、主导者和信息源，媒体是国际传播信息流动的承载者、传送者与发布者。在日益多元的世界中，对不同国家和媒体的国际传播情况进行案例研究，有助于我们把握不同主体的状态、行为方式，以便进行比较和借鉴。

本书从全球视野出发，在对中国的国际传播媒体进行分析之外，国外的案例既有美国、英国、法国等发达国家，也有俄罗斯、印度等新兴市场国家。从案例研究的角度对主要国家和主要媒体的国际传播能力进行分析，不但对当代中国媒体国际传播的历史、现状、发展，有一个科学的认识，也可以通盘了解国外媒体同行国际传播的特点、发展趋势；更重要的是，通过比较研究还有助于我们明确当代中国传媒与发达国家传媒的差距与自身的努力方向。

在研究中，我们对多个发达国家和发展中国家的国际传播现状和经验进行分析，对这些国家主要媒体的国际传播能力和特点进行调查，一方面对国际传播的普遍规律和做法进行总结，另一方面对成功媒体的案例进行深入剖析，了解他们的运作模式和经验教训，这对我国媒体提高国际传播能力无疑具有很高的参考借鉴价值。研究主要包括以下几个方面：

(1)中国主要媒体机构国际传播能力分析。选取中国主要的国际传播媒体机构为研究对象，通过个案研究的方式，客观评估中国各类国际传播媒体机构的实力，分析这些机构在全球国际传播体系中的地位和影响。

(2)全球主要国家国际传播能力现状分析。本部分选取美国、英国、法国、巴西、俄罗斯、日本、印度等国家为研究对象，通过定性与定量分析，对当前全球主要国家国际传播能力现状进行总体评估、分析、比较。

(3)全球著名媒体机构国际传播能力案例剖析。本部分选取多个全球著名大型新闻机构为研究对象，以案例研究的方式，从国际传播网络、人力资源、技术装备、产品与服务、用户与市场等方面着手，全面考察媒体国际传播的采集力、传播力和影响力，对其国际传播能力进行评估和分析。

长期以来，我国国际传播一直处于探索阶段，很多行为往往带有很强的主观意识和盲目性，与国际传播的环境、要求不相适应，传播效果很差。这其中一个重要原因是我们对国际传播的规律缺乏系统深入的认识。

目前国内外对媒体国际传播能力的评估缺少公认的、科学的评价指标体系，往往停留在主观感觉或定性判断上，带有一定的随意性，无法对媒体国际传播能力作出客观、科学、真实、普适的评估，从而在一定程度上影响了对全球国际传播现状的判断以及相关决策的正确性。

在研究中，我们对世界各国主流媒体国际传播的状况进行了全面考察，对影响媒体国际传播能力的主要因素逐一加以分析，力求科学评估每个因素的作用与影响。通过一些可以参照的系数，把能够比较的内容一起展示出来。

外国主流媒体国际传播能力研究的对象有美国的美联社、《纽约时报》、CNN，英国的《泰晤士报》、BBC、路透社，法国的《世界报》、法新社，俄罗斯的国际文传电讯社，日本的《读卖新闻》，印度的《印度时报》，埃及的《金字塔报》，卡塔尔的半岛电视台，土耳其的阿纳多卢通讯社。

研究内容包括媒体的发展简史与现状，以及在提高国际传播能力和国际影响力方面的主要经验。在媒体的基本情况分析中，采用了新华社新闻研究所首创的媒体国际传播能力影响因素及其典型指标体系：

(1)采集网络。包括：①站点数量；②海外站点数量；③海外站点覆盖国家数量。

(2)人力资源。包括：①采编人员数量及占员工总数比例；②海外采编人员数量及占采编人员总数比例；③外籍雇员数量及占采编人员总数比例；④采编人员的年龄结构(30～40岁人员占采编人员总数的比例)；⑤营销人员数量及占员工总数的比例；⑥海外营销人员数量及占营销人员总数的比例；⑦技术人员数量及占员工总数的比例。

(3)技术水平。包括：①境外传输网络(卫星、发射转播台、印刷点等)；②记者采编发设备的先进性；③技术投入金额及占总开支的比例。

(4)产品与服务。包括：①语种；②品种；③发稿量；④首发率；⑤原创率；⑥被转发率。

(5)用户和受众。包括：①直接用户(受众)总数；②海外用户数及占用户总数的比例；③用户(受众)覆盖(面积与总数)；④海外主流媒体用户覆盖率。

(6)市场经营。包括：①资产总量；②年度经营额；③海外收入占年度经营额的比例。

(7)知名度。包括：①创办历史；②在各种国际性排名的上榜情况。

本书上编由陈怡撰写，中编、下编由吴长伟组织编写，具体各章作者为：张磊、陈瑶：美国；顾钱江：英国、《泰晤士报》；罗静平：法国、《世界报》；陈锐、杜斌：日本；周俊、毛湛文：巴西；王丹娜：南非；赵瑞琦：印度、《印度时报》；李立军：《读卖新闻》；赵鸿燕、李金慧：《金字塔报》。其余各章由吴长伟编写。全书最后由吴长伟统稿。唐润华老师对相关课题研究及本书的形成给予了指导。

在媒体国际传播数据指标的采集中，我们遇到了种种困难：一是很多数据研究媒体自身也没有总结；二是一些数据媒体并不愿意对外透露；再加上研究者的水平有限，难免有疏漏之处，在此敬请读者多指正。

# 上编：中国媒体国际传播发展历程与现状分析

当今世界的传播格局依旧是“西强我弱”，清华大学国际传播研究中心的研究结果显示，西方三大通讯社（美联社、路透社、法新社）、五大电视网（ABC、NBC、CBS、CNN、FOX）和六大新闻报刊（《时代》、《新闻周刊》、《经济学家》、《纽约时报》、《华盛顿邮报》、《华尔街日报》）构成全球国际新闻主要供应商，这些西方主流媒体控制着国际舆论的主导权。但是，随着中国综合国力的增强，中国传媒业也在从单一的国内市场发展走向参与世界传媒竞争。从国家层面到媒体自身发展的层面，提高中国媒体的国际传播能力成为必然的选择，同时也是大势所趋。新华社、中央电视台、中国国际广播电台等媒体都在不断加强自身的国际传播能力建设，从硬实力、软实力等各方面夯实基础，提高国际影响力和竞争力。

本部分选取中国主要的国际传播媒体机构为研究对象，按照报纸杂志、广播、电视、通讯社、新媒体五大类型的媒体分类，客观评估中国各类国际传播媒体机构的实力和存在的问题，分析这些机构在全球国际传播体系中的地位和影响。

# 第一章

# 报纸杂志

## 一、概述

随着我国经济社会的持续快速发展，我国的国际地位和影响力正在不断提升，国际社会渴望了解中国的愿望正日趋强烈。在中国经济保持持续增长的态势下，新闻出版业也呈现出快速发展的势头。与此同时，世界上几乎所有国际大型出版传媒集团都以不同方式在我国设立了相关机构。这为我国新闻出版"走出去"，在国际上进一步赢得话语权、掌握主动权提供了有利条件。

2009年，当时的新闻出版总署副署长石峰在报刊业"走出去"座谈会上把报刊业"走出去"的功能归纳为"传播文化信息"和"发展传媒产业"：①

一方面，报纸期刊是文化产业的重要组成部分，报刊"走出去"是文化产品和服务出口的重要方面。首先，报刊作为主流媒体，拥有强大的政治话语权。在种类众多的报纸和期刊中间，有相当一部分是以时政为主要内容的新闻媒体，这些报刊深入报道国际国内政治、经济、社会新闻，发表具有舆论影响力的评论，拥有强大的政治话语权。这一点在新闻评论的国际传播中表现得尤为突出。一个国家的报刊媒体在国际上拥有的读者越多，这个国家的政治话语权就越大。报刊作为文化产品，拥有强大的文化传播能力。报刊除进行直接的新闻报道和评论之外，其内容中还包含了大量宣扬一定文化价值观念、社会生活方式乃至政治意识形态的内容，这些内容通过贴近读者生活的各种方式

① 周志懿：《新闻出版总署副署长石峰：积极推动中国报刊"走出去"》，载《传媒》，2006年第11期。

得以传播，并不同程度地被读者所接受，就会起到很实际的教化作用。从当前国际文化交流和竞争的态势来看，输出本国的价值观念是国际文化传播的重要功效。因此，报刊业跨国经营对于他国大众读者市场的争夺，不仅仅是经济上的竞争，也是文化上的竞争。

另一方面，报刊作为现代传媒经济的重要载体，拥有巨大的经济发展潜力。报刊产业是传媒经济中的一个重要组成部分，在发达国家的广告市场中，报刊占有的份额十分惊人，报刊集团的经济规模也很庞大，在传媒经济中占有相当的比重。经济实力强大的报刊集团已经成为发达国家经济体系中一个有机的组成部分，其报刊业的跨国经营也由此成为经济全球化过程中的一个重要链条。

基于报刊业在整个"走出去"工程中的重要意义，国家相关部门和报刊业自身都对此项工作倾力而为。目前，我国新闻出版业"走出去"的政策体系基本形成，企业"走出去"的积极性日益高涨，"走出去"企业不断增加，"走出去"模式不断创新，渠道日渐多元化，对外贸易结构逐步改善，一批有影响力的产品成功进入国际主流市场。[①] 2011 年 12 月 23 日，新闻出版总署在北京对近年来在新闻出版业"走出去"中表现不俗的先进典型进行表彰，其中有 4 家报社、5 家杂志社，这表明报刊业已经成为新闻出版业"走出去"的一个重要组成部分，但同时也表明，报刊业"走出去"的整体阵容还相对较弱，影响力还需进一步提升。

## (一)国内报刊对外传播的总体格局和传播主体

据中国图书进出口(集团)总公司(以下简称"中图公司")的相关统计，目前中图公司向全世界 190 多个国家和地区发行中文报刊 8000 余种，年发行总量 100 余万册(份)(其中期刊 60 余万册，报纸 40 余万份)。另外，还发行国家级外宣、外文期刊 16 种，年发行总量 137 万册。[②] 另据不完全统计，目前我国新闻出版企业已经在境外投资或设立分支机构 459 个，其中，从事期刊出版业务的分支机构 14 个，报刊及新闻采编分支机构 275 个，数字出版子公司 15 个，出版物发行网点 65 个，出版教育、培训、版权、信息服务机构 7 个。另外，

---

① 毕磊：《文化强国建设背景下加快新闻出版业"走出去"步伐——访新闻出版总署对外交流与合作司负责人》，载《传媒》，2012 年第 4 期。

② 冉然：《打造新闻出版"走出去"的"高速公路"——访中国国际图书贸易集团有限公司总经理孟祥杰》，载《传媒》，2012 年第 4 期。

通过收购或参股建立的海外网点10个。[①]

对外传播的报刊就语言种类来说，主要是中文和外文两个大类。中外文所针对的目标受众各有侧重。

对外传播的主要中文刊物：海外华人市场是我国报刊“走出去”过程中最直接的目标，目前，经由中国图书进出口（集团）总公司输出的一些品牌报刊，比如《读者》、《女友》等等，都在开拓海外华人市场方面取得了一定的效果。报纸类的《新民晚报》、《今晚报》、《云南日报》、《浙江日报》等也通过不同的方式实现了对外传播。

对外传播的主要英文刊物：《中国日报》、《人民日报·海外版》、《环球时报·英文版》、*Shanghai Star*（《上海英文星报》）、*Shanghai Daily*（《上海日报》）、*Beijing Today*（《今日北京》）、*Beijing Review*（《北京周报》）、*Guangzhou Morning Post*（《广州英文早报》）、*Shenzhen Daily*（《深圳日报》）、*Chengdu Weekly*（《成都日报英文周报》）等。

中国的英文报纸呈现“一超多强”格局。一超是指《中国日报》，作为第一份国家级英文报纸，《中国日报》被认为是中国最具权威的英文报纸。在国际上，它是中国唯一进入西方主流社会的英文报纸，也是目前中国被国外媒体转载最多的报纸，据不完全统计，其月平均被转载500余篇次。而各地的英文报纸主要是在其当地发行并主要在本地区拥有较大影响和固定的读者群。这些地方英文报由于内容的异质性以及区域外发行的有限性，彼此的重合度与竞争性不大。[②]

按照传播主体的类别来分，主要有两个大类：一是国家级媒体；二是地方媒体。

国家级媒体主要包括三个：一是人民日报系，包括《人民日报·海外版》、《环球时报》、人民网等；二是《中国日报》；三是外文局主办的中国国际出版集团，包括《今日中国》、《北京周报》等期刊群以及中国网。

地方媒体主要包括：《新民晚报》、《今晚报》、《云南日报》、《浙江日报》、《南方日报》、*Shanghai Star*（《上海英文星报》）、*Shanghai Daily*（《上海日报》）、*Beijing Today*（《今日北京》）、*Beijing Review*（《北京周报》）、*Guangzhou Morning Post*（《广州英文早报》）、*Shenzhen Daily*（《深圳日报》）、*Chengdu Weekly*（《成都日报英文周报》）等。

---

① 毕磊、钱晓文：《我国报刊“走出去”的现状与策略》，载《传媒》，2012年第4期。

② 蔡文君：《地方英文报纸的定位和发展重心》，载《新闻爱好者》，2010年7月（下半月）。

另外，按照传播产品的种类，主要包括四个大类：一是报纸；二是杂志；三是书籍等出版物；四是新媒体形式的产品。其中，新媒体领域人民网是中坚力量。从最初每天更新一次的《人民日报》网络版，到现在每天24小时滚动发布6000多条新闻信息；从单一的中文文字信息，发展到集图文、音视频、论坛、博客、手机、动漫、聚合新闻（RSS）、网上直播报道于一体，拥有中文（简、繁体）、蒙文、藏文，以及英语、日语、法语等6种外语共15种版本。人民网日文版日均点击近150万PV（日均页面访问量），日平均唯一访问者达到8万人次，相当于出版了一份日发行8万份的日文报纸。它不仅是唯一在日本推出日文手机报的中国媒体，也是在日本实现手机上网浏览的第一家外国媒体。①

## （二）传播力现状

1.发展数量、种类

如前所述，目前中国报刊对外发行的品种有8000多种，中央和地方报刊（不含侨报、侨刊）约有110家通过各种方式实现了海外落地。有研究者把在境外出版发行并有一定影响力的报刊分为六大类，包括：一是以旅居海外的华侨、中国留学生和懂中文的华人为读者对象的大众报刊，如《咬文嚼字》；二是广东、福建、海南等省主办的侨刊乡讯；三是以外国人为读者对象的外文学术刊物，目前已有200多种用英文出版的各类学术期刊；四是以《今晚报》、《新民晚报》为代表，主动投身海外市场的国内刊物；五是以外文局旗下的《今日中国》、《人民画报》等为代表的外宣期刊；六是由地方省市区主办的边境外文刊物。

2.影响力

中国报刊在国外的影响近年来呈现上升势头，从仅被海外华人关注，逐渐过渡到得到西方主流社会的肯定。这里选取《中国日报》、《环球时报》以及《上海日报》做例子分析：

《中国日报》海外影响力：《中国日报》副总编辑曲莹璞2011年在接受新华社记者采访时介绍说，截至2010年上半年，《中国日报》读者遍布世界150多个国家和地区，主要覆盖英语国家的主流人群。每周，法新社、路透社、美联社三大通讯社和《纽约时报》、CNN等世界主流媒体转引《中国日报》的稿件约3000篇次。2009年正式推出的《中国日报·美国版》，已成功覆盖美国政府和

---

① 张聪、刘笑盈：《〈人民日报〉——走向世界一流大报》，载《对外传播》，2010年第5期。

国会部门及所有200多个外国使领馆。

仅以美国为例，目前美国排在前200名的律师事务所在看《中国日报》，美国50个州的州长在看《中国日报》，美国议会的议员以及各大跨国公司的领导都在看《中国日报》。联合国的多个工作机构订阅了《中国日报》，并且订阅了电子媒体和纸媒等不同的形式。

2011年12月9日，《中国日报·欧洲版》被英国“简明英语运动”授予“年度国际媒体奖”，这是中国媒体首次在英获此奖项。

“简明英语运动”组委会专家对《中国日报·欧洲版》给出的获奖理由是：“对不同英语水平和对经贸话题认识各异的读者而言，(《中国日报·欧洲版》)做到了简明易读。”“简明英语运动”发起人克里瑟·马赫说：“商业用语可以非常复杂，但我们发现《中国日报·欧洲版》使用的英语既准确又清晰。它用易于阅读和理解的英语将商业新闻带给广泛多样的读者。”

“简明英语运动”是成立于1979年的非政府国际组织，由来自80个国家的1.2万多个会员组成，旨在推动标准明晰英语的使用。该组织每年都会评选出使用英语语言最标准、最简洁的媒体。BBC早间新闻、《每日邮报》等知名媒体都曾获奖。“年度国际媒体奖”是该组织为非英语国家媒体设置的唯一大奖。

此前，凭借出色的发行表现，《中国日报·欧洲版》还获得了英国报业发行主管协会颁发的“年度最佳新出版物”大奖。英国报业发行主管协会是欧洲报业权威机构，每年分两次对国际和英国本土报业发展情况作综合评估，评选出当年国际和国内发行表现最优秀的媒体。

目前，《中国日报·欧洲版》已发行到欧洲近40个国家。国际报刊发行协会负责人、《今日美国》发行人等许多业界权威人士向中国日报英国公司表示热烈祝贺。《中国日报·欧洲版》发行商和供应商纷纷表示，在欧洲报业普遍不景气的情况下，《中国日报·欧洲版》给欧洲报业带来了活力，推动了整个欧洲报业的发展。

《环球时报》海外影响力：《环球时报》舆情中心2011年的一份报告显示，[1]从2008年起，海外媒体对《环球时报》的引用总量呈现爆炸式增长，2010年达到4412篇报道。2008年、2009年和2010年较上一年增长幅度分别为239%、166%和143%。

---

① 《环球时报》舆情中心：《中国媒体对外传播效果评估和提升策略——以〈环球时报〉为个案的研究》，载《全国第二届对外传播理论研讨会论文集(下册)》，2011年。

引用《环球时报》的媒体遍布世界各个地区，尤其覆盖了北美、欧洲、亚太地区。三大通讯社 2010 年对《环球时报》引用量总和超过 650 篇。并且对《环球时报》引用量较大的媒体，在各自国家和地区都属于主流媒体，影响力巨大。作为中国的近邻，日本、印度和韩国的主流媒体对《环球时报》的关注度很高，引用和评论非常活跃。以日本为例，2010 年，日本共同社以及作为日本大报的《产经新闻》、《中日新闻》、《每日新闻》和《读卖新闻》对《环球时报》的引用量均在 20 篇以上，《产经新闻》的引用量甚至高达 77 篇。

报告还指出，海外媒体所引用的内容主要有三种形式：《环球时报》的独家报告或权威报道；《环球时报》的社论；专家学者或政府官员在《环球时报》上发表的讲话或文章。

《上海日报》海外影响力：除了海外发行的中国报刊的影响力不断提升，在国内发行的外文报刊的影响力也不容小觑。以《上海日报》为例，作为一家地方性综合类英文报纸，国外通讯社、西方主要媒体转载《上海日报》的消息和评论继续呈上升势头，2008 年的日平均转载稿件数量由 2005 年年底的 5 篇左右，增加到 7～8 篇，即全年的转载量超过 2500 篇。①

3. 产业发展的角度

从文化产业发展的角度来看，我国报刊开拓国际市场、吸收国际资源、参与国际竞争的能力还远远不足，这也成为制约报刊文化传播能力提升的关键因素。在期刊方面，我国到目前为止正式批准的版权合作期刊有 51 家，这些期刊不少成为相应类别期刊中的领先者。但我们“走出去”的期刊市场盈利能力却不足，多数还只是针对华语市场，影响力也很有限。就作为新闻纸的报纸而言，真正建立起国际市场营销体系的还很少，因此其新闻报道在国际范围内的舆论影响力也很有限。②

在 2009 年 9 月 26 日至 27 日召开的“中国报刊‘走出去’研讨会”上，当时的新闻出版总署副署长石峰指出：从长远来看，必须由单纯的报刊出版物出口向报刊业的跨国经营转变，使我国的报刊业能够以一种针对特定海外市场、采取科学经营管理手段、实现国际市场营销的产业形态，“走出去”，通过对外经营实现对外传播，通过对外传播实现对外宣传。显然，离这样的发展愿景还有很长的路要走。不过，近年来，政府相关部门适时进行了调整，把新闻出版业

① 蔡文君：《地方英文报纸的定位和发展重心》，载《新闻爱好者》，2010 年 7 月（下半月）。

② 周志懿：《新闻出版总署副署长石峰：积极推动中国报刊“走出去”》，载《传媒》，2006 年第 11 期。

"走出去"的着力点放在了企业和资本"走出去"。政府相关部门的努力方向是:整合各种资源、推动新闻出版企业跨区域、跨行业、跨媒体、跨所有制经营和重组,着力打造一批综合性跨国出版传媒集团。重点扶持一批外向型骨干企业,通过融资、合资、合作等方式,到境外建社建站、办报办刊、开厂开店。鼓励有条件的新闻出版企业通过上市、参股、控股等多种方式,扩大境外投资,参与国际资本运营和国际企业管理。引导各类所有制企业有序到境外投资合作,提高国际化经营水平,防范和化解境外投资风险。[①]

## 二、发展历程

谈到中国报纸的对外传播,有必要对其主要发展历程进行梳理,特别是新中国成立前创刊的一些英文报纸,虽然是由西方列强在入侵中国期间创办,但在一定程度上起到了介绍中国情况、加强中西方交流的作用,间接促进了中国的对外传播。

### (一)萌芽期(1827～1949)

**要点:西方来华商人、传教士等在中国境内开办英文报纸,中国报纸对外传播启动。**

英文报纸在中国的历史十分悠久,早在100多年前,在中国创办的英文报纸就有100多份,其中数十份具有全国影响力,并发行到海外。

广州是中国英文报纸的发祥地。早在1827年,英国大鸦片商人 James Matheson(1796～1878)就在广州创办了中国第一份英文报纸《广州纪录报》,该报初为双周报,后改为周报。虽然这是一份以提供物价行情为主的商业性报纸,但是该报同时也十分重视中国新闻以及中国风土人情的报道。鸦片战争前的十几年间,除了《广州纪录报》,还有《广州周报》、《中国差报与广州钞报》、《广东杂志》以及《中国丛报》等英文报刊。鸦片战争爆发后,这些报纸陆续迁址或停办,香港逐步取代广州,成为中国英文报纸的中心。

1860年前,全国先后出版英文报刊24种,香港占了17种。其中3份报纸占据着香港英文报业的主导地位:《中国之友》、《香港纪录报》和《德臣报》,《德臣报》也是香港历时最长、影响最大的英文报纸。以上均为周报。1557年美

① 毕磊:《文化强国建设背景下加快新闻出版业"走出去"步伐——访新闻出版总署对外交流与合作司负责人》,载《传媒》,2012年第4期。

商和英商共同创办《刺报》，它把香港乃至整个中国的英文报纸带入日报的时代。这些报纸一般每期为对开一张，共 4 页。第一页主要是行情、航运信息；第二、三页为社论、读者来信、通讯稿，一般不重视纯当地新闻；最后为广告。1860 年后，香港又陆续出现了一些新的英文报纸。目前香港地区影响力最大的英文报纸《南华早报》就在这一时期创办。

随着中外贸易的北移，上海逐渐取代了香港，成为全国英文报纸的出版中心。在 1861 至 1895 年间，上海新出版的英文报刊为 31 种，占全国的 55%强，为香港的 4 倍。

上海英文报纸的鼻祖是 1850 年由英国商人创办的英文周报《北华捷报》。1864 年，因关于船舶及商业的材料日益增多，开始单出日报《字林西报》，而《北华捷报》转为《字林西报》的星期附刊继续刊行。《字林西报》(及其前身《北华捷报》)在其 100 余年的历程中，以全面、权威、立论独特赢得了广大的西方读者和华人读者，被誉为近现代在华英文报刊的领袖。

1861 年上海出现了第二份英文报纸，即《上海每日时报》，但在次年即停刊。在 1868 至 1869 年间，上海有多份英文日报并存，分别是《中国之友》、《上海载纪》、《晚差报》、《上海差报》等。以上日报通常另有海外版。1867 年，出现了一份独立的海外版，即由美商创办的《上海通信》，出版后寄往美国发行，这也是美国人在上海出版的第一份报纸。

英文报纸在北方出现要晚得多。直到 1886 年，天津才出现了北方第一份英文报纸《天津时报》，这也标志着英文报在北方活动的开端。1894 年天津出版了在北方影响最大的《京津泰晤士报》，该报一直延续了半个多世纪，着重报道京津地区和北方各通商口岸的新闻，有较强的政治色彩。北京直至 1901 年才有第一份英文报纸即《意开西报》，其后发展也相当缓慢。

近现代时期，在中国沿海的福州、厦门、宁波、烟台和长江沿岸的汉口等通商口岸，也出现了十余份英文报纸，但一般说来它们历时较短、发行不广，其影响不能和上海、香港和天津等地的英文大报相比。

1949 年，平、津、上海解放。此后若干年内，中国大陆的英文报纸陆续停刊。1953 年 6 月，中国大陆的最后一份英文报纸《密勒氏评论报》在上海停刊，至此，自 19 世纪 20 年代末起，英美人的英文报纸在华出版(台、港、澳除外)的历史宣告终结。

### (二)起步期(1949～1980 年)

**要点：新中国成立后，由外文局出版的，具有一定影响力的外文杂志以官**

**方姿态出现，成为对外传播的主要力量。**

在这一时期对外传播的主力军是月刊和周刊，主要以外文局为主要发行单位，官方意识明显，包括：

《人民中国》，1950 年 1 月 1 日创刊，新中国第一种对外新闻刊物，其前身是在上海出版的《新华周刊》和在香港出版的《中国文摘》。《人民中国》也是 20 世纪 50 年代了解中国的最权威的外文媒体。

《人民中国报道》（后改名为《中国报道》），1950 年 5 月 1 日创办的英语月刊，发行量曾达到 1.2 万份，发行地区包括 91 个国家，在当时受到很多外国读者的青睐。

《中国画报》，于 1951 年 1 月正式出版，实际上它是《人民画报》的英语版，是一种全国性的、图文并茂、以图为主的综合性月刊。这一刊物一直未曾停刊，并于 1996 年被列为我国对外传播的三大重点期刊之一。

《中国建设》，是由周恩来总理提议、宋庆龄创办的一种以对外传播为主的新闻期刊，旨在向世界介绍新中国，1990 年改名为《今日中国》。

《北京周报》，是一种代表中国政府立场，分析中国政治、经济、文化现状的新闻性周刊，具有权威性、新闻性和资料性，在我国对外传播史上占有重要地位。该刊于 1958 年 3 月 4 日创刊，发行量曾达 13 万份。

除外文局系统的外文期刊外，还有一些其他部门创办的对外期刊，包括《中国工会》、《万年青》、《中国妇女》、《中国对外贸易》、《中国体育》、《中国银屏》等。

“文革”期间，由于“左”的政治思潮的影响，一部分外文刊物如《中国妇女》陆续停刊，另一些继续发行的英文刊物在报道方针和路线上也出现了“左”的倾向。

### （三）发展期（1980～2004）

**要点：以《中国日报》为代表的对外传播报刊相继创刊，开启国内报刊对外传播的新时代。**

在这一时期，除原有的一些英文刊物（如《中国妇女》）陆续复刊，“文革”中没有停刊的刊物大幅改版外，还出现了一批新的英文报刊，其中包括《中国日报》、《瞭望·海外版》、《人民日报·海外版》和《新民晚报·美国版》等。其中 1981 年 6 月 1 日在北京创办的《中国日报》是我国自 1951 年以来第一种也是目前唯一大型的全国综合性英文日报，它的创办开创了新时期我国英文报纸的新纪元，具有重要的历史意义。

除了一批中央一级的英文报纸，大批地方性的英文报纸也相继涌现，包括《上海日报》、《广州英文早报》、《深圳日报》、《成都周报》、《今日北京》等。

这一时期，对外传播的报刊主要分布在北京、上海、广州、深圳、成都等经济发达的中心城市，呈现出"全国—地方"的两极格局。全国性英文报纸以《中国日报》为代表，权威性、新闻性强，以对外宣传为主要目的，财政上得到政府的大力支持；地方性英文报纸则以《广州英文早报》、《上海日报》为代表，这一类报纸以提供包括娱乐和休闲在内综合性新闻为主，兼顾英语学习。这一类报纸发行量一般都不大，影响主要限于报纸的出版地。

## （四）"走出去"加快实施期（2004年至今）

**要点：各报刊社结合自身情况探索出多种对外传播的新形式、新办法，报刊"走出去"步伐明显加快。**

2006年11月，中共中央办公厅、国务院办公厅发布了《国家"十一五"时期文化发展规划纲要》，其中对新闻传播业在"十一五"时期的发展提出了明确的指导思想与目标任务，特别是对我国新闻传播业如何"走出去"更做出了重大的战略部署。权威人士称，这是新中国成立以来第一个专门部署文化建设的中长期发展规划，也是首次在发展纲要中明确提出"走出去"战略。《国家"十一五"时期文化发展规划纲要》发布之后不久，国务院新闻办和新闻出版总署就在北京联合召开"中国报刊'走出去'研讨会"，探讨我国报刊业参与国际文化信息传播和传媒产业竞争的相应策略和措施。

这一时期，政府对于报刊"走出去"的扶持力度也大大加大，国务院新闻办三局副局长吴伟表示，新闻办对推动报刊"走出去"提出了六项措施，主要是：设立政府鼓励专项基金、调动出口公司的积极性；鼓励媒体加盟卫星售报系统；对出口企业给予发行补贴；积极推进报刊数据库建设；对报刊进出口公司及各种形式的报刊销售公司加大发行推广力度；国内媒体与国外媒体加强合作。

在政策扶持力度加大、经济大发展的同时作用下，国内报刊走出去的步伐明显加快，也探索出不少新形式、新办法，对外传播的实力显著增强。

2009年召开的报刊"走出去"研讨会上交流的内容显示，《中国日报》通过与美国《华盛顿邮报》、泰国《国家报》的合作实现了《中国专稿》和《商业周刊》的夹送发行；《中国日报》、《上海日报》、《天津日报》通过进入全球卫星售报系统，实现了在五大洲39个国家和地区的销售；《上海日报》、《北京周报》、《人民画报》等报刊创办了海外网络版；《新民晚报》、《今晚报》、《云南日报》、《浙江日报》等与国外媒体合作开辟专版，其中《新民晚报》的海外版已达 20 家。中国国际出版集团 2004 年开始外文期刊的本土化探索，实施的两头在外的运作模式（将不同语种的刊物的策划、编辑、印刷、发行、设计等程序前移到国外）取得成效，目前已有《今日中国》、《人民画报》等 7 种刊物在北美、北非、拉美、俄罗斯等国家和地区实现本土化战略。《电脑报》2004 年与香港 TOM 集团公司共同成立合资公司，借助 TOM 集团在亚太地区的媒体及广告销售和发行系统，《电脑报合订本》已经实现海内外同步发行，深受读者欢迎，取得了良好效果。

这一时期，《中国日报》是报刊业对外传播的最主要力量，同时，与《人民日报·海外版》等其他报刊也形成了配合与互补。

最近一段时间，国家继续加大对“走出去”的支持力度，从十七届六中全会通过《中共中央关于深化文化体制改革、推动文化大发展大繁荣若干重大问题的决定》到新闻出版总署《新闻出版业“十二五”时期发展规划》，国家出台了一系列新政。尤其是新闻出版总署 2012 年 1 月 9 日出台的《关于加快我国新闻出版业走出去的若干意见》，首次从国家层面对新闻出版业“走出去”进行了全方位布局，这也是我国出台的首个新闻出版业“走出去”专门文件。《关于加快我国新闻出版业走出去的若干意见》的出台，第一次从国家层面对新闻出版业“走出去”进行谋篇布局，第一次对“走出去”有关的现行政策进行了系统梳理，第一次集中发布新闻出版业“走出去”的 10 条“新政策”。

## 三、发展策略和发展亮点

对外传播所涉及的报刊有的是在海外发行，有的则是针对在国内的外国人，因此，在发展策略上也各有不同，这里主要关注的是海外发行策略。

### （一）利用既有品牌，开拓海外华人市场

海外华人市场可以说是我们走出去的第一站，基于语言和对固有品牌的认知，能够较为轻松地到达目标群体。《新民晚报》的海外发展是一个很好的例子。改革开放以来，《新民晚报》经历了派代表团出国访问（1982）—海外采访（体育部，1984）—举办国际活动—与海外媒体合作—跨国跨地域发行—创办华文版面或华文报纸等阶段性的对外创新扩散过程。

1994 年 11 月，《新民晚报》在美国洛杉矶自办发行，从而开始了对外报道之旅。10 年后，为了进一步加大对外报道的力度和广度，新民晚报社又专设

海外文稿部，通过在世界各地寻求合作伙伴的方式，陆续推出了一系列海外版。迄今为止新民晚报社在海外创办了 28 种《新民晚报》海外版，包括：《新民晚报·美国版》、《新民晚报·澳洲版》、《新民晚报·加拿大加东版》、《新民晚报·加拿大加西版》、《新民晚报·西班牙版》、《新民晚报·泰国版》、《新民晚报·菲律宾版》、《新民晚报·日本版》、《新民晚报·巴拿马版》、《新民晚报·意大利版》、《新民晚报·荷兰版》、《新民晚报·南非版》、《新民晚报·匈牙利版》、《新民晚报·新西兰版》、《新民晚报·俄罗斯版》、《欧洲联合周报·罗马尼亚版》、《新民晚报·尼日利亚版》、《新民晚报·阿联酋版》、《新民晚报·英国版》、《新民晚报·希腊版》、《欧洲联合周报·奥地利版》、《欧洲联合周报·法国版》等，其中 2007 年新增加了《新民晚报·韩国版》、《欧洲联合周报·匈牙利版》、《新民晚报·印度尼西亚版》、《新民晚报·葡萄牙版》、《新民晚报·墨尔本版》和《新民晚报·塞尔维亚版》等。每周共出版 386 版。

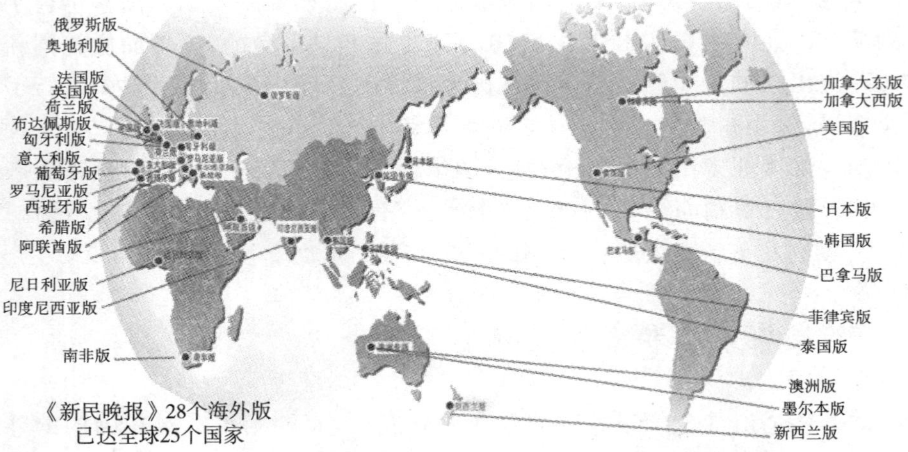


**图 1－1－1 《新民晚报》海外版分布情况**[①]

与《人民日报》采用主报与其海外版各自运行的方式不同，《新民晚报》进一步创新推广，采用了广泛的合作协同策略，在不同的华文媒介生态当中因地制宜地创造出四种模式：[②]一是以美国版为典型的自主制作、自主发行模式，其应用于美国这个中国新移民数量最多、分布最广的地域，以上海新移民为主要传播对象。核心地带在华人聚集最众的洛杉矶地区。二是以澳洲版为主的

① 新民网(http://www.xinmin.cn/bxcy/hwb.htm)

② 许燕：《华文对外传播的生态位分析与发展策略——以新民晚报海外版为例看华文对外传播的创新扩散》，载《新闻大学》，2009 年第 1 期。

信息提供平台模式，由对方自由选择《新民晚报》的所有信息内容，对方在信息制作上不受中方的媒介立场影响，适应于广泛的与中国新闻理念无需一致的受众。三是以泰国、日本等地为典型的合作模式，由《新民晚报》与当地华报合作，提供对方几版内容（由《新民晚报》的海外、国际部、副刊部等对应部门直接制作版面），适应于海外各国不同背景的华人读者。四是以韩国版为典型的双语模式，由《新民晚报》与当地韩语报纸合作，共同制作翻译内容，适应于韩国本土对中国新闻关注的汉语和韩语读者。通过媒介之间的互利合作可以有效地利用各种资源，达到资源利用的最大化，在华文媒介集群中这种策略尤为重要，专业化的分工协作还能增加整个集群的核心竞争能力。

### （二）“借船出海”，加强外文报刊的海外落地

外文局是新中国对外期刊创刊最早、适应文种最多、发行范围最广的专业机构，60 年来共以 28 种文字出版了 75 种杂志。从 1950 年 1 月，我国第一本外宣期刊《人民中国・英文版》半月刊创刊，到 2010 年 9 月《今日中国・土耳其文版》正式出版，外文局共以 10 种语言出版《北京周报》、《今日中国》、《人民画报》、《人民中国》、《中国报道》等 20 余种期刊，其中外宣期刊达 14 种，发行到世界 180 多个国家和地区，实现了外宣期刊对世界各地区的有效覆盖。

本土化模式主要是指以国内出版资源为依托，把选题策划和印刷发行前移到对象国，国内根据前方要求进行编辑制作，利用对象国的渠道进行销售，形成“前店后厂”“两头在外”的出版发行模式。外宣期刊根据语种和读者定位的不同采取了多样的本土化模式，基本任务和工作措施是：在对象国设立工作机构，负责期刊的选题策划和印刷发行工作，打通对象国发行渠道；聘请对象国当地人员参与期刊编辑策划和印刷发行等工作，发挥他们本土视角和语言的优势，提高期刊的针对性；按照本土化的要求调整期刊国内编辑部的业务工作流程。外文报刊海外落地有四种模式。①

模式一：两头在外，把选题策划和印刷发行前移到对象国。

2004 年 10 月，外文局分别在埃及和墨西哥设立今日中国杂志社中东分社和拉美分社，《今日中国》的阿拉伯文版和西班牙文版本土化开始全面实施。两家分社分别在对象国和我国国内成立了顾问委员会，聘用外籍雇员，加强选题策划，借助当地专业发行公司的力量扩大推广发行。目前，《今日中国》阿文

① 曹亚宁、赵新乐：《外宣期刊：奏出对外传播最嘹亮的声音》，载《中国新闻出版报》，2011 年 4 月 19 日，第 5 版。

版月发行2万多份，除埃及外，已辐射到叙利亚、沙特、阿联酋等中东国家，西文版在墨西哥的发行实施本土化前每月仅有几十份，现在月发行已近3万份。

2005年6月，北京周报社在美国成立了北美分社，建立了由美国媒体和专家学者组成的智库，参与重大选题的策划和重要的采访活动。

2005年7月，日文版《人民中国》将编辑策划和印刷发行前移日本，出版周期缩短一个月，受到日本读者的欢迎。同时，该社转变东京分社原有记者站单一职能，使之逐步成为编辑策划和印刷发行的本土化工作基地和外宣人才培训基地。

模式二：立足当地，直接在对象国创办新刊。

2005年，人民画报社在莫斯科设立办事处，筹备创办本土化新刊。12月20日，人民画报社在莫斯科举办了《中国・俄文版》月刊创刊首发式及图片展，在当地引起热烈反响，俄罗斯读者普遍认为，《中国・俄文版》的出版非常及时和必要，填补了当地有关中国读物的空白。俄青年近卫军出版社前社长奥西波夫认为，《中国・俄文版》的内容丰富，把新闻性的重要题材和生活题材很好地结合在一起，称赞其找到了适合各阶层人阅读的办刊模式。《中国・俄文版》创刊半年，仅莫斯科一个城市报刊亭的零售每期就达3000多册。2006年7月，该刊进入俄罗斯邮局杂志征订目录，接受读者订阅。目前，《中国・俄文版》已发至俄罗斯70多个联邦主体。

模式三：借助外力，在对象国合作办刊。

《中国・韩文版》选择与韩方合作办刊的方式，中韩双方分别成立编辑部，中方负责提供内容，韩方负责在韩国出版发行。中方除提供《人民画报》中、英文版已有的文章供韩方翻译外，还按对方提出的选题组织专访。经过几年的努力，《中国・韩文版》每期发行量稳定在2万份。

2010年9月23日，外文局与土耳其数码科技集团合作出版的《今日中国・土耳其文版》正式首发，成为其借助外力、在对象国合作办刊的最新尝试。

模式四：增加专稿，实行内容本土化。

对于受经费、人员等条件限制，暂时还不具备编辑策划前移条件的杂志，如《今日中国》英文版和法文版、《中国画报》英文版等，外文局按照外宣“三贴近”要求，通过聘请外籍专业人员参与杂志的选题策划、编辑工作及增加外国人撰稿比例等措施，实行期刊内容本土化，增强了刊物内容的针对性和期刊发行的有效性。

截至2010年10月，外文局已形成英文《北京周报》、《今日中国》阿文版、西文版和秘鲁西文版、土耳其文版、《中国》韩文版、俄文版和《人民中国》日文版共8种语言版的本土化期刊阵容,实现了外宣期刊对世界重要地区的有效覆盖。方正辉说,期刊本土化的实施扫除了制约期刊发展的体制性障碍。一方面,选题策划和印刷发行"两头在外"的模式,使新时期外宣"三贴近"的能力进一步增强,能够及时根据对象国市场需求策划选题、调整报道方向,有针对性地印发。另一方面,设立的海外机构就地取材聘用当地人员、配合国内编辑制作,解决了对外传播中复合型人才紧缺的问题,同时降低了期刊的制作成本、缩短了制作周期、增强了期刊的时效性,达到了与世界接轨的目的。2010年,4家外宣期刊社图文转载率同比增长均超过30%。

另一个采用"借船出海"方式成功拓展海外市场的还有《今晚报》。面向海外发行的《今晚报》海外版通过与海外华文媒体的合作,在这些媒体上创办由今晚报社负责编辑、组版,并带有"今晚报"报头的专版。在选择合作的媒体上,《今晚报》不拘一格,影响力优先,主要有三类:第一类,海外著名华文报纸,如《侨报》、《欧洲时报》;第二类,当地爱国华人办的媒体;第三类,市场化的媒体,如《星岛日报》。①

**《今晚报》海外版发行情况一览表②**

| 序号 | 创办时间 | 报名 | 分布城市 | 合作媒体名称 |
|---|---|---|---|---|
| 1 | 2002年3月 | 美东版 | 美国纽约 | 《侨报》 |
| 2 | 2004年3月 | 欧洲版 | 法国巴黎 | 《欧洲时报》 |
| 3 | 2005年6月 | 南美版 | 巴西圣保罗 | 《南美侨报》 |
| 4 | 2006年4月 | 澳洲版 | 澳大利亚悉尼 | 《星岛日报》 |
| 5 | 2006年9月 | 加拿大东部版 | 加拿大多伦多 | 《加中时报》 |
| 6 | 2007年2月 | 加拿大西部版 | 加拿大温哥华 | 《加中时报》 |
| 7 | 2008年3月 | 西非版 | 尼日利亚拉格斯 | 《统一商报》 |
| 8 | 2008年3月 | 美西版 | 美国洛杉矶 | 《侨报》 |
| 9 | 2008年3月 | 墨尔本版 | 澳大利亚墨尔本 | 《联合时报》 |
| 10 | 2008年3月 | 日本版 | 日本大阪 | 《中日新报》 |
| 11 | 2009年7月 | 韩国版 | 韩国首尔 | 《新华报》 |
| 12 | 2009年7月 | 匈牙利版 | 匈牙利布达佩斯 | 《新导报》 |

① 马莉、刘晶晶:《〈今晚报〉:十年足迹遍五洲》,载《传媒》,2012年第4期。

② 马莉、刘晶晶:《〈今晚报〉:十年足迹遍五洲》,载《传媒》,2012年第4期。

续表

| 序号 | 创办时间 | 报名 | 分布城市 | 合作媒体名称 |
|---|---|---|---|---|
| 13 | 2010年2月 | 意大利版 | 意大利米兰 | 《欧洲华人报》 |
| 14 | 2010年2月 | 澳南版 | 澳大利亚墨尔本 | 《华厦周报》 |
| 15 | 2010年9月 | 奥地利版 | 奥地利维也纳 | 《联合周报》 |
| 16 | 2010年10月 | 新西兰版 | 新西兰奥克兰 | 《先驱报》 |
| 17 | 2010年12月 | 葡萄牙版 | 葡萄牙里斯本 | 《葡华报》 |
| 18 | 2010年12月 | 西班牙版 | 西班牙马德里 | 《联合时报》 |
| 19 | 2010年12月 | 北欧版 | 瑞典斯德哥尔摩 | 《北欧华人报》 |
| 20 | 2010年12月 | 罗马尼亚版 | 罗马尼亚布加勒斯特 | 《施罗华人报》 |
| 21 | 2011年3月 | 捷克版 | 捷克布拉格 | 《华商导报》 |
| 22 | 2011年11月 | 英文版 | 澳大利亚墨尔本 | 《第e快报》 |
| 23 | 2012年3月 | 台北版 | 中国台北 | 《旺报》 |

### （三）紧跟潮流，探索对外传播数字化新模式

中国报刊在“走出去”的过程中也逐渐意识到利用新的传播技术手段，可以更快速高效地开拓国际市场。例如，温州日报报业集团与欧华时报社合作，将其作为集团“数字报纸”的欧洲代理点。截至2010年，该集团在欧洲全年数字报纸发行量达到2.6万份，出口创汇59.1万美元。[①] 而通过数字化模式大力进行海外拓展的还包括人民日报社和外文局。

走全媒体之路的“人民网”：人民网创办于1997年1月1日，是国家重点新闻网站的排头兵，在国内外具有重要影响，已成为人民日报社新闻宣传的重要品牌和重要窗口。人民网使用英语、日语、法语、西班牙语、俄语、阿拉伯语等6种外语对外传播，用文字、图片、动漫、音视频、论坛、博客、播客、掘客、手机、聚合新闻（RSS）、网上直播等多种手段，依托人民日报社国内外70余家分社的采编力量，每天24小时在第一时间向全球网民发布信息，内容包括政治、经济、社会、文化等各个领域。

外文局的期刊“iPad”化实践：2012年1月10日，《中国文摘》启动仪式暨“iPad开FUN新媒体”主题论坛在北京召开。此前，《中国文摘》已于2011年

① 毕磊、钱晓文：《我国报刊“走出去”的现状与策略》，载《中国报业》，2012年第4期。

12月12日通过苹果商店审核，正式与国内外读者见面。作为全球第一份中英双语财经类文摘iPad读物，《中国文摘》由外文局投入研发，中国报道杂志社制作运营。《中国文摘》充分整合中外媒体资源，立足机构智库，呈现国内外权威专家的核心观点，并聘请名家担当主持，与全球媒体与专家交流关于中国的观点，力求在最短的时间将最有价值的观点、最具深度的剖析、最有高度的解读整合为一份阅读产品，推送至读者面前，为国内外中英文读者提供一份简明、快捷、深入了解当今中国的高端移动阅读产品。

和传统iPad读物不同，《中国文摘》直接诞生于iPad平台，此前并无纸质传统媒体。由于融合了众多国外主流媒体和权威机构的观点，《中国文摘》的内容具有极强的国际视野。同步上线的中英文版针对目标受众的信息需求特点，采取不同的内容设计，中文版旨在为国内各界精英，提供全球百余家知名媒体、权威机构关于中国时政、经济等热点话题的观点与评论；英文版则为欧美国家关心中国经济发展的各界精英，针对其关注的中国话题，需回应和讨论的国外观点，提供中国百余家精英媒体、权威机构的观点与精彩评论。

### （四）竞购外媒，吹响进军国际传媒领域冲锋号

从一些世界一流的大型传媒集团跨国经营的实践来看，在海外收购已经培养起固定读者群和市场份额的报刊，可谓跨国经营的一种“捷径”。南方报业传媒集团成为中国第一个“吃螃蟹”的探索者。

2010年6月，在竞购美国老牌杂志《新闻周刊》的队伍中，首次出现了中国买家的身影。虽然在首轮竞拍中，南方报业传媒集团失利出局，但此事背后的重要意义依然值得研究。

除了从一种角度证明中国媒体实力增强，海外扩张序幕拉开，更重要的是揭示了中国媒体人的一种战略认识：唯有进军国际传媒领域才能更为有效地提高国际影响力。中国社科院研究员明安香指出，中国传媒公司只有首先进军美国传媒领域，在美国传媒市场占有一席之地，才能成为真正的传播全球化的“利益攸关者”，并从根本上改变全球传播的格局。明安香认为中国媒体进军国际传媒领域具有以下重要意义：一是可以直接利用美国传媒公司现有的庞大传播渠道和营销网络，直接、通畅地进入美国传媒市场和受众市场、消费市场；二是可以直接利用他们先进的传播技术、传播设备和丰富的传播人力资源，增强中国媒体的国际传播能力；三是可以借鉴和运用他们的传播理念和运作方式，更好地针对美国受众心理、文化特点开展新闻传播，为我们更好地同西方媒体展开竞争与合作创造条件；四是可以借助美国传媒公司在全球传播

格局中的地位，掌握国际新闻传播的规律特点，更好地开展全球传播，影响全球传播格局。

此次落败后，南方报业传媒集团执行总编向熹在一些场合表示，这仅仅是一个开始，在尝试收购《新闻周刊》杂志失败后，他们正在重整旗鼓，继续寻求收购其他的西方新闻媒体。对此，中国人民大学新闻学院副院长喻国明教授认为，这是“走出去”战略的重要结果，这一趋势令人鼓舞。

不过，此次南方报业传媒集团收购《新闻周刊》失败的案例也说明，中国传媒进行海外收购并非易事。首先，是来自西方政府、媒体界人士的激烈反对和阻挠。明安香认为，为了尽可能减少不必要的阻力，中国媒体可以考虑先进入敏感性较弱的印刷出版领域和电影、动漫、电子游戏等软传播领域。而且，并非只有并购一种扩张方式，以合资、合营的方式也可以，现在看来，这种方式的阻力会更小。喻国明认为，海外扩张宜细分目标对象，实现有步骤的推进。可以先从收购文化消费类、生活时尚类、财经类等意识形态问题较为隐性的媒体开始，在了解和积累相关经验、中西方体认增强的基础上，再考虑收购政治意识形态色彩较浓的新闻媒体。

毕磊、钱晓文在《我国报刊“走出去”的现状与策略》[①]一文中也指出：借助境外资本市场，采取并购、合作、参股、债转股等方式在海外“扎下根”，是中国报刊进入国际市场的必然选择。

### （五）强化驻外机构建设以及采编队伍的国际化

要参与国际出版传媒市场的竞争，必须遵循国际传播规律，运用市场手段，与国际知名集团、当地媒体和出版机构合作，建立市场化的国际业务网络。海外机构建设，越来越依靠专业化的本土团队，依托与当地主流媒体和渠道的合作。

以外文局为例：从2004年起，中国外文局开始全面推进外宣书刊“本土化”战略，以国内为基地，把策划编辑和印刷发行环节前移到对象国。主要措施是：在对象国设立机构，负责书刊选题策划和印刷发行；聘请和雇佣对象国人员参与工作，发挥他们的文化和语言优势，提高外宣针对性；按照本土化的要求调整业务工作流程。中国外文局（中国国际出版集团）目前在10个国家和地区设有17个驻外机构，分别是：中国香港的香港和平图书有限公司，美国的常青图书有限公司、长城书店、中国书刊社、长河出版社、《北京周报》北美分

---

① 毕磊、钱晓文：《我国报刊“走出去”的现状与策略》，载《中国报业》，2012年第4期。

社，英国的常青图书有限公司、华语教学出版社伦敦分社、光华书店，德国的中国图书贸易公司，比利时的长城书店，日本的国图公司东京事务所、人民中国杂志社东京支局，埃及的今日中国杂志社中东分社，俄罗斯的人民画报社莫斯科分社，墨西哥的今日中国杂志社拉美分社等，其中最久的已有51年历史。①

再来看看《中国日报》，建设国际采编团队是《中国日报》近年来的发展重点，通过常年聘用大量来自美国、英国、澳大利亚、印度等国的资深外籍新闻从业人员，确保纯正地道的英语写作和国际化的专业水准。

### (六)灵活多样，地方报业加强与外媒合作

地方报业船小好调头，他们通过比国际级媒体更加灵活多样的形式与外媒进行积极的合作，以实现在目的国的落地和覆盖。

以杭州日报报业集团为例。杭州日报报业集团与澳大利亚大华时代传媒集团的中文报开展合作。一是签订友好交流协议；二是两集团互设办事处，双方指定专人负责开展友好交流合作活动；三是开展新闻合作，双方为对方的记者在本地新闻采访提供支持和协助；四是双方合作主办一年一次的中澳商业论坛，为两地企业招商引资搭建平台；五是在友好交流的基础上，开展产业合作，视情况在澳大利亚组建合资公司。杭州日报报业集团的每日商报社将与台湾旺报社进行稿件交流，拟每周一次、每次半个版设专门栏目。交流的稿件以经济、消费、旅游、文化等方面的内容为主。

《广西日报》也正在按照如下模式尝试与外国媒体合作：一是对等交换稿件和版面，每周定期对等提供半个版，目前已经与越南《广宁日报》等6个省级党报达成口头协议，表达了对等合作的意愿；二是互相邀请采访、购买版面。东盟报纸大部分是私营的，每年中国东盟博览会期间，做外宣的一个办法就是在东盟多家购买版面，其中大量是华文报，但对主流报纸、主流人群还是很难覆盖。②

---

① 于涛：《我国传媒出版集团驻外机构建设初探》，载《中国出版》，2010年1月上。

② 李成：《拓展外宣渠道 突出地方特色——苏浙桂地方外宣调研》，载《建设世界一流的现代全媒体集团——"加强国际传播能力建设"专题调研文集》，新华社新闻研究所2010年内部出版。

## (七)通过战略联盟等方式扩大中国媒体在国际上的影响力、提高知名度

2000年6月《中国日报》加入"亚洲新闻联盟",成为该联盟的第10个成员。亚洲新闻联盟成立于1999年3月,其总部设在泰国曼谷,目前由亚洲18个发展最快的国家和地区的21种主流报纸组成,是当今世界上最大的由多国报纸组成的新闻联盟。该机构通过媒体的交流合作,共享和最优化21家媒体的重大新闻资源、人员、发行渠道和管理模式,打破西方媒体在亚洲报道的舆论强权和新闻垄断,实现"亚洲人报道亚洲"的理想。亚洲新闻联盟将所有成员媒体的媒体资源进行了有效整合,在新闻报道内容和市场开发等领域展开广泛深入的合作,逐步建立了成员之间的文字报道、新闻图片和视频报道的网络交换平台。

2005年,中国日报社总编辑朱灵担任亚洲新闻联盟的轮值主席,提出了要面向亚洲之外的读者,之后亚洲新闻联盟整合的新闻资源不断制作成网站、杂志、新闻服务包,向亚洲以外的读者传递。2006年2月,亚洲新闻联盟创办了亚洲新闻杂志,让读者第一时间捕捉亚洲最新资讯。该杂志每期36页,每周发行2万册,主要随世界上最大的航空联盟——星空联盟,在其主要的国际航班上发行。2006年3月,亚洲新闻联盟创办了亚洲新闻图片网。它由中国日报社依托近2000名注册摄影师、70万余张图片的积累和5年的图片网运作经验,代表亚洲新闻联盟在北京创办,涉及新闻、特写、事件、军事、环境、体育、时尚等主题,为亚洲的摄影师创造了一个新闻摄影业务交流、沟通和作品展示的网上平台。2008年11月,亚洲新闻联盟建立了亚洲编辑中心,每日推出亚洲新闻服务。编辑中心每天将所有成员提供的当天新闻、特写、言论和图片编辑整理,并打包成新闻服务。这些新闻内容通过与德国通讯社的合作,已经销售到中东、欧洲和美洲等地。亚洲新闻联盟也积极与欧洲媒体开展合作与交流,每年都与德国阿登纳基金会合作举办"亚欧总编辑峰会"。设在菲律宾的"亚洲新闻媒体发展中心"为亚洲新闻联盟的成员报纸提供新闻记者的硕士学位学习和培训的平台。① 依托该组织的影响力和覆盖面,《中国日报》的国际传播效果事半功倍。

---

① 《亚洲新闻联盟简介》,中国日报网,http://www.chinadaily.com.cn/hqgj/2010ann/2010—03/30/content_9661842.htm

## 四、存在的主要问题

我国媒体有着很强的意识形态属性，采取的是特许式的政府管制方式，而国外媒体都是企业化运作，自主经营、自负盈亏。这造成国外长期以来对我国媒体的偏见和不信任，大大增加了我国报刊业走出去的难度。除此以外，我们自身存在的多方面问题也亟待解决。

### （一）与世界一流媒体相比，中国媒体大多规模偏小、实力较弱，限制了我们在国际传媒市场上的竞争力

中国传媒企业起步较晚，虽然取得了快速发展，但是总体来说，我国报刊业的整体经济规模、经营管理水平、产业内在结构、市场完善程度等都与发达国家的传媒产业有着巨大的差距，这导致其在国际传播过程中竞争力有限，这大大阻碍了我们“走出去”的步伐。对此，学者郭全中曾撰文进行过简要阐述①，指出：一是中国传媒业的整体规模尚小。我国 2006 年传媒业整体广告收入尚不足 200 亿美元，而美国 2004 年报业广告总收入就达到 466 亿美元，是中国传媒业整体广告收入的 2 倍多。二是我国传媒企业的发行量、广告收入、现金流都和国外传媒企业相差甚远。例如，日本有《朝日新闻》等多家发行量过千万份的报纸，美国和英国等国家也有很多发行量达几百万份的报纸，而我国发行量超过百万份的报纸屈指可数，有的发行量只有几万份甚至几千份。广告收入和现金流与国外传媒企业的差距就更为悬殊，我国最大的媒体——中央电视台 2007 年的广告收入也不过是 100 亿元人民币，而国外媒体的广告收入动辄几十亿美元。我国最大的报业集团之一的深圳报业集团的总资产也不过几十亿元人民币，其年业务收入也不过几十亿元人民币，而美国的甘尼特公司 2003 年的营业总收入就达 67.11 亿美元。三是缺乏跨区域跨媒介的大型传媒集团。集团化、跨区域与跨媒介是传媒业发展的必然选择，然而，目前我国囿于政策限制、传媒业的区域化分割和行业化分割以及传媒企业自身能力不足等方面的问题，我国尚没有真正的跨区域和跨媒介的大型传媒集团。

① 郭全中：《中国传媒业走出去的空间和路径选择》，载《青年记者》，2008 年第 4 期。

## (二)报刊“走出去”的动力不足，主观能动性有待加强

早在2006年，新闻出版总署副署长石峰在接受《传媒》记者采访时就明确指出，有的报刊单位对于“走出去”的重要性认识不足，缺乏“走出去”的内在动力。不少报刊社认为，“走出去”主要是政府的事情，中国报刊开拓海外市场的难度太大，在经营上往往入不敷出，因而缺乏“走出去”的内在动力，这已经成为我国报刊业拓展海外市场的主观障碍。[①] 事实上，在调研中我们也发现，有的报刊虽然走出了国门，但却没有真正进入海外受众的家门，有的甚至就被放置在仓库里。显然，部分媒体只是以完成海外发行的任务为目标，对具体传播的效果并不关心，更不愿意在发行和宣传等环节投入更多的人力、物力、财力。

## (三)内容的吸引力有待进一步提升

传媒业的最大特点是区域化，任何媒体都必须符合当地读者本地化的需求，而各国有自己的文化传统和自己的语言，国内媒体在走出去创办媒体时必须适应当地的文化传统和语言。目前看来，走出去的中国报刊对于海外读者的价值观念、阅读趣味，以及海外传媒的运作规律和生存环境还缺乏深入的了解。这直接导致了我们的内容不能引发海外受众的兴趣，从而很难真正地影响他们。具体说来，这种内容的缺陷主要体现在两个方面，还是以《新民晚报》为例，进行简要分析：一是内容的单调复制。《新民晚报海外版》虽然发行很多国家版本，但是各种版本内容基本相似。一般都有“上海一周”/“中国瞭望”等栏目，这些在各国当中的相同栏目其内容也基本一致。编辑往往在处理一国的新闻时尽管考虑当地受众喜好，但是选择范围仅仅限制在文汇/新民的已发新闻。而且编辑在处理不同国别版面的时候，选稿几乎一致，差别仅限于排版上的调整。二是本土化明显不足。其信息都是从近期国内已发新闻当中直接摘引过来，往往是根据国内受众的角度描述，转发时没有多少针对当地进行的改造和增采，更谈不上针对当地受众需要进行的独创信息。人员一般是母体本社成员，与当地受众的联系较少，往往对受众口味缺乏了解。目前的核心环节在于增强对受众的了解，改善编辑队伍，增加跨文化沟通，及时了解受众需要，调整文字表现方式，更适应受众需要，有针对性地制作受众喜闻乐见的新闻。另外，内容方面的弊端还包括真正的独家报道少、缺乏有分量的言论和有

---

① 周志懿：《积极推动中国报刊“走出去”——访新闻出版总署副署长石峰》，载《传媒》，2006年第11期。

国际声望的评论员，对外国读者和海外华人读者的独特心理、兴趣等特征缺乏调查，对外国读者和海外华文读者的定位不清晰等。①

当然，国内的报刊也努力地在写作风格和版面设置上向世界一流报纸学习，例如，2010年，《中国日报》在改版中聘请国外设计团队，设计国际化的版面，就是为了更加符合国外目标受众的口味。

### （四）政府相关部门对报刊"走出去"的规划、引导和扶持有待进一步落实和强化

早在2006年，石峰就在报刊业"走出去"座谈会上的讲话中指出，虽然不少报刊出版单位、出版物进出口单位在开拓报刊海外市场方面进行了许多尝试，但还处在"单兵作战"的状态，政府部门对于报刊走出去的整体规划，对于报刊单位走出去的具体指导，对于一些报刊对外出版项目的政策支持和财政支持都还不够，不能形成资源互补、整合推进、统筹规划的整体发展形态。如何处理好政府统筹和报刊单位自主发展之间的关系，还需要认真的研究。

不过，在2012年1月9日，《关于加快我国新闻出版业走出去的若干意见》出台，提出了推动新闻出版业"走出去"资源配置十条"新政"，具体包括：一是支持出版传媒企业创办完全面向国际市场的外语类期刊，并配置相应出版资源；二是对完全针对国外外语市场开展出版业务的非公有制企业、中外合资企业给予特殊政策扶持；对新增的科技类中外版权合作期刊，须确保每期有不低于10%的原创中国内容被国外合作期刊转载；三是对续批的中外版权合作期刊，社科类须确保每期有不低于15%、科技类须确保每期有不低于10%的原创中国内容被国外合作期刊转载；四是在出版单位等级评估办法中原有"版权输出数量"指标的基础上，同时增加新闻出版产品与服务出口年收入、从事国际业务拓展人员数量两项"走出去"相关指标，并相应增加权重比例；五是对版权贸易输出与引进逆差超过1∶3的新闻出版企业实行重点监控，采取有效措施促进其改善版权贸易结构；六是在新闻出版单位高级职称评审条件中增加"走出去"的相关考评内容；七是鼓励和支持有条件、有实力的网络出版单位努力开拓国际市场，研发、出版适应国际市场需要的、能够产生稳定境外流量的数字、网络出版产品；八是鼓励和支持有国际在线内容增值服务市场需求的网络出版单位建立境外服务网站，力争"十二五"末，一批重点网络出版服务单位境外收入占单位年营业额的10%以上；九是每年承接境外印刷加工业务占

① 明安香：《传媒全球化与中国崛起》，北京：社会科学文献出版社，2008年，第95页。

企业主营业务量30%以上，且年度对外加工业务营业额在2000万美元以上的印刷企业可以认定为国家印刷复制示范企业；十是加强对出版物进出口经营单位的量化考核，年度出口金额增长幅度须大于进口金额增长幅度，并按出口实绩配置进口权限。

# 第二章

# 广播

## 一、概述

对外广播历来就是各国进行国际传播的重要媒体之一，即便面对新媒体的巨大冲击，其凭借穿透性强、覆盖面广、成本低等特色，以及与国际政治的天然联系，在国际传播领域里仍然具有较大的优势。在我国，对外广播事业是我国对外宣传工作的重要组成部分。我国对外广播事业以世界各地的华人、港澳台同胞、中国驻外机构人员、留学生、新移民以及对中国感兴趣的外国人为主要传播对象和受众群体，向世界介绍中国，向中国介绍世界，向世界介绍世界。

### (一)广播对外传播的总体格局和传播主体

我国广播的对外传播以中国国际广播电台为核心，以各地方广播电台的外宣节目为补充，形成了 1+X 的总体格局。

中国国际广播电台(China Radio International，缩写为 CRI)，简称“国际台”，是中国唯一的国家级对外广播机构。新中国的对外英语广播诞生于战争年代。在很长一段时期内，我国的英语广播主要是以中国国际广播电台的英语台为主打媒体，并主导着我国的对外广播，成为我国重要的对外传播窗口。目前的国际台，使用 61 种语言的全媒体平台向世界传播，拥有英语、华语和多语种环球广播，70 家境外城市调频/中波台，“国际在线”61 种语言网站集群，手机广播电视、移动国际在线新媒体业务，多语种互联网电视、天地电视，《购物频道》、《环球奇观》数字电视频道，5 套对内外宣广播，《世界新闻报》、《国际广播影视》(学刊)等35种外文报刊,全天候服务海内外受众。还初步形成了18个业务集群的框架,包括:环球广播电台集群、海外城市分台集群、边境外宣分台集群、对内外宣广播频率集群、外宣电视媒体业务集群、多语种平面媒体集群、海外合作电台集群、多语种网站集群、多语种网络电台集群、多语种网络电视台集群、多语种移动媒体集群、全球节目制作室集群、全球记者站集群、专业人才集群、外籍人才集群、海外孔子课堂集群、海外听众俱乐部集群、国广系公司集群。中国国际广播电台已经成为世界主要国际广播电台之一。

此外,随着改革开放的进一步深化,我国地方性对外广播也开始得到发展。

以广东电台为例。1992年广东电台创立英文台,成为国内第一家省级英语电台,直到1998年与现在广东电台文体广播(FM107.7)的前身广东电台教育之声合并。为了更好地向在广东省各地生活、经商和旅游的外国人提供本地的新闻,广东电台于2002年3月1日正式推出5分钟的以英文为主要播出语言的新闻类节目《广东英语新闻》,在新闻频道、城市之声、教育之声播出。这是当时广东唯一的广播英语新闻,播出的新闻皆是电台自己采集和编译的本土新闻。目前广东电台的英文外宣主打节目是粤英双语新闻类节目 *Guangdong News Now*(又称《广东英语新闻》);粤英双语节目《今日聚焦》,一档以广东新近发生的热点新闻或者文化事件为报道重点的专题节目;《我的广东》,采访在广东生活和工作的外国人,通过外国人的亲口述说向目标受众推介广东,以及《一周新闻回顾》等。所有的英文对外广播节目都在广东电台英文网站 http://e.rgd.com.cn 提供在线收听和下载服务。

2003年开始至今,广东电台制作的《今日广东》英语专题节目在总部位于英国伦敦的“世界广播网”(World Radio Network)这一国际性的广播平台机构上,通过广播卫星、数字电视、有线电视、酒店广播系统、手机广播系统以及互联网向全球范围内的听众播出。[①]

再来看地处边陲的广西人民广播电台。在经济全球化迅速发展的大背景下,区域和次区域经济一体化正在不断加强。地处祖国南方边陲的广西人民广播电台近年来进行了许多有益的探索,通过人员互访、技术交流、节目互播、信息共享的业务运作,与东盟国家广播媒体初步形成了交流合作的新机制,有

① 罗丽婷:《广东电台英文对外广播的发展路径探析》,载《南方广播研究》,2011年第7期。

效扩大了外宣影响力。[①] 中国第一个区域性国际广播频率——北部湾之声(Beibu Bay Radio,简称“BBR”),于 2009 年 10 月 23 日正式开播。

北部湾之声立足广西,面向东南亚,服务中国——东盟自由贸易区建设,以“中国立场、广西特色、国际表达”为宗旨,目前使用英语、泰语、越南语、广州话、普通话 5 个语种播音,每天 17 小时直播。短波频率已有效覆盖越南、柬埔寨、老挝全境,泰国大部和马来西亚西部及新加坡。调频频率已有效覆盖越南广宁省大部、谅山省和高平省北部,海防市局部及北部湾海域大部,覆盖人口超过 1 亿。目前,北部湾之声已经与越南、泰国、柬埔寨、缅甸等国的国家电台以及越南胡志明电台、越南广宁省广播电视台签订了友好合作协议,与马来西亚、新加坡、印尼、文莱和菲律宾等国媒体建立了经常性的合作关系。[②]

“北部湾之声”取得了良好的国际传播效果,“南亚之声”、“中亚之声”、“东北亚之声”等系列边境外宣分台,也都在筹备中。[③]

### (二)传播力现状

总体看来,中国的对外广播自改革开放以来,在转换报道观念、改进报道手法和增强报道效果方面,进展明显。对外广播节目的针对性、时效性、可听性和亲和力、说服力不断加强。[④] 早在 2007 年,中国国际广播电台对近 5 年的听众反馈进行分析就发现,中国国际广播电台的节目受到越来越多听众的欢迎,特别是欧美地区的听众的正面反馈增多。他们对中国国际广播电台节目的反映集中在以下几个方面:一是“信息量大,新闻快捷,内容准确全面,编排得当”;二是“从内容到形式有很大的改进,内容丰富、形式活泼,体现了知识性和趣味性”,尤其文化类节目“魅力无穷”;三是“真实地报道了中国和国际事件,播音个性鲜明”、“事务的独特视角”;四是“风格生动亲切”,“大大激发了听众的参与热情和积极性”,“节目具有非常高的专业水准”。[⑤]

而且就使用语种、播出时数和听众来信数量而言,中国国际广播电台已经成为世界主要国际广播电台之一。截至 2010 年上半年,从语种数目来说,中

---

① 李小玲:《走出去——新形势下广播媒体的战略选择》,载《中国广播电视学刊》,2008 年第 11 期。

② 杨春:《创新思维 积极探索 促进城市广播媒体合作》,载《国际城市广播媒体合作论坛文集》,北京:中国国际广播出版社,2012 年。

③ 王庚年:《关于全媒体的认识与探索》,载《中国广播电视学刊》,2012 年第 11 期。

④ 明安香:《传媒全球化与中国崛起》,北京:社会科学文献出版社,2008 年,第 91 页。

⑤ 温飚:《开拓创新 加快我国国际广播“走出去”步伐》,载《中国广播》,2007 年第 3 期。

国国际广播电台有61种(51种外语)，美国之音有45种语言，BBC国际台有32种。从播出时段来比较，中国国际广播电台每天播出1520个小时，这个量是非常大的。美国之音是每周1507个小时，BBC国际台每周1258个小时，从这一点来看，中国国际广播电台播出时间占全球第一。另外，人员数目上中国国际广播电台也极具竞争力，BBC国际台2017人，美国之音1231人，[①]而中国国际广播电台则达1800人。

新媒体也为我国的对外广播带来新的机遇。国际台旗下的国际在线已经成为国际台国际传播的著名品牌之一，访问者来自180多个国家和地区，网站日均页面浏览量达到1900万，在全球同行业网站中处于领先地位，在世界最知名的互联网评估网站Alexa“最具知名的国际广播电台网站”排名中，国际台的国际在线也超越了美国之音、BBC等世界著名国际广播电台网站而稳居第一。[②]

但我国的对外广播在国际广播领域的实力、影响力与西方发达国家相比仍有差距。西方主流广播机构如美国之音、英国广播公司在硬件实力、保障资金、技术和地缘政治上仍具有巨大优势。西方强势国家依然掌握着国际广播的话语权。

## 二、发展历程

作为广播国际传播的核心力量，中国国际广播电台的发展历程也在一定程度上代表着我国广播国际传播的发展历程。

### (一)起步期(1941～1978)

**要点：中央人民电台时期的对外传播。**

1941年12月3日17时，在延安的一个窑洞里，“延安新华广播电台”用日语正式播出，中国人民对外广播事业从此诞生。

1947年9月11日，已更名为“陕北新华广播电台”的“延安新华广播电台”正式开办英语新闻节目，每天播音20分钟。

---

① 李文：《国际广播业的发展和挑战》，在暨南大学传媒领袖讲习班第三期(2010年7月21—25日)上的讲话，http://news.21cn.com/domestic/yaowen/2010/07/29/7696707.shtml

② 胡正荣、关娟娟主编：《世界主要媒体的国际传播战略》，北京：中国传媒大学出版社，2011年，第258页。

1949 年 12 月 5 日，几经更名的“延安新华广播电台”正式改名为“中央人民广播电台”。1978 年 4 月 18 日，中国对外广播正式更名为“中国国际广播电台”并从中央人民广播电台中分离出来。

到 1976 年，我国对外广播语种已达到 44 种，其中外语 39 种，另外还有中国 4 种方言。当时仅对美洲的播音时间就达到 687 个小时，声音已传到世界上的主要国家和地区。20 世纪 60 年代初，英国广播公司曾发表年度报告说，中国对外广播已经取代英国广播公司的地位而成为世界第三大对外广播机构，仅次于苏、美。可见当时的中国对外广播在国际市场上已经初步占有了一定的份额。[①]

不过，由于“文化大革命”的破坏，在美国等西方国家国际广播实力大幅度、快速增长和广播技术迅速发展的新形势下，我国的对外广播实力却明显下降，收听效果越来越差，特别是远距离的广播，几乎被西方国家挤垮。[②]

### （二）腾飞期（1978 年至 20 世纪 90 年代末）

**要点：中国国际广播电台成立，并实现从传统媒体到现代媒体的转型。**

1978 年国际台从中央人民广播电台中独立出来，这时它已拥有出版社和音像社，不再是单一的广播媒体。20 世纪 90 年代初，国际台创办了两份向国内外发行的报纸，一份是英文出版的《信使报》，另一份是中文出版的《世界新闻报》。1992 年，国际台开展了电视业务，创办了中国国际广播电台电视部，并于 1994 年改名为“国际台电视中心”。1999 年起，国际台电视中心开始向各地方电视台定时传送电视国际新闻。1997 年，国际台建立了自己的网站“国际在线”，实现了中文、英文、西班牙文、德文四种文字同时发布，并对全球的突发事件快速报道，新闻时效性大大加强。

这一时期，国际台以新闻改革为突破口，着重加强了对国际新闻报道和国际时事报道的改进，并陆续在世界各地建立记者站，大力拓展信息网。至 2000 年其驻外记者站已经达到 42 个。由于新闻源得到保证，国际台的国际新闻中心从 1995 年 5 月 1 日起施行全天 24 小时发稿，新闻节目实行滚动

① 张焕萍、刘笑盈：《中国国际广播电台：“声音传五洲，朋友遍天下”》，载《对外传播》，2010 年第 8 期。

② 丛英民：《对 21 世纪中国国际广播事业发展的几点思考》，载《国际传播与对外宣传》，北京：北京广播学院出版社，2000 年。

播出。[①]

这一时期，我国对外广播的总体效果有了明显改善，特别是对美洲、非洲、欧洲的远距离广播效果有了根本性的改善，解决了长期以来远距离广播听不到、听不好的问题。这一时期，国际台重新挤进世界国际广播的第一方阵，这一方阵的成员主要包括美国、英国、俄罗斯、德国等。[②]

### (三)多媒体综合发展期(21 世纪以来)

**要点：以构建现代国际广播体系为核心的跃进式发展。**

2004 年，中央领导视察国际台时明确提出“构建现代国际广播体系”，其基本思想是：国际台要围绕增强中国在国际上的声音这一总的目标，一手抓好无线广播，一手抓好互联网在线广播，尽快建立现代国际广播体系，形成与中国的国际地位相适应的现代化国际广播体系，在对外宣传上发挥更大的、独特的优势。

2009 年，我国对外广播根据中央关于“由传统媒体向现代媒体转变，由单一媒体向综合媒体转变，由对外广播向国际传播转变”的要求，从传播方式、报道手段、活动策划、内外联合等多方面着手，全面优化，加快建立现代国际广播体系的进程。[③]

国际台台长王庚年透露：国际台未来的发展重点是，根据中央关于增强重点媒体国际传播能力建设的总体部署，以整频率落地、节目本土化制作机构、英语环球广播、华语环球广播、多语种环球广播、新媒体业务、国际传播技术支撑系统等七大工程建设为核心，科学发展、综合发展，力争到 2020 年，在业务结构、技术装备水平、频道频率数量、节目制作水准、境外整频率电台数量、节目播出时数和覆盖范围、新媒体业务、驻外机构、人力资源和资金保障能力、国际受众影响力等重要指标方面，达到或超过英国广播公司和美国之音等世界主要国际传播媒体的水平，发展成集无线广播、在线广播和多媒体传播于一体的现代、综合、新型的国际一流传媒。

整频率落地工程方面：国际台将在世界主要国家的首都和重要城市，以自

---

① 张焕萍、刘笑盈：《中国国际广播电台：“声音传五洲，朋友遍天下”》，载《对外传播》，2010 年第 8 期。

② 丛英民：《对 21 世纪中国国际广播事业发展的几点思考》，载《国际传播与对外宣传》，北京：北京广播学院出版社，2000 年。

③ 林如鹏、曹鉴：《对外广播：全面优化 构建现代国际广播体系》，载《中国广播电视学刊》，2010 年第 1 期。

建、租用、合作办台、商业购台、参股办台等方式，在全球拥有 150 个调频或中波电台。

节目本土化制作工程方面：依托驻外记者站或境外合作伙伴，在有关国家的首都或大城市建立 40 个记者站、8 个地区总站和 70 个节目制作室；在沿边省区或城市合作建立 10 个国内节目制作室，为跨边境覆盖有针对性地制作节目。

英语环球广播工程方面：建立具备不同地区特色的全球 7 套英语环球 24 小时广播，日首播节目达 168 小时。

华语环球广播工程方面：在全球华人聚居城市国际台所属的 60 个左右整频率调频台中，分地区规模播出 5 套华语广播节目，实现重点城市重点覆盖。

多语种环球广播工程方面：建成日语、俄语、法语、德语、阿拉伯语、西班牙语、韩语、葡萄牙语等多语种 24 小时环球广播节目制播平台，每个语种广播拥有至少一个整频率资源，实现多语种音频、视频和网络节目生产规模化和多语种译制体系化。

新媒体业务建设方面：在境外建设 20 个新媒体工作站和发布点，国际在线 61 个语种实现音视频直播和基础信息手持终端浏览，具备条件的开通本土化移动业务。

国际传播技术支撑系统建设方面：建成以多语种、新媒体、互动性应用为核心的在线广播技术大楼，完成全新的面向在线广播的新媒体技术系统建设，建成环球新闻信息采编系统、媒资共享及交换系统、资源发布系统，形成以"在线广播对外传播中心"为核心的整合辐射全国外宣资源的多语种、多媒体国际传播体系。

## 三、发展策略和发展亮点

### （一）因地制宜地实现境外落地

广播节目境外落地，就是通过短波、中波调频、卫星直接入户、卫星直播、有线电视、互联网、移动通讯、数字调幅广播等技术手段，采用租机互转、租用时段、与当地主流媒体联合制作、在海外建立工作室以及开办调频台等多种方式，以当地官方语言或受众熟悉的语言和喜闻乐见的风格，传播受众需要的信息。[①]

20世纪90年代起，英国、美国、法国等国际广播大国在完成和调整各自全球短波广播覆盖的同时，开始着手推进节目境外落地工作。而我国的广播节目境外落地也始于1993年。2003年国际台正式成立“节目境外落地办公室”，境外节目落地业务进入规模化发展阶段。2006年，境外节目落地办公室进一步扩大为“国际合作交流办公室”，节目境外落地有了更强大的机构保障。

国际台副台长王云鹏用“符合当地法律、符合市场需求、符合国际惯例、符合当地模式”来概括国际台海外落地的基点和思路。[②] 实施节目境外落地战略20年以来，国际台已经积累了一些成功的经验，包括：

1.通过境外代理落地

通过境外代理落地是指以商业运作方式，购买重点国家城市电台时段播出我落地节目。这一方式有效拓宽了国际台在海外的落地渠道，扩大了国际台节目的覆盖面，其有效性引起西方媒体的关注。BBC国际电台监听部几次对国际台采取与第三方合作扩大落地的办法进行了报道和评述，认为国际台通过英国广播网及其他机构以卫星、有线、无线、当地的调频转播台和互联网等手段广泛传播节目，显著扩大了中国的影响。[③]

2.整频率落地

2006年2月，国际台肯尼亚内罗毕调频台正式开播，拉开了我国国际传播事业境外整频率落地的序幕。同年11月，老挝万象调频台开播，当时两国主席胡锦涛和朱马利共同启动开播按钮。国际台通过建设新台和租用已有电台的频段这两种主要方式，到2010年，完成在海外51个整频率电台（每天播出10小时以上落地节目）的建设，全球覆盖和规模化传播态势初步形成。目前，这50家分台每天播出的落地节目时数达1100多小时，采用41种语言（包括36种外语和汉语普通话及4种方言），有效覆盖全球近70个国家和地区。

特别值得关注的是，2008年12月4日，中国国际广播电台与美国洛城广播电台举行合作开播庆典，标志着国际台首次在美国实现整频率落地。洛城

① 白河山：《中国国际广播电台节目境外落地创新初探》，载《中国广播电视学刊》，2009年第5期。

② 张凌云：《中国不远 就在耳边》，载《光明日报》，2010年11月26日。

③ 白河山：《中国国际广播电台节目境外落地创新初探》，载《中国广播电视学刊》，2009年第5期。

广播电台每天通过中波 AM1370 千赫播出国际台制作的节目，每天以华语、英语和西班牙语向华人和主流社区播出 12 小时的新闻资讯和文艺节目。进入西方主流国家是国际台提高国际影响力的重要一步。

截至 2011 年 11 月初，国际台已成功在美国实现了 5 个整频率落地项目，在加拿大实现了 3 个整频率落地项目，在大洋洲实现了 3 个整频率落地项目。这些落地项目均是以至少 10 小时的英语、法语或华语节目大规模登陆以上国家和地区的。它们的开播有效破解了国际台节目在发达国家落地的难题，既能争取更多主流听众群，也有利于扩大国际台节目在欧美发达国家的有效覆盖，节目落地实效显著增强，进一步提高了国际台在欧美发达国家的影响力。[1] 下表是国际台境外整频率落地的具体情况：[2]

**中国国际广播电台境外整频率落地电台**

| 台名 | 项目名称 | 频率 | 播出语种 | 开播时间 |
| --- | --- | --- | --- | --- |
| 中国国际广播电台境外整频率落地电台 | 蒙古乌兰巴托调频台 | FM105.0 | 蒙语 18 小时（其中国际台制作播出 4 小时） | 2002.10.08 |
| | 肯尼亚内罗毕调频台 | FM91.9 | 斯瓦希里 4 小时，英语 12 小时，普通话 3 小时 | 2006.02.27 |
| | 蒙古达尔罕调频台 | FM103.7 | 蒙语 6 小时，俄语 4 小时，普通话 3 小时，英语 2 小时 | 2006.03.01 |
| | 老挝万象调频台 | FM93 | 英语 4 小时，老挝语 6.5 小时，普通话 2 小时 | 2006.11.19 |
| | 澳大利亚珀斯调频台 | FM104.9 | 英语 6 小时，普通话 4 小时 | 2007.09.03 |
| | 瓦努阿图维拉港调频台 | FM102 | 英语 18 小时 | 2007.09.10 |
| | 瓦努阿图桑托乌调频台 | FM102 | 英语 18 小时 | 2007.09.10 |

① 张媛媛：《CRI 海外整频率电台增至 51 家》，载《世界新闻报》，2010 年 12 月 21 日。

② 图表来源：《中国广播电视年鉴 2011 年》，北京：中国广播电视年鉴社，2011 年，第 177～178 页。

续表

| 台名 | 项目名称 | 频率 | 播出语种 | 开播时间 |
| --- | --- | --- | --- | --- |
| 中国国际广播电台境外整频率落地电台 | 瓦努阿图马拉库拉岛调频台 | FM106 | 英语18小时 | 2007.09.10 |
| | 尼日尔尼亚美调频台 | FM106 | 法语10小时，豪萨语6小时，普通话2小时 | 2007.10.01 |
| | 摩纳哥中波整频率落地 | AM702 | 法语10小时，意大利3小时，普通话2小时 | 2007.10.01 |
| | 摩纳哥调频整频率落地 | FM96 | 法语10小时，普通话6小时 | 2007.10.01 |
| | 巴拿马中文台中波台 | AM1180 | 普通话6小时，广州话2小时，西班牙语2小时 | 2007.10.02 |
| | 美国洛杉矶中波台 | AM1370 | 普通话12小时 | 2008.10.01 |
| | 加拿大温哥华华侨之声电台 | AM1320 | 普通话12小时 | 2008.10.15 |
| | 利比里亚蒙罗维亚调频台 | FM104.7 | 英语15小时，普通话3小时 | 2008.11.19 |
| | 利比里亚布坎南调频台 | FM105.6 | 英语15小时，普通话3小时 | 2008.11.19 |
| | 利比里亚杜伯曼堡调频台 | FM91.7 | 英语15小时，普通话3小时 | 2008.11.19 |
| | 利比里亚绥德音调频台 | FM91.7 | 英语15小时，普通话3小时 | 2008.11.19 |
| | 利比里亚沃因加玛调频台 | FM104.7 | 英语15小时，普通话3小时 | 2008.11.19 |
| | 柬埔寨金边中东友谊台 | FM96.5 | 柬埔寨6小时，潮州话4小时，普通话4小时，英语4小时 | 2008.12.11 |
| | 芬兰大功率中波台 | AM963 | 俄语4小时，波兰语1小时，捷克语1小时，德语2小时，以及爱沙尼亚语1小时，立陶宛语1小时 | 2008.04.15 |
| | 澳大利亚堪培拉调频台 | FM88 | 英语12小时 | 2009.05.08 |
| | 美国夏威夷KHCM中波台 | AM880 | 英语17小时，普通话7小时 | 2009.07.02 |

续表

| 台名 | 项目名称 | 频率 | 播出语种 | 开播时间 |
| --- | --- | --- | --- | --- |
| 中国国际广播电台境外整频率落地电台 | 尼日尔马拉迪调频台 | FM106 | 法语10小时,豪萨语6小时,普通话2小时 | 2009.08.24 |
| | 尼日尔津德尔调频台 | FM106 | 法语10小时,豪萨语6小时,普通话2小时 | 2009.08.24 |
| | 尼日尔阿加德兹调频台 | FM103 | 法语10小时,豪萨语6小时,普通话2小时 | 2009.08.24 |
| | 刚果(布)布拉柴维尔调频台 | FM90.1 | 法语12小时,普通话6小时 | 2009.09.01 |
| | 纽约中国广播网中波台 | AM1240 | 普通话6小时 | 2009.09.30 |
| | 美国北加州中波台 | AM570 | 英语10小时本土化节目 | 2009.11.15 |
| | 蒙古国额尔登神调频台 | FM101.4 | 蒙语6小时,俄语4小时,英语2小时,普通话3小时 | 2009.12.01 |
| | 塞内加尔首都达喀尔调频台 | FM102.9 | 法语12小时,普通话6小时 | 2009.12.16 |
| | 塞内加尔圣路易岛调频台 | FM106.6 | 法语12小时,普通话6小时 | 2009.12.16 |
| | 塞内加尔考拉克调频台 | FM106.6 | 法语12小时,普通话6小时 | 2009.12.16 |
| | 塞内加尔济金绍尔调频台 | FM106.6 | 法语12小时,普通话6小时 | 2009.12.16 |
| | 美国休斯敦KGBC中波台 | AM1540 | 英语24小时 | 2010.01.01 |
| | 加拿大多伦多中波台 | AM1540 | 英语12小时 | 2010.02.10 |
| | 加拿大渥太华调频台 | FM97.9 | 英语12小时 | 2010.02.10 |
| | 加拿大多伦多调频台 | FM91.9 | 英语12小时 | 2010.02.10 |
| | 新西兰奥克兰调频台 | FM104.2 | 普通话12小时,英语12小时 | 2010.03.02<br>05.14正式 |
| | 澳大利亚墨尔本中波台3CW | AM1341 | 普通话10小时 | 2010.03.20<br>05.22正式 |
| | 斯里兰卡调频台<br>斯里兰卡VIS广播公司 | FM102 | 僧伽罗语4小时,英语7小时,普通话4小时,泰米尔语4小时 | 2010.04.23 |

续表

| 台名 | 项目名称 | 频率 | 播出语种 | 开播时间 |
| --- | --- | --- | --- | --- |
| 中国国际广播电台境外整频率落地电台 | 美国休斯敦北部 KYND | AM1520 | 英语 14 小时 | 2010.06.01 |
| | 坦桑尼亚桑给巴尔调频台 | FM99.7 | 普通话 3 小时，英语 12 小时，斯瓦希里语 4 小时 | 2010.07.20 |
| | 萨摩亚阿皮亚调频台 | FM105.3 | 英语 18 小时 | 2010.08.02 |
| | 美国旧金山 KIPG 中波台 | AM1510 | 华语 24 小时 | 2010.08.15 |
| | 美国亚特尔兰大 WJTP 中波台 | AM890 | 英语日落电台 | 2010.08.15 |
| | 澳大利亚布里斯班中波台 | AM1197 | 英语 24 小时 | 2010.09.27 |
| | 美国休斯敦中波台 | AM1230 | 英语 16 小时 | 2010.10.02 |
| | 阿富汗（坎大哈）新月电台 | FM102.2 | 普会图语 4 小时，英语 8 小时 | 2010.10.27 |
| | 墨西哥提华纳 XRCN 中波台 | AM1470 | 西班牙语 12 小时 | 2010.11.01 |
| | 匈牙利布达佩斯经典调频台 | FM92.1 | 匈牙利语 11 小时 | 2010.12.15 |

### （二）以“本土化”实现传播效果的最大化

“本土化”战略既包括节目制作的本土化，也包括落地的本土化。具体来说是指节目平台前移，推动海外制作，逐步启动本土化的海外节目制作、播出和发布工程建设。本土化战略，就是与境外媒体公司合作，由国际台提供或由双方联合采访介绍中国情况的素材，再经合作方根据当地听众的需求和习惯，进行内容和形式上的本土化包装，在当地的主流电台播出。

事实上，这一战略的实施主要是因为国际台原先部分海外落地节目不适合当地听众口味，服务性、贴近性、针对性都不强。为此，近年来，国际台坚持贴近国外受众对中国信息的需求，贴近国外受众的思维习惯，不断改进节目，吸引受众，提高影响力。他们推出海外落地节目本土化的新模式，与海外落地合作伙伴合作，联合制作芬兰语、法语、瑞典语、丹麦语、立陶宛语等本土化落地节目。2010 年，国际台在北美开播的整频率，包括洛杉矶、休斯敦和旧金山等城市的中波或调频台，都在每个整点插入播出当地制作的新闻、路况、天气等服务资讯类节目，还播出本土制作的访谈、专题节目。本土化节目通过当地电台落地播出，吸引了更多的受众。① 2011 年，国际台台长王庚年在纪念中国人民对外广播事业暨中国国际广播电台创建 70 周年大会上的讲话中指出：国际台将要在全球建设 150 个整频率电台，实现对世界主要国家首都和重要城市的有效覆盖。要在全球建设 70 个节目制作室，实现本土采集、本土制作、本土发布、本土互动的国际传播。②

温飚在 2007 年第 3 期《中国广播》上发表的《开拓创新 加快我国国际广播"走出去"步伐》一文中对本土化节目的特点和效果进行了分析，包括：节目隐去国际广播电台呼号，淡化官方色彩，减少了有关方面和听众由对中国的偏见所带来的防范、抵触、排斥和冲突；由当地人制作、主持节目，保证了节目在语言、形态和风格等方面与当地电台其他节目的一致性；节目制作部设在当地，内容更有时效性、亲和性和针对性，与听众的交流和互动也更加直接等等。

### （三）以互联网广播为重点的全媒体发展战略

互联网给对外广播带来的影响和改变是巨大的。借助互联网技术的网络广播首先具有可听性，信号比短波广播更加清晰稳定。特别是当前互联网用户主要集中在欧美国家，这些国家既是对外广播的重点对象地区，又是有效覆盖的薄弱地区，实行网上广播，首先可以大大改善对欧美国家的覆盖效果，形成另一种传输和覆盖渠道与网络；其次具有可视性，即可向网民提供可以阅览的广播稿和专门编发的网上文章及配发的照片和视频节目，从而弥补传统广播只可听、不可视的缺陷。同时，互联网广播还具有互动性和可选择性。另外，网络广播打破了传统广播的定点发射、定向、定域覆盖的局限，节目和稿件一旦上网，世界各地的网民均可收看收听。③

中国国际广播电台的"国际在线"。中国国际广播电台的"国际在线"网站是中央重点新闻网站之一，目前，已经发展成为由 61 种语言组成的中国语种最多的网络平台。

2011 年 1 月 18 日，中国国际广播电视网络台（CIBN）成立。CIBN 以"中

① 张凌云：《中国不远 就在耳边》，载《光明日报》，2010 年 11 月 26 日。

② 王庚年：《承前启后 继往开来 全面建设现代综合新型国际传媒——在纪念中国人民对外广播事业暨中国国际广播电台创建 70 周年大会上的讲话》，载《中国广播电视学刊》，2011 年第 12 期。

③ 张振华：《建立复合型对外传媒 以新的实力迎接新的挑战》，载《国际传播与对外宣传》，北京：北京广播学院出版社，2000 年。

国立场、世界眼光、人类胸怀"为传播理念，发挥国际台61个语种人才优势，以视听互动、资源共享、语种集合为特色，大力发展互联网电视、手机广播电视、多媒体移动广播等各种新媒体业态。CIBN于2010年8月正式获得国家广电总局批准，广泛涵盖网络视听节目、手机广播电视、IPTV、互联网电视、CMMB等各种新媒体业态，向全球受众提供时事、政治、经济、文化、体育、旅游、社会和汉语教学等综合信息服务。

北部湾之声的"北部湾在线"。北部湾在线是北部湾之声的新媒体平台，这是一个全新的、跨地区、跨国界、跨行业新媒体。北部湾在线利用广电丰富的多媒体资源和用户资源，推出基于宽带网络、手机3G网络、卫星及地面无线网络业务，建设多媒体信息发布、专题节目联播、网络直播室、经典点播、互动交流、用户推荐分享等宽带特色应用，实现多语种、多通道、多终端的多媒体传播服务。目前北部湾在线已开通简体中文、繁体中文、英语、越南语、泰语等语种的网页，下一步将逐步拓展到印尼语、马来语等语种，充分满足网民对信息和新闻的需求。

除了发展新媒体，国际台也利用自身资源开发视频产品和多语种文字产品。目前，国际台已经开办有35种外文报刊。2012年8月31日，国际台召开专题研讨会，制定了《中国国际广播电台外文报刊建设指导意见》，以制度化、规范化、长效化为指针，对今后国际台多语种平面媒体建设发展作出了规划。一是加强媒体建设，从实际出发，结合对象地区情况和受众需求，建设适合发展的媒体平台；二是积极打造品牌，在为受众提供优质内容、打造媒体品牌方面下工夫，使受众更全面、更准确地了解中国；三是建立包括管理和支撑环节在内的保障机制，实现管理到位，内容、技术、版面等各方面支撑有力；四是实施分类管理，立足各语种平面媒体发展实际，因地制宜，明确资源支撑力度，实行分类指导、分类管理、分类运行；五是坚持树立成本意识和受众意识，整体研究、深入开发平面媒体资源，努力实现媒体价值最大化。①

### （四）以汉语传播为核心的文化外宣战略

语言既是文化的有机组成部分，又是文化的载体，有助于增进不同国家人民之间的了解。而国际媒体往往成为外国受众学习媒体所在国语言的重要工具之一。例如，我国英语学习者在学习英语的过程中往往会选择收听BBC或

---

① 《国际台制定多语种平面媒体建设规划》，国家广播电影电视总局办公厅2012年9月15日发布，http://www.sarft.gov.cn/articles/2012/09/05/20120905162754191005.html。

者 VOA 的英语节目来进行听力练习。如今,国际上正兴起一股汉语热,国际台的汉语学习节目可以说应时而生。

除文化、旅游、中国音乐等类型的节目广受欢迎,汉语教学节目一直被国际台作为重点品牌来发展。截至 2010 年,国际台的 38 种外语广播,均开办了"每日汉语"、"汉语讲座"、"学汉语"、"汉语课堂"、"轻松学汉语"节目。2007 年,为更好地顺应国家的汉语国际推广战略,国际台与国家汉办合作,成功组建广播孔子学院,开创了汉语国际推广与现代外宣手段有机结合的传播方式。广播孔子学院以国际台在境外开办的实体广播孔子课堂,以及国际台所属 43 种语言无线广播、61 种语言在线广播为载体,用 38 种语言向世界各地的学员教授汉语,传播中华文化。学院还与国家汉办合作,开发了多语种《每日汉语》广播节目,并制作成 36 个语种的多媒体网络课件和 38 个语种的图书教材,搭建了形式多样的汉语教学互动平台。同时,为加大广播对外推介孔子学院的力度,国际台在国家汉办授权下,以条件成熟的海外听众俱乐部为试点,在外宣重点地区建立广播孔子课堂。目前,国际台在肯尼亚、日本、俄罗斯、蒙古、巴基斯坦、孟加拉国、尼泊尔、斯里兰卡、意大利、突尼斯、澳大利亚、坦桑尼亚等地建立的 12 家广播孔子课堂已经正式挂牌运营。这些广播孔子课堂通过教授普通汉语、商务汉语、儿童汉语和旅游汉语等多种课程的方式,有针对性地开展汉语教学活动,并定期举办中国文化推广活动,让海外受众直观感受到中国文化的绚丽与灿烂,在当地颇具影响力,被誉为"传播中华语言文化的友好使者"。[①]

### (五)以品牌建设提升国际竞争力

国际台台长王庚年在《中国广播电视学刊》2010 年第 10 期上发表的《中国国际广播电台增强国际传播能力建设的十大突破点》一文中,对国际台的品牌建设战略进行了详尽的介绍。

国际台已经明确了媒体品牌建设总体规划和实施方案,通过分级分类管理,大力扶持重点品牌,实现机构品牌、媒体品牌和节目品牌建设的有机统一,实现以品牌塑造媒体、以媒体承载品牌。以各个语种为单元,建设完整媒体和特色品牌,实现从实体媒体向品牌媒体延伸、从区域品牌向全国乃至全球品牌拓展,形成面向不同领域、不同地区、不同受众的品牌媒体集群。这些措施主要包括:

---

① 卜伟才:《国际广播电台文化外宣概览》,载《对外传播》,2010 年第 8 期。

(1)做大 CRI 和 CIBN 机构品牌。以中国国际广播电台(CRI)作为对内媒体品牌，以中国国际广播网络电视台(CIBN)为对外品牌和多媒体产业品牌，CIBN 是 CRI 由事业向产业进军，打造现代新型媒体集团的品牌。

(2)做实一级业务品牌。重点打造“环球资讯”、“轻松调频”、“流行音乐”、“国际在线”、“天地视频”等五个一级业务品牌。每个品牌都从媒体向多媒体延伸。比如，以“环球资讯”为品牌，形成对内广播、国际广播、网络、手机、视频业务链，打造全台第一的全天候、全覆盖的“国际资讯”品牌板块。“轻松调频”运用双语特色，营造轻松英语氛围，吸引大学生与白领等高知人群，使用全媒体联动手段，运用网络、微博、短信等互动方式，强化英语轻松频道的品牌影响。劲曲调频锁定追求时尚的年轻一族，注重频道与网络、移动媒体的紧密结合，加强线上、线下联动，打造时尚动感的类型化音乐电台板块。以国际在线(CRI online)为主体，打造国际在线中文网、华语广播网、《世界新闻报》等中文品牌媒体。以天地视频为主体，打造环球奇观、环球购物、天地电视、CIBN 互联网电视在内的视频节目品牌。

(3)做强二级业务品牌。打造以海外分台、国际在线外文网、网络电台电视台以及外文报刊等为主体的各语种品牌媒体集群。发挥海外媒体公司作用，整合国际台在海外某国家或某区域的资源，探索海外某个国家的整频率落地品牌建设或海外区域品牌建设。打通整频率电台、驻外记者站、海外节目制作室、广播孔子课堂、海外听众俱乐部、国际在线外文网、网络电台、网络电视频道、移动服务终端、外文报刊等平台，实现资源共享和多媒体联动。同时，与当地文化传媒公司联动，策划推广国际台在海外某国或某区域品牌。通过营造某国品牌，如老挝万象节目制作室、肯尼亚内罗毕调频台等，或者营造区域品牌如东南亚区、法语区、西葡语区、北美区等，探索外宣品牌打造的个性与共性。打造华影在线、多语种穆斯林网站、中土文化旅游网、中国名城网在内的中外文化交流品牌。

(4)培育三级栏目品牌。品牌栏目是实现媒体品牌的前提。近年来，国际台根据“专业化、品牌化、精品化”的要求，推出了《飞鱼秀》、《摩天轮》、《第一资讯》、《老外看点》、《档案揭秘》、《新闻盘点》、《玉莹信箱》、《汉语教学》等一批各具特色、形式多样、富有个性的知名栏目。这些栏目由广播开始，会逐步向网络和视频化延伸，也将以多媒体形式出现。

(5)策划品牌活动，以策划活动扩大国际影响力。目前，国际台的自主策划活动，数量多、规模大、立意新、效果好，有效实现了外宣策略由“零散被动型”向“规模主动型”的转变，渐成宣传创新的重要亮点和品牌。

以国家重大外交和外宣活动为契机，策划实施具有国际台特色的多语种联合采访、多媒体互动播出、备受海外受众欢迎的系列大型采访报道活动。为配合“中俄国家年”外交活动，联合国内外媒体策划实施了“中俄友谊之旅·俄罗斯行”、“中俄友谊之旅·中国行”等活动，开创了中俄两国媒体合作的成功典范，传播塑造了良好的国家形象，得到中俄两国元首、媒体和受众的高度赞赏和积极评价。策划实施“中国—东盟合作之旅”大型广播电视联合采访活动，创造了中国媒体对东南亚国家单次联合采访时间最长、国家最多、参与媒体最多、记者人数最多、发稿数量最多等多项纪录。配合新中国成立60周年宣传报道，组织200多位中外记者对新疆、西藏、内蒙古、黑龙江、辽宁、吉林、广西、云南等8个边境省区进行专题采访，通过对象国媒体的联合播出，很好地宣传了中国的民族政策、宗教政策、边境发展、经贸合作和国家形象，受到周边国家受众的广泛关注。30多次组织中外记者多语种联合采访组分赴我国各地采访，受到当地政府和社会舆论的欢迎和关注。①

### （六）阵地前移，不断完善驻外机构的功能

驻外记者在国际传播中发挥着不可或缺的重要作用。从20世纪80年代开始，国际台就开始打造驻外记者队伍，设立驻外记者站。截至目前，国际台总共有6个记者总站，32个海外记者站。国际台的驻外记者站规模较小，一般每个记者站有1～3名中国记者，32个海外记者站的驻外人员总数约为60。不过，国际台近年来全力推进现代传播体系建设，加快海外建站速度，计划到2020年国内派出人数达到300人。

随着国际台事业的发展，驻外记者站功能不断扩展。国际台的海外地区总站是一个地区的总代表，在采集业务、节目制作、媒体管理、市场拓展方面发挥综合协调管理作用。在国际台规划中的八大总站中，除东欧总站和大洋洲总站，已有北美总站、拉美总站、西欧总站、非洲总站、中东总站及亚洲总站，六个地区总站人员已经到位，前期建站工作初见成效。筹建节目制作室、推进海外整频率落地、与所在国国家广播公司商谈节目合作等工作都在进行之中，为进一步发挥驻外记者站的前沿阵地作用开创了新领域。

在发稿量和发稿形式方面，1981年，国际台只有驻日本站和驻南斯拉夫站两个记者站，发稿量为229条（篇）。随着各地记者站的相继建立以及记者

---

① 王庚年：《中国国际广播电台增强国际传播能力建设的十大突破点》，载《中国广播电视学刊》，2010年第10期。

任务的不断增多，2010 年，国际台 32 个驻外记者站共发回中外文稿件 24382 条（篇），不仅内容上极大丰富，形式上也有消息、专稿、录音报道、记者口播连线等，此外还包括网络稿件、图片和视频。①

驻外记者站作为国际传播的前沿阵地，日益受到重视，其功能和职责也在不断地调整和丰富中。现阶段国际台驻外记者的具体工作内容为：为各语言传播中心及媒体形态提供国际新闻内容的各类视音频、文字、图片报道；了解并反馈国际台对驻在国或地区的广播效果；积极从事国际台境外节目落地的调研、联络工作；接待国内团组、加强孔子课堂建设和推广汉语等项工作；做好听众联系或联谊工作；根据需要，及时向台内提供有关国际局势、地区或国家等问题的内参稿件及调研材料；加强与驻外使领馆的联系以及及时采集相关双边报道等。

### （七）增强经营能力，以经济实力带动影响力

国际台坚持贯通事业和产业两种机制，一手抓事业建设，提升综合影响力；一手抓产业发展，增强经济实力，积极推进节目品牌化、运营频率化、制作公司化、投资多元化、管理集约化，在改革中逐步解放国际广播的生产力。按照中央关于文化体制改革的部署，根据业务发展和资源开发的要求，遵循市场规律，国际台委托国广传媒发展中心，通过独资或者合资等多种形式，组建了广播节目制作、电视节目制作、报刊经营、手机电视运营、网络运营、广播运营、人力资源管理、媒体投资咨询管理等新媒体运营业务的十多家实体公司。在新媒体领域，由国际台与北京风网信息技术有限公司共同出资成立的国视通讯（北京）有限公司，致力于开拓数字业务时代的手机电视新媒体业务。②

### （八）注重人才队伍建设，向人才要效益

国际台经过多年的发展，逐步形成了一支高素质的人才队伍。目前，在北京总部共有 40 种外语干部 1000 多人、编辑记者以及专业技术人员等 700 多人、外籍工作人员 180 余人。2011 年，中国国际广播电台围绕增强国际传播能力总体任务，进一步强化了干部人才队伍建设，具体举措包括：一是推进内部管理机制改革，试行制作人制，完善组织架构、引入内部核算机制，促进编播中心由办节目向办媒体、管媒体转变。二是加强制度建设，制定《制作人培养

---

① 谷雨：《中国国际广播电台驻外记者站的管理与运行》，载《电视研究》，2011 年第 12 期。

② 王庚年主编：《国际传播发展战略》，北京：中国传媒大学出版社，2011 年，第 211～212 页。

管理暂行办法》、《国际台公开招聘办法》等。三是健全人才激励机制。开展岗位标兵评选活动，专项奖励为事业发展做出突出贡献的集体与个人，绩效分配向优秀人才、核心人才、特色人才和重点岗位倾斜，规范编外人员薪酬制度。四是继续推进岗位首席、"四个一批"、"双百人才"三大人才工程，举办研究生进修班。实施"中国文化走出去"人才项目，在海外出版近十部专著、译著。五是围绕 CIBN 建设建立健全分级分类全员培训体系。举办节目制作人管理研讨班、海外人才及驻外记者资格培训班、视频业务轮训班，首次在国外举办海外节目制作培训班，组织编写《CIBN 培训读本》，推出对象国语言工作制第二批试点部门，全面推进"国家多语种国际传播人才培养和实践基地"建设。①

## 四、存在的主要问题

### (一)受众定位趋同，本土化水平亟待提升

我国广播国际传播的效果相对较差的一大原因是缺乏对对外传播中国际受众心理的研究，特别是缺乏对国际受众定位的研究。一般都把受众确定为：境外受众(外国人和华侨)、境内外国受众(以工作、学习和旅游为目的)和国内受众(主要以外语学习为主)。因此，我国对外广播的受众趋同、缺乏个性化的问题十分突出。客观上，国际受众的调查费用比国内受众的调查费用会更高。这些都使得我国对不同地区外国受众的心理状况以及他们的政治、经济、文化背景不可能进行系统化、程序化的研究，因而较难对国际受众进行正确定位，还未形成非常明确的受众群。换言之，我国对外传播过程中有时还存在靠"拍脑袋"来决定国外受众心理状况和需要的现象。② 以广东电台为例，广东电台外宣节目的主要目标受众范围会窄一些，面对的是在省内工作和生活的外国人。这些外国人来自世界各地，包括欧美国家、亚洲地区、中东和非洲等。各自的文化背景和爱好也各有差异，因此，同样存在受众抽象、笼统和缺乏个性的问题。③

反观欧美国家。美国之音广播管理层和决策层认为："一个标准不可能放

① 《国际台扎实推进干部人才队伍建设》，国家广播电影电视总局办公厅 2012 年 12 月 15 日发布，http://www.sarft.gov.cn/articles/2012/12/15/20121215163401430207.html

② 郭可：《试论我国对外传播中国际受众心理研究》，载《新闻与传播评论》，2003 年第 11 期。

③ 罗丽婷：《广东电台英文对外广播的发展路径探析》，载《南方广播研究》，2011 年第 7 期。

之四海皆准，不同国家的听众有着完全不同的兴趣和关注。”“了解听众和潜在听众所在国社会政治环境和精神文化传统的情况、价值观、接受心理、节目爱好、关心的问题和需求，有助于安排那些恰当的、贴近性强的内容的。”[①]英国广播公司世界电台也是紧紧围绕节目质量、听众喜欢、信任程度等客观传播效果设定评价指数来调整对外广播的内容。

本土化可在很大程度上避免受众趋同的问题，但是，目前我国对外广播的本土化水平还不高，特别是与欧美国家的国际电台相比还存在很大的差距。丁园园在《国际广播本土化竞争战略初探》一文中指出，我们与欧美电台的差距主要体现在以下几个方面[②]：一是在文化本土化传播方面，对中国文化的国际化包装不足，文化宣传缺少吸引力，与对象国文化接轨存在错位。目前对于中国文化的传播多限于“介绍”和“解释”，传播手法有待改善。二是在语言本土化传播方面，对对象国专家引进不足，对对象国语言新变化、新发展研究不足，外语播音缺少活力。受经费拨款、意识形态、人事待遇等诸多方面的制约，我国国际广播对对象国专家引进方面存在严重不足。2007 年，国际台 38 种外语共有外籍工作人员 130 余人，平均每种语言不足 4 人。几年过去了，虽然有一定程度的改善，但并没有质的进步。而美、英、法等国家的国际电台则大量聘用对象国工作人员。以越南语为例，美国之音、自由亚洲电台、法国国际广播电台、英国广播公司世界电台等实现了播音人员的本土化，而中国国际广播电台主要是我国自主培养的外语人才。引进的外籍人员中，大部分也仅仅是具有母语背景或者是刚出校门的学生。真正熟悉国外受众市场，通晓国际传播规律，又具有国际知名媒体工作经历的专业人员极为少见。三是在节目内容本土化传播方面，节目的针对性、贴近性、时效性与世界主要国际广播媒体有明显差距，宣传方针依然是“以我为主”。丁园园在 2009 年粗略统计了国际台各语言的节目表后发现，其在节目内容设置上主要以中国内容为主，在新闻编排上的顺序为中国新闻、对象国新闻、国际新闻，专题节目的设置也是以中国新闻为主。这种内容设置只能吸引对中国感兴趣或者由于某种原因需要了解中国的对象国受众，受众定位相对狭窄。

中国对外媒体的编辑方针没有做到因地制宜、内外有别，既然频道是对外的，编辑的方针就应该针对境外受众的特点来制定，而不应该采取和对内地受众一样的做法。2010 年，牛津大学的路透新闻研究中心曾经做过一个有关国

① 赵明：《美国国际广播的听众调研机制》，载《世界广播电视参考》，2006 年第 2 期。
② 丁园园：《国际广播本土化竞争战略初探》，载《东南传播》，2009 年第 8 期。

际广播影响的专题研究项目，挑选了6个非洲国家和2个南亚国家作为调查对象。该中心发表的研究报告，比较了不同国际广播机构在非洲播出节目中当地内容所占的比例。比如中国国际广播电台、BBC、美国之音，调查显示，BBC的节目中70%、80%是国际新闻，另外20%～30%是本地新闻。但中国国际广播电台的内容则几乎完全是国际新闻，很少有反映当地的新闻内容。①

### （二）传播效果监测的缺乏

对外广播的大国都十分重视广播发射的海外监测工作，把它作为频率使用、调整、分配工作的主要依据。以美国为例，早在10年前，美国就提出国际受众的调研必须进一步制度化、规范化，要像每四年评估一次国家防务报告一样，根据受众规模、被评估的语言广播和电视频道在目标地区的知名度、对象国的媒介环境、政治和经济自由程度、节目质量、传播效果、成本、广播时间、不同广播电视台之间的语言重叠情况等量化标准，严格评估国际广播电视及因特网对外传播效果，是否达到原定目标，达到什么程度。同时由总审计署对国际广播的成本收益进行调查和评估。政府将"紧密结合公共外交的长短期目标和战略"，并根据评估结果，对投入国际广播电视和因特网对外传播的财力、人力、物力等资源进行重新调配，做出正确决策，以使它们"在对美国利益至关重要的国家里更有针对性和时效性"。②再来看英国的BBC。BBC每年都要做各种受众调查，看看其表现怎么样，如果传播效果不佳就会采取行动进行改善，如果实在没有市场前景，就会停止运作。例如，在2006年BBC决定关闭10个语种，就是因为效果监测发现，这10个语种的发展前景不大，不值得继续再投资下去。③

过去，我国也十分重视对外广播监测工作，曾经在欧洲、北美、南美和非洲分别设有4个监测站，为对外广播科学地使用频率提供了大量宝贵的资料。但后来撤销了监测点。因没有科学、长期、系统的监测资料，造成频率使用不当，资源浪费，听众意见很大。这一时期虽然采取了短期流动监测方式，但数

① 李文：《国际广播业的发展和挑战》，在暨南大学传媒领袖讲习班第三期（2010年7月21—25日）上的讲话，http://news.21cn.com/domestic/yaowen/2010/07/29/7696707.shtml

② 温飚：《美国国际广播电视的六大变化》，载《黄河通讯》，2003年5月，总第35期。

③ 李文：《国际广播业的发展和挑战》，在暨南大学传媒领袖讲习班第三期（2010年7月21—25日）上的讲话，http://news.21cn.com/domestic/yaowen/2010/07/29/7696707.shtml

据缺少权威性、科学性，对外广播的频率使用和管理工作十分被动。[①]

2003年12月12日，国际台与国家广电总局无线局和监测中心召开海外监听监测工作联席会，交流有关在海外监听监测国际台节目的情况，并就建立定期联席会议机制、共享监听监测数据以及进一步提高国际台节目播出质量等事宜达成一致。监测中心截至2003年底，在20个国家建成22个海外遥控监测站，可监测国际台对外广播19种语言、183频率小时的播出效果，占国际台每天总播出频率小时的41%。[②] 不过，这些还远远不够。

### （三）在对外传播的思维和理念上依旧存在误区

广播对外传播在思维和理念上的误区主要表现在两个方面：一是如何正确区分正面新闻和负面新闻；二是如何正确把握新闻和宣传之间的界限。

关于正面新闻和负面新闻。新闻价值观的不同，导致了中西方在新闻选择上的差异。对于同一件新闻事实，在见诸媒体时，都不可避免地被打上鲜明的价值取向的烙印。许多在发展中国家发生的新闻，在西方媒体那里负面的变成了正面的，正面的变成了负面的。因此，在对待“负面新闻”上，需要转变思维方式，确立新的理念。必须明确的是，如果我们的对外报道只讲成绩，不讲问题和挑战，既不符合实际，也会降低报道的可信度和实效。特别是对于中国在发展中的一些问题，不能回避，比如人权、环境、老龄化、妇女儿童权益保护等方面的问题，都可以成为对外报道的题材和切入口。这样的报道更具有平衡性、诚信度，也更易于为外国人接受。

关于新闻与宣传。新闻是新近发生的事实的报道，它的基本职能是告知人们所需要的信息。而宣传是运用各种有意义的符号传播一定的观念，以影响人们的思想、引导人们的行动的一种社会行为，它的基本职能是传播一种观念（理念、方针、政策、伦理道德、立场态度）。对外宣传要善于把宣传的结论和意图寓于所报道的具体事物中，寓于生动、平实的叙述中，要讲究软包装、硬内核、软着陆、实效果。BBC在把握新闻与宣传的平衡上很有经验，他们有一句名言，“The BBC is better at selling Britain by not selling Britain”，意思是，BBC可以说是对外推广英国形象最好的东西，但是这是怎么来做的呢，最好

---

① 丛英民：《对21世纪中国国际广播事业发展的几点思考》，载《国际传播与对外宣传》，北京：北京广播学院出版社，2000年。

② 《中国国际广播电台2003年大事记》，国际在线网站，http://gb.cri.cn/21344/2007/10/25/402@1817054.htm

的做法是，不要扮演一个宣传工具来推销英国。也就是说，BBC不需要在新闻内容当中，说英国怎么好，你只要把你的新闻媒体做好了，成为国际信赖的媒体，大家都相信BBC，这其实就是对英国最好的对外宣传。[①] 比较而言，我国的对外广播近年来已经在努力改善宣传味过浓的缺点，但长期以来在国外受众心目中形成的形象要想很快改变绝非易事，可信度的建立还需要一个长期的过程。

### （四）资本运营能力尚待提高

随着产业化浪潮的到来，国际广播媒体之间的竞争也越来越激烈。与其他国际广播机构相比，国际台由于诸多条件限制，开放程度和市场化程度偏低，国际运营能力难以与外资传媒巨头抗衡。国际台急需积极参与传媒产业的全球化进程，不断进行产业化探索，在不断开放的过程中增强自身实力。

① 李文：《国际广播业的发展和挑战》，在暨南大学传媒领袖讲习班第三期（2010年7月21—25日）上的讲话，http://news.21cn.com/domestic/yaowen/2010/07/29/7696707.shtml

# 第三章

# 电视

## 一、概述

作为综合性的文化艺术形态，广播电视是一个国家文化的综合表达，携带着这个国家的文化基因，具有强大的信息传播能力，因此，广播电视被看作国际文化竞争的主战场。[①] 近年来，电视在国际传播中的作用愈发明显，受关注程度日益提升。例如，2005 年 12 月，俄罗斯政府就耗资数亿设立“今日俄罗斯”英语电视台，其主要创办者——俄罗斯新闻社获得克里姆林宫的直接支持，目标是要成为俄罗斯的“CNN”和“BBC”。2006 年，时任日本外务大臣的麻生太郎呼吁日本开设英语国际频道，更加积极地向海外推广日本文化。2009 年 2 月，日本 NHK 正式推出面向海外观众 24 小时播出的英文电视频道。

而在我国，电视媒体在国际传播中的特殊效果和重要作用也日益受到关注。著名学者郭镇之教授就曾在一篇文章中指出：在全媒体时代，新一轮的“走出去”工程似乎以电视为核心。郭镇之教授分析认为，这是因为集声画图文尤其是活动图像于一体的电视是全媒体的核心。对中国来说，更重要的是，电视播出形式感强，意识形态色彩淡，似乎可以避开宣传说教的指责，在不根本改变意识形态管治模式的基础上，通过话语的改换、符号的更新，获得新的

① 庞井君在新闻战线杂志社和深圳广播电影电视集团联合主办的“文化发展与传媒创新”论坛上的讲话，http://live.people.com.cn/note.php? id=488111125132620_ctdzb_028

生存和发展方式。[①]

## （一）国内电视对外传播的总体格局和传播主体

2010 年，新华社挺进国际电视媒体主战场，中国新华新闻电视网（简称中国电视网或 CNC）中英文台相继开播，标志着中国电视媒体对外传播迈上崭新的台阶。目前，初步形成了以 CNC、CCTV、凤凰卫视为主力军，以东方卫视、北京卫视、湖南卫视、中国黄河电视台、蓝海电视等为方面军，以长城平台为依托的，多语种、多频道、全媒体、全天候的电视对外传播新格局。

截至 2011 年底，中央和地方的十多家电视台开办了国际频道，共有 30 个电视频道在海外落地，如下表[②]所示：

中国内地主要对外电视频道或国际频道

| 序号 | 频道 | 所属传媒机构 |
| --- | --- | --- |
| 1 | 中央电视台中文国际频道 | 中央电视台 |
| 2 | 中央电视台英语国际频道 | 中央电视台 |
| 3 | 中央电视台西班牙语国际频道 | 中央电视台 |
| 4 | 中央电视台法语国际频道 | 中央电视台 |
| 5 | 中央电视台俄罗斯语国际频道 | 中央电视台 |
| 6 | 中央电视台阿拉伯语国际频道 | 中央电视台 |
| 7 | 中央电视台戏曲频道 | 中央电视台 |
| 8 | 中央电视台娱乐频道 | 中央电视台 |
| 9 | 中国电影频道 | 中央电视台 |
| 10 | 中央电视台纪录频道 | 中央电视台 |
| 11 | 北京电视台国际频道 | 北京电视台 |
| 12 | 上海东方电视台 | 上海东方电视台 |
| 13 | 广东南方电视台 | 广东南方电视台 |
| 14 | 江苏国际频道 | 江苏广电总台 |
| 15 | 浙江国际频道 | 浙江广播电视集团 |
| 16 | 厦门卫视 | 厦门广播电视集团 |

① 郭镇之：《对外传播与中国电视》，载《现代传播》，2011 年第 9 期。
② 李宇：《对外电视与文化传播研究》，合肥：安徽大学出版社，2012 年，第 23 页。

续表

| 序号 | 频道 | 所属传媒机构 |
|---|---|---|
| 17 | 福建海峡卫视 | 福建省广播影视集团 |
| 18 | 湖南卫视国际频道 | 湖南电视台 |
| 19 | 中国黄河电视台 | 山西省广播电视局(承办) |
| 20 | 深圳卫视 | 深圳卫视 |
| 21 | 重庆电视台国际频道 | 重庆广播电视集团 |
| 22 | 安徽电视台国际频道 | 安徽电视台 |
| 23 | 黑龙江电视台 | 黑龙江电视台 |
| 24 | 泰山电视台 | 山东电视台 |
| 25 | 广西电视台国际频道 | 广西电视台 |
| 26 | 四川电视台国际频道 | 四川广播电视台 |
| 27 | 天津电视台国际频道 | 天津电视台 |
| 28 | 中国新华新闻电视网(CNC)中文台 | 新华社 |
| 29 | 中国新华新闻电视网(CNC)英语台 | 新华社 |
| 30 | 广东电视台国际频道 | 广东电视台 |

作为中国对外传播的主要力量，电视国际传播现状到底如何呢？

## (二)传播力现状

电视的传播力包括“硬传播力”和“软传播力”两个方面。前者主要包括广播电视的载体数量、媒介规模、机构数目、从业人员的数量、传输技术、传播速度、覆盖率等，后者主要包括传播策略、传播理念、媒体公信力、传播效果等。

从目前来看，国内电视对外传播的硬传播力得到了极大提升。

以央视为例。在 2010 年，中央电视台国际传播能力建设取得突破性进展，与国际一流媒体差距快速缩小：海外记者站数量与主要国际一流媒体处于同一水平；电视频道数量领先主要国际一流媒体；电视频道播出语种数超出主要国际一流媒体；覆盖国家和地区数量快速增长；海外用户数与主要国际一流媒体差距缩小；海外媒体关注度快速上升；与主要国际一流媒体相比，收入增长率最为显著。①

① 李舒东：《从国内第一媒体走向国际一流媒体之感言》，载《电视研究》，2011 年第 4 期。

再来看一组数据。截至 2011 年 8 月底，中央电视台已开播英语、西班牙语等 6 种语言 7 个国际频道，在 141 个国家和地区落地。2010 年年底开始试运营的“国际视频发稿平台”，其新闻素材已被全球 700 多家电视机构采用。①

截至 2011 年 5 月，长城(美国)平台已经拥有 32 个频道，通过美国直播卫星公司 DirecTV 和 EchoStar 传送节目。长城(亚洲)平台拥有 24.3 万用户，并进入 140 家酒店。②

再来看看 CNC。CNC2010 年年底的统计数据显示，仅仅开播一年的 CNC 的电视新闻采集量已经居世界第一位。CNC 通过通稿素材、成品节目、英语电视三条线路和中英文两个电视台播出的首发电视新闻量每天保持在 2000 分钟上下。其中，国内外各分社每天提供的中英文电视素材被总社采用的时长已经稳定在各 400 分钟左右，合计日均 800 分钟。这一数字已经超过了 CNN 的相关数据。

但是国内电视对外传播的“软传播力”与世界一流电视媒体相比，差距还是显而易见的。

目前国内电视国际传播的现状用一句话来概括就是：“积极‘走出去’，但效果欠佳。”总体来看，中国至今尚未形成与综合国力相匹配的全球性电视新闻传播机构。CNC、CCTV 虽然是国际电视市场上两支充满生机的新鲜力量，但它们与国际一流媒体差距明显。

以最为关键的观众数量为例：CCTV 的海外受众户尚不足 9000 万，而 BBC 的订户数为 2.95 亿，CNN 覆盖 10 亿人口，半岛电视台 1.4 亿，NHK 1.23亿。③ 显然，这样的传播能力与中国的国际地位还不相适应。

在全媒体时代，网络等新媒体也成为电视对外传播的重要平台。那么，我们来看看 CNTV(中国网络电视台)与 BBC、CNN 网站的简单对比分析。

CNTV 相比 BBC、CNN 等国际一流媒体，网站海外用户比例偏低且多为海外华人、覆盖国家范围很少，而后者网站的国际化程度要高很多，BBC 网站海外用户比例占到 57%，基本覆盖全球主要国家。

---

① 庞井君在新闻战线杂志社和深圳广播电影电视集团联合主办的“文化发展与传媒创新”论坛上的讲话，http://live.people.com.cn/note.php? id=488111125132620_ctdzb_028

② 庞井君在新闻战线杂志社和深圳广播电影电视集团联合主办的“文化发展与传媒创新”论坛上的讲话，http://live.people.com.cn/note.php? id=488111125132620_ctdzb_028

③ 叶国标、梁智勇：《中国电视媒体对外传播新格局与国家化策略浅析》，载《新闻记者》，2011 年第 1 期。

**CNTV 与 BBC、CNN 网站用户国际化程度对比**

| | 在全球网民中所占比例 | 本地用户比例 | 海外用户比例 |
|---|---|---|---|
| CNTV | 0.2043% | 93.2% | 6.8% |
| BBC | 2.161% | 43% | 57% |
| CNN | 1.794% | 70% | 30% |

**CNTV 与 BBC、CNN 网站海外用户分布国家具体比例**

| CNTV(6.8%) | BBC(57%) | | CNN(30%) | |
|---|---|---|---|---|
| 1.3%美国<br>1%日本<br>0.7%韩国<br>3.8%其他地区 | 13.2%美国<br>1.1%爱尔兰<br>1.4%南非<br>2.2%加拿大<br>0.8%意大利<br>1.3%尼日利亚<br>1.9%俄罗斯<br>1.8%德国 | 1.6%澳大利亚<br>4 %印度<br>0.9%中国<br>1.3%日本<br>2 %巴基斯坦<br>0.7%法国<br>1.2%西班牙<br>21.6%其他地区 | 3.6%加拿大<br>2%英国<br>1.1%日本<br>0.9%韩国<br>0.8%尼日利亚<br>0.7%南非<br>0.6%俄罗斯 | 2.6%印度<br>1.2%墨西哥<br>0.9%德国<br>0.8%澳大利亚<br>0.8%中国<br>0.6%埃及<br>13.4%其他地区 |

数据来源：Alexa

再以进入海外宾馆酒店电视播出网络的宾馆落地情况为例进行简要分析。宾馆落地的优点非常明显，可以锁定有影响力的受众、提升频道的品牌形象、提高海外受众的接触率等等，被视作加强国际传播能力建设战略布局中的重要举措。从 2003 年到 2010 年年底，央视国际频道在海外宾馆落地总计达到了 444 家。数量的增加代表着对外传播的成绩，但是落地项目的特点却从另一个方面显示出传播力不足的现状：从落地的地区看，主要集中在亚洲和汉文化圈内，如中国的香港、澳门、台湾，马尔代夫、印尼、斯里兰卡等，非洲与欧美较少，南美更少；从落地国家的影响力看，小国、岛国比较多，大国、强国相对较少；从频道看，主要落地的是中文国际频道和英语新闻频道，其他频道较少。①

因此，总体来看，我国电视媒体在国际上的影响力和知名度还是很有限的。

① 赵娟：《央视国际频道在海外酒店落地战略分析》，载《电视研究》，2011 年第 9 期。

## 二、发展历程

中国电视的国际传播始于1959年，历经了50多年的风风雨雨，从萌芽期到如今的多元化大发展期，实现了跨越式的大发展。

### （一）萌芽期（1959～1991）

**要点：完成从对外寄送节目到卫星传播的转变，但并未真正进入世界电视市场。**

1959年4月21日，北京电视台就将一个长约7分钟的名为《第二届全国人大一次会议专题报道》的电视新闻片，通过航寄的方式传给了当时的苏联和一些东欧国家。这一行动是中国电视对外传播的开始。

从1959年到1965年，北京电视台初步建立了与世界上30多个国家电视机构交换和互购节目的关系。但是，电视对外传播因为1966～1976年的十年"文化大革命"而中断。

1976年，北京电视台第一次通过国际通讯卫星，向世界发送了关于周恩来总理逝世及纪念活动的电视片，这是中国第一次通过卫星向世界发送国内重大事件的电视新闻。1978年，北京电视台正式更名为"中国中央电视台"（CCTV），电视对外传播的进程开始加快。1984年，中央电视台正式成立了对外部，开办了第一个对外中文专题节目《华夏掠影》，1985年，又开办了第一个英语栏目《英语新闻》，实现了从节目到栏目的转变。1991年，中央电视台正式成立了对外电视中心，租用亚洲一号卫星，将中央电视台一套（CCTV－1）的节目送上了卫星，信号覆盖东南亚和港澳台地区，完成了从寄送到利用通讯卫星的转变。同时针对外国人的英语新闻类节目《今日中国》，在美国和欧洲一些国家播出。

这一时期，我国电视对外传播仅仅处于起步阶段，开始尝试进行传输与覆盖，但是，内容生产、节目传输与覆盖还非常简单或者说落后，其他诸如推广、营销、研发等则还未真正起步。

### （二）起步期（1992～2001）

**要点：央视两大国际频道开播，开始进入国际传播的视野。**

20世纪90年代中国的改革开放进入了关键时期。为了扩大中国的影响，在国际上发出自己的声音，1992年中央电视台创办了中文国际频道

(CCTV－4)。2000 年英文国际频道(CCTV－9)正式开播，这是中国第一个非母语的电视频道。两个频道的出现标志着中国开始进入世界电视市场。

在传输与覆盖能力建设方面，全面进入卫星传播阶段。先来看央视。1992 年 10 月 1 日，中文国际频道(CCTV－4)开始通过卫星对外传播，覆盖亚洲、大洋洲、非洲、东欧、中东的 80 多个国家和地区。1997 年 10 月，中文国际频道(CCTV－4)使用 K 波段覆盖北美。传输方式的转变，极大地加快了新闻节目的速度，并有效提升了节目的内容广度。再来看这一时期的地方电视台。20 世纪 90 年代开始，多个省市开播国际频道，或通过卫星进行对外传输。例如，1994 年 1 月 1 日，浙江卫视开始通过卫星覆盖我国周边的 40 多个国家和地区。1997 年，黑龙江卫视通过亚洲 2 号卫星覆盖亚太 50 多个国家和地区。

但是中国电视在国际上的声音依然是微弱的，地方电视台在国外的传播基本上无太大影响力可言，作为主力军的 CCTV－4 和 CCTV－9，其主要的目标只是让世界了解中国，而在许多重大国际问题上还听不到中国的相关报道。

### (三)发展期(2001～2009)

**要点："走出去"战略全面实施，央视外语频道扩容，长城平台开始运行。**

2001 年 12 月 24 日，国家广播电影电视总局开始实施广播影视"走出去工程"，大力推动影视文化和产品走出去。

这一时期，还是以央视为对外电视传播的主要力量。一方面，央视已有的两个国际频道为适应对外传播的要求进行了改版，从改进对外传播的观念入手，对传播的思路、内容、方法和角度进行了深入的革新。2004 年 10 月，中央电视台又开办了第三个国际频道 CCTV－西·法频道。

与此同时，中央电视台又联合国内地方电视台和境外的中文电视媒体组成了"中国卫星电视长城平台"，该平台由 17 个电视频道组成。2004 年 10 月，长城(北美)平台率先在美国开播。2005 年以后，CCTV 的电视对外传播开始加快。2005 年 2 月，长城(亚洲)平台开播。当年 CCTV－4 整频道在世界各国和地区的落地项目完成了 50 项，海外华语观众的覆盖数超过了 1000 万户，CCTV－9 整频道落地的合作项目完成了 75 项，海外用户数达到了 4000 万户。2006 年，长城(欧洲)平台开播。

2006 年年底，CCTV 还制定了到 2010 年实现的包括六大语种、10 个频道组成的电视对外传播计划，其中包括 3 个中文频道(中文国际亚洲台、美洲台和欧洲台)、3 个英文频道(亚洲台、美洲台和欧洲台)、西班牙语频道、法语频道、俄语频道和阿拉伯语频道。2007 年，CCTV 开始实施"世界大台"的发展战略。2007 年 1 月，CCTV－4 中文国际频道实现了分地区（亚洲、美洲和欧洲）播出，2007 年 10 月，西法频道实现了分频道播出。此外，网络媒体央视国际（CCTV · com）的外语频道和网络视频也在迅速发展。

### （四）多元化大发展期（2010 年至今）

**要点：新华社挺进国际电视媒体主战场，央视国际视频发稿平台建立，蓝海电视发力。**

2010 年 7 月 1 日，由新华社主办的中国新华新闻电视网（CNC）英语电视台正式上星播出，继 2010 年 1 月 1 日覆盖亚太和部分欧洲地区中文台正式上星播出后，CNC 成为全球 9 家世界新闻电视频道之一。2010 年 11 月 7 日，CNC 英语台成功实现面向北美地区的卫星电视播出。从 2011 年 1 月 1 日起，CNC 通过欧洲卫星通信公司的欧鸟、热鸟、W7 三颗卫星正式播出，覆盖整个欧洲及中东、北非。CNC 由于身份特殊，引起广泛瞩目，其开播对于拓展我国公共外交渠道、加强我国软实力具有重大意义。除了已经开播的频道，新华社还计划推进俄语、法语、西语、葡萄牙语、阿拉伯语等各语种电视新闻节目的制作，显示了新华社在全球范围内进行电视传播的雄心壮志。

2010 年，中央电视台为了全面加强国际传播能力建设，推动"走出去"，在频道制改革的过程中成立了海外传播中心，负责对全台国际传播能力建设的统筹协调，以及海外落地和品牌推广工作。2011 年 2 月 25 日，由海外传播中心牵头，中央电视台正式建立了国际传播能力建设联席会议，统筹全台资源，形成国际传播的合力。①

2010 年年底至 2011 年年初，中央电视台在海外传播方面还有两个大手笔：一是央视国际视频发稿平台从 2010 年 12 月 25 日开始试运行，在初期采用与美联社、路透社合作的方式，每天向全球媒体用户发布符合国际通稿标准的视频新闻素材，日均发稿时长 70 分钟。2011 年 5 月 25 日，该平台正式启动。发稿内容涉及中国政治、经济、文化、民生等各个方面，以及重大国际事件。同时还推出"全球发布系统"，基于因特网及时向用户直接发布各种码率、格式的视频内容，让用户方便获取相关的内容服务。拓展与国际媒体的合作渠道，让全世界更及时、更全面地了解中国是该平台所期待的目标。另一个是进行国际频道的扩容，央视在十七大后就提出计划：2010 年后，开办俄语、阿

① 课题组对中央电视台海外传播中心采访的摘要。

拉伯语、葡萄牙语频道，届时，中央电视台对外频道将扩展到11个，形成中、英、西、法、俄、阿、葡7种语言全球同步播出的电视外宣新格局，播出规模更大，频道结构更加合理。

这一时期，还有一个引人注目的参与者，那就是有着民间电视背景的蓝海电视。成立于2009年9月的蓝海电视在2010年7月实现在香港"上星"，向其"全球联网的国际电视媒体"的目标跨出第一步。目前，蓝海电视拥有两个全天播出的卫星电视频道，其北美卫视覆盖美国、加拿大、墨西哥、古巴，亚洲卫视覆盖亚洲50多个国家。此外，蓝海电视还通过有线和开路的方式在美国落地，目前正从重点城市向全美扩展。

## 三、发展策略和发展亮点

王朋进在其发表于《中国电视》2011年7月的文章《国际一流电视媒体的硬实力、软实力与巧实力——以BBC、CNN等为例》中，将目前公认的国际一流媒体（如CNN、BBC）的优势归纳为三个方面，即硬实力、软实力和巧实力。我们可以借鉴这一提法，把国内电视对外传播的主要战略，或者说对外传播能力的锻造归纳为硬实力、软实力和巧实力三个部分。下面以央视、CNC等电视对外传播的主要实施者为例，进行简要分析。

### （一）以强化海外阵地建设为主要突破的硬实力建设

硬实力，指的是电视台的支配性实力，或者叫资源性实力。即一家电视台所拥有的可以自己支配的硬件设施和条件，包括人和设备两大方面。特别是从新闻报道的表现来看，国际一流电视媒体需要做到三点：一是新闻报道能够覆盖世界主要的国家和地区；二是新闻报道在时间上无时区差异，基本做到全天候；三是在突发、重大事件报道中做到无遗漏。[①] 而要做到这一切，强化海外阵地建设，让我们的信息采集网络覆盖全球，特别是新闻热点区域，是此番硬实力建设的关键性突破口。

目前，国内电视有能力进行海外阵地建设的基本上还只有新华社旗下的CNC以及央视和凤凰卫视。

① 王朋进：《国际一流电视媒体的硬实力、软实力与巧实力——以BBC、CNN等为例》，载《中国电视》，2011年第7期。

1. CNC 的海外阵地建设

依托新华社，CNC 在新闻采集网络方面形成了得天独厚的优势，采集播发量已进入国际前列。2008 年 9 月，新华社在《2008—2015 工作设想》中提出大力提升国际影响力，在 2015 年之前初步建成覆盖全球的新闻信息采集网络。截至 2012 年上半年，新华社海外分社总数已达 167 个。新华社要求每个海外分社都要具备视频采集能力。

2. 央视的海外阵地建设

央视作为国家电视台，一直是中国电视媒体外宣的"国家队"领队。1984 年，央视在香港建立了首个驻外记者站，从 2009 年起，央视驻外记者站的建设速度大幅提升。仅在 2010 年，央视就新建了俄罗斯、非洲、亚太、拉美、中东五大区域中心站，以及朝鲜、伊朗、尼日利亚等 21 个周边站点。其中，驻朝鲜记者站是全球第一家在朝的外国电视台记者站。至此，央电已全部完成七大区域中心记者站的建设。截至 2011 年年底，央视海外建站的总数达到 70 个，并计划 2012 年在肯尼亚建立非洲纪录片生产基地。

随着站点和人员的逐渐增多，管理缺乏系统化和规范化成为制约央视驻外记者站发展的关键因素。为解决这一问题，2005 年，央视在新闻中心驻外记者管理科的基础上，成立驻外记者站管理处，并于 2006 年颁布并施行《中央电视台驻外记者站管理暂行办法》，驻外记者站的发展步伐明显加快。同时，央视围绕驻外记者的选拔和培训开展了卓有成效的工作。在人才选拔方面，针对驻外记者这一特殊岗位对人员素质的要求，拟定了以"笔试—面试—心理测试"为基本环节的测评方案，着重对报名人员电视采编实际操作能力、语言运用能力、团队合作精神、心理素质进行考察，目标是选拔出政治可靠、素质过硬、精通外语、业务出色的优秀驻外人才。培训也是非常关键的环节。央视的驻外记者在赴任之前，均需进行两个月左右的全面培训，内容包括外事纪律、国际形势、新闻报道、摄像技术、外语能力、团队协作、财务制度、化妆出镜等多个方面。对于在小语种国家驻外的人员，还特意安排专门的语言训练。通过系统的培训，记者从思想上及操作能力上进一步适应了驻外工作的需要。①

3. 凤凰卫视的海外阵地建设

凤凰卫视自 1996 年开播以来，以"向世界发出华人媒体的声音"、"拉近全球华人距离"为己任，在世界各地广泛布点。除在北京、上海、深圳、台北外，还

① 赵化勇主编：《中央电视台品牌战略》，北京：中国广播电视出版社，2008 年，第 169 页。

在日、英、法、俄、澳、美等地设立了19个记者站或新闻办事处，成为第一家跨洲进行同步联播的华语电视台，第一家每天在京、港、台连线制作电视节目的传媒机构，第一家在亚洲、欧洲、美洲拥有制作基地和记者站的华语频道，第一家采用光纤网络采集、编辑及播出系统播放节目的电视台。

另外，受审批限制，现在省市级媒体向海外派驻记者还受到相当大的政策影响。目前，仅有上海广播电视台香港派驻了记者站，其他省级台几乎没有海外采集力量，一旦国际重大事件发生，大都依靠新华社、央视或中国国际广播电台所提供的视频来源，或与上述媒体的现场记者进行连线。

### (二)以增强多渠道、立体式的传输覆盖能力为重要突破的软实力建设

强化采集能力，是为了具备有时效性的高品质内容，那么，内容与渠道并重，只有增强多渠道、立体式的传输覆盖能力，才能让这些内容到达海外受众，也才能真正具备国际影响力。

1. CNC的海外渠道和终端建设

CNC的定位为“国际视野、中国观察、即时传播、客观表达”，目标是成为中国对外报道第一窗口，并最终成为把握国际话语权、最具国际影响力的世界新闻电视频道之一。目前，CNC的播出规模已经初步成型，已经成功搭建涉及卫星、有线、无线系统播出的全球性播出网络。

在海外卫星播出网方面，CNC租用5颗卫星，使节目信号覆盖亚太、北美、欧洲、中东、非洲等地200多个国家和地区，建成5个直属卫星台：亚太卫星台、北美卫星台、泛欧卫星台、英欧卫星台、非洲卫星台。另外，还通过有线电视网、无线数字电视网、卫星入户网及IPTV网进入海外家庭。按照规划，到2012年，新华社将在北美、非洲、欧洲和亚太地区的主要城市建成30多个城市台，基本形成CNC及其直属台、附属台架构及运营模式。CNC将逐渐增加法、日、西、葡、阿、俄等语种节目，还将组织环境频道。根据新华社社委会批准的《中国电视网世界各地区台的市场覆盖计划》，到2014年，CNC英语台将覆盖近100个国家和地区，并逐步进入海外电视网络，到2020年，海外电视新闻环球频道将成为具有国际影响力的电视新闻终端。

在媒介融合的背景下，CNC高度看重新媒体的渠道价值，相继成立新华视讯手机电视台公司和新华网络电视台公司，成功开发出在苹果iPhone上播出的CNC中英文台和手机台共三个客户端；分别使用xhstv.com和cncworld.com.cn域名向全世界同步完整直播中文台、英文台频道，并在iPad开发有CNC中英文客户端。

总体来看，在终端建设方面，就覆盖广度而言，CNC 在世界范围内进行布局；就媒体样态而言，CNC 已经在电视、电脑、手机、户外大屏幕等多种载体上进行谋划。

2. 央视 的海外渠道和终端建设

就传输和覆盖能力而言，中央电视台正在不断探索新的传输和落地方式，力求在传输效果上实现从“量”到“质”的转变。

截至 2010 年年底，中央电视台节目海外落地项目总数已达 392 项，整频道落地项目的用户总数为 17.092 万户。其中，CCTV－News 占 2010 年落地项目总数的 80％左右。先后完成的重点项目包括：在澳大利亚进入 Austar 直播平台播出，覆盖 74 万用户；在匈牙利、罗马尼亚分别进入 UPC 直播平台和有线网播出，共覆盖 93 万用户；在美国休斯敦进入 55.6 台数字地面频率播出，授盖 210 万用户等。至此，中央电视台英语新闻频道的海外用户数已达 11043 万。从新增落地覆盖区域来看，在 2010 年新增整频道落地项目中，欧洲、拉美和非洲位居前三位，分别占项目总数的 37.9％、17.2％和 17.2％。在落地方式上，有线网、卫星直播平台和地面数字播出平台位列前三，分别占项目总数的 37.9％、20.6％和 20.6％，其中后两项总和已达 41.2％。[①]

而在 2011 年，中央电视台除了继续扩展传统的落地入户方式，还加大了在海外高档酒店推广和播出各语种国际频道节目的力度，同时尝试在海外中餐馆、武馆、孔子学院、中国驻外使领馆签证大厅等场所播出中央电视台的节目。这些举措对于提升中央电视台在海外的接触率和认知度具有重要的意义。[②]

另外，2011 年 5 月，中央电视台的视频发稿平台正式运营。将中央电视台拥有版权的新闻报道直接传送给全球各类媒体和新闻合作与服务机构，实现新闻的二次传播。截至 2011 年年底，该平台日均发稿 80 多条，累计采用 14 万多条次。

除了节目频道在海外的直接落地，央视也通过新媒体的形式提升对外影响力。2010 年 4 月 26 日，中国网络电视台英语台上线。之后，中国网络电视台法语台、西语台、俄语台、阿语台也先后发布。

① 赵玉明主编：《2011 中国广播电视年鉴》，北京：中国广播电视年鉴社，第 61 页。

② 李宇：《浅析我国对外电视国际传播能力建设的现状与发展策略——以中央电视台为例》，载关世杰主编：《跨文化交流与国际传播研究》，2011（第一辑），北京：中国社会科学出版社，2011 年。

3.凤凰卫视的海外渠道和终端建设

凤凰卫视旗下的中文台、电影台、资讯台、欧洲台、美洲台通过AsiaSat－3,Eurobird,Telsat－12,DirecTV,EchoStar等卫星直播平台,覆盖150多个国家和地区。凤凰卫视资讯台号称世界上唯一全天24小时滚动播出时事、财经新闻的华语卫星频道,也是唯一覆盖中国大陆、中国香港及中国台湾的华语资讯频道。值得一提的是,2001年凤凰美洲台通过美国两大直播卫星平台DirecTV及EchoStar落地北美,美国约100万华人家庭均可收看凤凰卫视的节目;在亚洲,凤凰卫视已进入新加坡有线电视网和马来西亚最大收费电视公司,同时进入了印尼和日本。

凤凰卫视董事局主席刘长乐提出,要以民间的、市场的定位为占据世界人口1/5的华人在全球传播市场中争得一席之地,在华语世界争夺重大新闻的第一解释权。

4.中国电视长城平台的海外渠道建设

长城平台隶属于中央电视台,由其下属的中国国际电视总公司(CITVC)全资成立,是集成中央电视台、地方电视台和相关境外电视台节目的海外播出总平台。按照已经开播的国家和区域划分,长城平台分为:美国平台(于2004年10月开播)、加拿大平台(于2007年4月开播)、亚洲平台(于2005年2月开播)、欧洲平台(于2006年8月开播)、拉美平台(于2008年1月开播)以及近年来新建的东南亚平台、澳大利亚平台和非洲平台。每个平台上的频道组合与数量均根据目标推广地区的实际情况设定,以长城(欧洲)平台为例,截至2010年6月,该平台为海外观众提供14个频道的节目:中央电视台中文国际频道(CCTV－4)、英语新闻频道(CCTV－News)、法语国际频道(CCTV－F)、娱乐频道(CCTV－娱乐)、中国电影频道、北京电视台国际频道、上海东方电视台、江苏电视台国际频道、湖南卫视国际频道、厦门卫视、广东南方电视台、浙江电视台国际频道、凤凰卫视美洲台和凤凰卫视资讯台。[①]

在海外落地的策略方面,长城平台确立了积极与境外一线运营商合作的方针。这是基于以下考虑:首先,选择境外优秀电视运营商并按照国际商业规则出牌,可以在最短的时间内强化品牌的国际影响力;其次,当地运营商在目标市场同时具有“地利”和“人和”的优势,了解当地受众群体的分布情况、消费

① 李宇:《海外华语电视研究》,载《我国对外传播文化软实力研究丛书》,北京:中国社会科学出版社,2011年。

习惯，加之多年的国际电视市场运营经验，可以更加直接有效地促进长城平台的推广。以长城（美国）平台为例，目前的合作商 Echostar 在美国的卫星电视公司中位居第二，而且其非常重视少数族裔的市场需求，特别是看好华语电视市场的巨大潜力。通过合作，CCTV－9 和 CCTV－E 分别进入对方平台的基本层和西语节目包，从而使得长城（美国）平台取得了事半功倍的成效。①

5. 省级电视台的海外渠道建设

省级电视台除了依靠长城平台走向世界，还通过各种途径登陆海外，扩大国际影响。

中东部地区省级台，以东方卫视和湖南电视台为代表。东方卫视从前身上海卫视起就谋求向海外发展，并于 2002 年起在日本落地；2003 年起通过与 TVB 战略合作在澳大利亚落地；同年 9 月在澳门落地。2007 年 4 月，东方卫视通过 TVB 付费电视网在香港落地。湖南卫视高举娱乐大旗，已连续数年收视率居全国省级台之首。它逐步从一家区域性的电视媒体，成长为在海内外具有广泛影响的强势媒体。其国际频道已实现在中国港澳台地区、法国、澳大利亚、新西兰等地的落地。

边疆地区的地方台则充分利用地域优势，努力扩大在周边国家的节目落地。如 2010 年 1 月 1 日开播的广西卫视国际频道已经成功实现在越南、老挝、柬埔寨、菲律宾 4 个东盟国家落地，并逐步扩大覆盖范围，分别向美国、加拿大、拉美地区、欧洲和亚洲等地区播出。西藏卫视的藏语频道进入了尼泊尔最大的有线电视网。内蒙古卫视在蒙古、俄罗斯和新西兰的部分地区落地。新疆电视台的哈语频道在蒙古落地。

此外，2004 年 6 月开播的专业外宣电视台——中国黄河电视台，以推广汉语教学和传播中国文化为主要内容，目前通过长城电视美国、加拿大和拉美三大平台落地，每天播出 6 小时节目，24 小时滚动播出。

### （三）以国际交流与合作为突破口的巧实力建设

国内电视媒体国际交流与合作的通行做法有：①同国外电视台合作节目或交换节目；②邀请海外媒体共同拍摄采访，然后在外方主流电视台播出；③到海外举办电视周，或举办中国影视节展、国际影视节，推动节目交易；④依靠资本化、市场化等运作手段，增强核心竞争力。下面，分别以 CNC 和中央电视

① 赵化勇主编：《中央电视台品牌战略》，北京：中国广播电视出版社，2008 年，第 174～175 页。

台为例进行简要介绍。

1. CNC 的巧实力建设

对外合作：

CNC 非常重视对外合作，并以此提升其在海外的辐射力。正式开播前，新华社与联合国儿童基金会联合发起举办了“国际儿童日”大型公益活动和 24 小时环球直播报道，全球 83 个国家和地区 927 家各类媒体参与活动。新华社除了与东森电视台签署合作协议，与俄罗斯国家电视台共办栏目《中国经济》外，在与国际电视媒体合作领域一直抱着开放的态度。

资本运作之路：

为了提高国际竞争力，CNC 提出按照资本化、市场化、公司化的方向，在全媒体产业链上搭建资产运营新平台。有着“国”字号北京的 CNC 已经在资本运作方面有了突破。在新华社拥有 51%绝对控股权的前提下，广泛吸收社会资金参与频道建设、推广等工作，以适应海外拓展的环境。

CNC 的目标是，以面向世界播出的广度，以全媒体尽包的业态，在 CNC 的产业链上，包括拍摄基地和制作园区、音像资料馆、电视素材交换交易平台、音像电子出版、商业广告和公益广告制作传播、网络手机等互动业务，乃至于租用卫星转发器形成全球传输专网、跨过的家庭视频分发网络等基础设施领域的建设，将形成包括采集、传输、加工、播出在内的长链条运营，集聚起相当量的资金、技术、人力资源，在适宜的金融工具的支持下，能够拓展出具有相当规模、有一定实力的产业系统，最终支撑 CNC 在世界范围内产生足够的影响力。

目前，已经有所突破的包括新华视讯手机电视台公司和新华网络电视台公司。

以新华视讯手机电视台公司为例。经报批，财政部 2010 年 10 月下文批准实施增资扩股，拿出 45%的股份，以每股 2.419 元溢价吸收地产、广告、文化、科技等行业的四家公司参与，实现了增资 9900 万元。

2010 年 8 月，新华网络电视台公司在香港注册成立。2011 年 7 月 7 日，香港新华网络电视台公司举行了与 PPTV 战略合作签约仪式。按照合作协议，CNC 出让香港新华网络电视台公司 49%股权，引入软银和聚力传媒 2 亿元人民币等值港币的现金投资，以加快推动 CNC 在全球的互联网渠道落地。

2. 央视的巧实力建设

中央电视台的国际交流与合作始于 20 世纪 80 年代初，早期，合作形式比较单一，仅以节目引进、输出和合拍为主，经过30年的发展，呈现出多样化、立体化以及更加务实的特点。截至目前，已经与100多个国家的400多家媒体建立了良好的合作关系。

海外节目合拍：中央电视台与许多国家电视机构合拍电视节目，先后与100多个国家和地区的300多家电视媒体进行过合作。但在早期，合拍和合作活动多以发达的国外电视机构为主导，虽然这是一个电视欠发达国家必经的学习和发展之路，但是却不利于我们用自己的视角和方式向世界传达中国的形象和声音。而现在，中央电视台已经有实力在合作中扮演主导角色。如与美国国家地理频道、BBC、NHK合作推出的"Discovery中国新锐导演计划"等。而《同饮一江水》的拍摄制作又是另外一个成功的案例。《同饮一江水》原名《澜沧江——湄公河》，从2005年开始筹拍，历时3年，2008年上半年开始在中央电视台综合频道（CCTV－1）和中文国际频道（CCTV－4）分别播出，并引起了广泛的反响。这部20集的纪录片是由中国中央电视台、柬埔寨国家电视台（TVK）、老挝国家电视台（LNTV）、缅甸广播电视台（MRTV）、泰国大众传媒第九电视台（Modernine）以及越南电视台（VTV）合作拍摄的。《同饮一江水》的一个重要意义在于中国电视通过联合周边国家扩大了整个区域在国际上的影响力，其合作模式和跨文化传播的方式对中国合拍纪录片以及电视国际合作都具有一定的借鉴意义。①

海外节目销售：中央电视台所属的中国国际电视总公司，负责对外节目销售工作。一方面建立海外营销网点，一方面参加各大国际展会，目前每年销售近万部/集的专题片、电视剧、电影、纪录片和综艺节目。以2007年为例，中央电视台通过参加美国的NATPE电视节、法国戛纳的春季/秋季电视节、香港影视节、韩国电视节、台北电视节、日本电视节等，或通过海外授权方式向海外销售各类电视剧、纪录片、动画卡通片、电视电影、栏目等达到7000小时以上，营销网络渗透到70多个国家和地区的上百家电视机构，并且已经建立起针对本地受众传播"本土化"节目的理念。例如，对外销售的节目，会根据当地受众的欣赏习惯和审美要求改变原有节目的结构、叙事方式，由国际一流媒体的英文配音演员和作曲家重新配音、配乐，取得很好的效果。除了获得商业利益，通过这些交流途径，中央电视台得以在第一时间把握国际传媒市场的动向和海外观众的收视习惯，为自己的国际频道在海外落地时的本土化工作积累了

① 李宇：《〈同饮一江水〉：跨文化传播与国际传媒合作新典范》，载《今传媒》，2008年第11期。

经验。[①]

特别需要提出的是，中央电视台从2011年开始起正式将海外推广与营销工作纳入年度预算，投入专项资金开展中央电视台的品牌推广和节目营销工作。具体负责这项工作的海外传播发展中心通过在海外租用或建立LED户外广告牌、在国际媒体投放中央电视台品牌广告等形式，着力提升中央电视台在海外的接触率和知名度。

海外节目交流与交换：除了商业化的运作方式，中央电视台也同国外电视机构开展双边或多边新闻素材和节目交换。央视新闻频道、体育频道同多家国外主流通讯社和电视台，如美联社、CNN、BBC等签有新闻交换协议，每年交换大量的新闻素材。国际组织的节目交流会也为中央电视台提供了另一个节目交流的平台。多年来，通过亚广联的儿童节目交流会和纪录片交流会，中央电视台用自制的优秀节目与国外节目进行交换。另外，互办电视周也是中央电视台节目交流的一种重要形式。中央电视台与多个友好国家的主流媒体达成共识，在国家领导人互访、国庆日或双方建交纪念日期间相互举办电视周，在专门的频道开辟专门的时段，进行节目交流与交换。近年来已经成功地与巴基斯坦电视台(PTV)、智利国家电视台、葡萄牙国家电视台、罗马尼亚国家电视台、印度Zee TV媒体集团等互办了电视周。

海外活动组织：中央电视台通过“走遍亚洲”、“首届在华外国人汉语大赛”、“手拉手”、亚洲青年艺术节等大型赛事和演出活动，在国际上产生了广泛影响。此外，中央电视台还积极组织中国国际广播影视博览会，积极承办亚广联系列活动。此外，配合国家文化外交的大型报道活动也是中央电视台推广整体频道的契机。在“中华文化美国行”、“法国文化季”“中日文化年”等等大型文化交流活动中，中央电视台的良好表现无疑增强了自身的国际传播影响力。

海外外事交流：随着中国国际地位的提升，中央电视台外事交流日益活跃。平均每年接待外事来访团组300余批次，呈现分布广、级别高的特点。通过与国外媒体人员的互访，截至2008年，中央电视台就已经与200多家媒体机构建立了合作关系。通过互访，中央电视台从海外媒体那里引进了先进的管理理念，也为国际频道在海外的推广落地打开了局面。同时，也通过与海外媒体机构建立良好的关系，提升了中央电视台的整体品牌形象，对中国国家形象的提升作用也是显而易见的。

---

① 赵化勇主编：《中央电视台品牌战略》，北京：中国广播电视出版社，2008年，第188页。

互惠互利的人员培训：人员培训包括两方面：一是请进来走出去，加强对本台人员的培训；二是为发展中国家媒体人员提供培训和技术支持。

对本台员工的涉外培训内容主要包括新闻业务、版权管理、媒体运营、主持人屏幕形象设计、新媒体、品牌运营、国际关系等等。与中央电视台进行培训合作的是国际传媒领域和传媒教学领域最知名的机构，如维亚康姆集团、新闻集团、时代华纳、探索、彭博财经电视以及日本 NHK 电视台、加拿大广播公司、美国丹佛大学等等。

对外的人员培训则主要由中央电视台下属的中广国际总公司发起，举办发展中国家广电记者培训班，东南亚、中东、非洲等地区国家的电视台每年都会派人参加。另外，通过亚广联和亚太广播发展机构等国际组织，中央电视台还为朝鲜、蒙古等国电视机构提供人员培训。

3. 上海广播电视台的巧实力建设

上海广播电视台主要通过参加戛纳电视节、北美电视节目交易会，与海外合办高端国际会展，以及在加拿大、澳大利亚、日本、埃及等国举办“上海电视周”活动，不断拓展电视节目在国际市场的发行、销售渠道。

创办于 1986 年、由上海文广影视集团和上海市文广局承办的上海电视节，是中国创办的最早的国际性电视节，如今已成为中国乃至亚洲最具影响力的中外电视专业交流合作平台。此外，上海广播电视台还与时代华纳、维亚康姆、迪斯尼、新闻集团、环球集团等国际著名传媒集团开展了多层次的合作，拓展传媒产业链，提升国际竞争力。

除了上面提到的硬实力、软实力和巧实力，国内电视在内容建设和布局上也愈发重视海外受众的需求和喜好。

以 CNC 为例。CNC 强调“国际传播”理念，遵循国际新闻传播规律来取舍新闻，淡化种族和国界色彩。在价值取向上，CNC 在尊重中国国家利益基础上，传播具有普遍人性关怀的价值观，以加强不同文化群体间的沟通和理解。在内容呈现上，CNC 突破国内报道思路，努力遵循国际新闻报道规律和对象国受众习惯，有针对性地组织报道。

在 CNC 主打的新闻播报类节目中，从内容到编排，都打破了国内电视新闻媒体的传统定式。在国内外新闻所占比重方面，CNC 的国际报道与国内报道比例已经达到了 7∶3。在新闻编排上，CNC 也突破了国内主流电视媒体以国家领导人活动为重心、国内新闻编排在前的传统模式，转而以新闻事件的重要程度进行优先级排序，并抓住新闻之间的内在关联成组编排。这既遵循了国际电视新闻的传播规律，又符合国际受众的收视心理。

再来看长城平台的频道设置情况。为了满足不同受众群体的收视喜好，长城平台在具体的频道组成布局上讲求一定的合理搭配。以长城(美国)平台、长城(加拿大)平台的频道组合为例。中央电视台中文国际频道作为“品牌联合”的龙头，提供全方位的新闻、专题、娱乐节目，戏曲频道则可以满足老一代移民的喜好，雅俗共赏的娱乐频道以其高水准的综艺晚会类节目长久以来保持着稳定的收视率，偏重中文教学的黄河电视台针对华人子女的教育，湖南卫视的娱乐综艺类节目对年轻留学生的吸引力不可小视，用粤语播出的广东南方卫视可保障稳固的粤语观众群。而在长城(欧洲)平台上，浙江国际频道吸引了在法国占有较大比例的庞大的江浙移民群体。长城(亚洲)平台上的福建海峡台、厦门台则可以利用类似的闽粤语言与文化背景拉近与台湾同胞的距离。[①] 在接壤地区实现节目播出的省台国际频道在播出内容上体现出明显的区域性定位，其频道内容大多是两地有着共同需要的资讯、与接壤地有着有机关联的文化生活专题片、民生新闻等，地域互动色彩鲜明。比较具有代表性的有广西电视台以东盟国家为定位的广西国际频道，广东电视台以香港及马来西亚粤语人群为定位的珠江频道境外版、以台湾地区为目标市场的海峡卫视(前身为东南电视台国际频道)等。以广东电视台珠江频道为例。该频道的海外版在海外粤语受众中一直有着良好的落地与收视，频道中以广东新闻资讯为内容的“630新闻”，以广东传统曲艺为内容的“粤韵风华”，尤其以“民生无小事，今日多关注”的亲民风格为定位的“今日关注”在香港地区拥有良好的收视反馈。[②]

## 四、存在的主要问题

虽然近年来我国电视媒体的国际传播取得了巨大的进步，但我们的海外影响力和知名度还是相对有限。这一方面受到整个国家传播格局、文化意识形态等外因的影响；另一方面，与我们自身在发展过程中的局限性也有很大关系。

### (一)传播资源小型分散，缺乏整合优势，制约了对外传播品牌的形成

目前，中国的电视媒体存在在对外传播中各自为政，依靠小型分散的单薄

---

① 赵化勇主编：《中央电视台品牌战略》，北京：中国广播电视出版社，2008年，第174页。

② 张梓轩：《电视频道如何做好国际传播?》，载《中国记者》，2012年第5期。

的传播资源，难以在对外传播上成大器、做大事，使得中国电视的对外传播缺乏整合的力量，在打造传播品牌上，缺乏强有力的基础。中国电视长城平台，是广电总局为促进中国电视"走出去"而将十几套国内海外频道"打捆"在海外落地的一个平台。但这十几个海外频道节目内容的同质化现象特别突出，大多节目针对国内需求生产，并没有针对海外市场做专业化生产。这一状况严重影响了这一平台节目收视率的提升及对外传播实效的实现。这种现象正是小型分散的状况所造成的结果。"走出去"的多，但做大的少，中国电视在国际电视传播格局中，还难以形成一支强大的力量。

**（二）国际上对中国媒体存在广泛的敌意，同时，我们的内容本身宣传味太浓，要想深度参与引导国际舆论还需假以时日**

不能不承认，国际上对中国媒体机构存在广泛的敌意。中国电视宣传最为外人所诟病的是媒体不能独立，报道不能自主。而"走出去"战略正好提供了中国媒体依附性的例证。[①]

很有代表性的一个西方受众对 CNC 反应的例子是，《纽约时报》报道了 CNC 开播的消息，在讨论中，读者留言道："中国，抱歉告诉你，这次你们会失败"(China, you are going to fail on this one. Sorry to break it to you.)；"就像中国政府发言人的讲话一样，我也不能信任新华(电视)"(I can not trust Xinhua as anything more than spokespeople for the Chinese government.)；"如果它是由中国政府发起的话，那我就很怀疑它的新闻会没有偏见(If it is initiated by Chinese government, I doubt the news will be unbiased.)"。[②] 新华电视开播后，美联社、《纽约时报》、英国广播公司、德国之声、美国广播公司、美国有线电视新闻网、福克斯电视网等国际电视媒体均进行了报道，有的进行了含沙射影的负面评论。

同时，宣传味太浓影响公信力也是我们自身长久以来就存在的问题。我国的对外电视与营利性的跨国卫星电视不同，更多地作为我国对外宣传工作的一个重要组成部分而存在。西方的对外电视多以商业化的模式运作，意识形态的色彩不明显，而我国的对外电视体现了国家的"媒介外交"战略。过分强调外宣，容易导致中国的对外电视传播在建设公信力和影响力方面走弯路。

① 郭镇之：《中国电视"走出去"、新华电视与新闻体制创新》，在"新华社 80 年历程回顾与思考"学术研讨会上的讲话。

② Can China Gain Journalistic Credibility? July 12, 2010, http://www.nytimes.com/roomfordebate/2010/7/12/can－china－gain－journalistic－credibility

对外宣传强调传者主导，受众的地位没有得到突出和强调，如果不能得到受众的肯定，就无法建立媒体公信力。以中央电视台为例。虽然其有6个外语国际频道播出，但传播效果并不太好。美国《新闻周刊》曾这样评论CCTV－9：虽然该英语频道开设的初衷在于向世界投射更“准确”的中国观，但它的画面总是充斥着老一套的宣传节目，不能反映这个国家新的活力。上海外国语大学的一份调查显示，“报道不够专业”、“负面报道不足”等被受众认为是影响CCTV－9公信力提升的最主要原因。

在这样的大背景下，中国的电视媒体特别是新闻类节目要想深度参与引导国际舆论、真正影响国际社会还有很长的一段路要走。

### (三)国际传播理念和传播定位尚不清晰

媒体自身的准确定位和不懈努力是成为国际知名媒体、有效影响国际大众的关键。国际一流媒体都具有自己独特的理念和定位。BBC总裁马克·汤普森在2007年就职讲话中，就提出了“没有理念或不坚持理念的媒体要成为国际一流媒体是不可想象的”的重要判断。和国际大台不同，由于缺乏具有全球号召力的国际传播理念，目前我国对外传播的电视媒体的全球媒体形象仍不够清晰，海外受众对我们的传播理念定位、传播呼号与特色内容的认知仍显不足，识别性不够，节目本土化传播效果不理想。

从内容上分类，跨国电视不外两种类型：资讯类和娱乐类。在资讯类卫星电视中，又分为下列几种模式：新闻台模式（如CNN、BBC、FOX新闻台），商务台模式（如彭博财经、CNBC、FOX商务台），国家综合台模式（如德国之声、NHK），纪录片频道台（如发现频道、历史频道、国家地理）。其中，“新闻台模式”以新闻价值为主轴，以即时信息传递为编排方式，不明确区分资讯的类别。“国家综合台模式”，其编排具有综合性，虽然往往也是以新闻为纲，但是辅以更多的政治、文化、艺术专题等内容，在内容上更突出地区特色。

有分析者指出，在中国新一轮国家媒体的“走出去”战略部署中，20世纪80年代以来以中央电视台为核心的对外电视战略已经发生变化。比如，CCTV－9建设新闻台的目标被摒弃，今后中央电视台只负责“面”的拓展，即开播多语种频道；新华社则负责“质”的提高，即以新闻为突破口，通过自己的国际采编渠道，抢占新闻舆论的话语权。这种观点触及一个长期困扰中央电视台多语种国际频道的问题——自身内容如何定位？是新闻频道还是综合频道？

以CCTV－9为例。2010年以前，CCTV－9的频道定位为“24小时英语新闻频道”，但它与典型的新闻台还有一定差异。有抽样调查显示，CCTV－9非新闻类的节目占到了总节目量的30%，所以CCTV－9虽然具备了新闻台的形式，但是在内容上反映出来的却是国家综合台的特征。频道定位的模糊容易导致节目制作的无所适从，既不利于节目形式的稳定，也不利于节目质量的提高。此外，对外频道如何处理好“国际内容”和“国内内容”的平衡，也是困扰频道发展定位的问题。2010年，CCTV－9再次改版，仍定位于新闻频道，但强化了亚洲视角，宣传口号变成了“Your Link to Asia”，强调在报道中国的同时，报道整个亚洲地区和广大发展中国家的新闻事件。在新闻节目中增加了《今日亚洲》栏目，增加了提供财经资讯服务的《财经亚洲》等，新闻节目的分量进一步提升。①

### （四）节目内容还不能适应对象国受众的喜好和需求

海外受众在节目需求、心理特点和接受习惯等各方面都与国内受众不同，但目前来看，我们的节目内容还不能完全适应对象国受众的喜好和需求。主要体现在以下几个方面：

(1)文化差异带来的传播障碍。在我国的对外传播中，欧美国家向来被视为重要的目标群体。但是由于地域阻隔和中西文化差异的存在，我们对这一部分受众的了解远未达到令人满意的程度。而对于与我们文化背景相同或相近的汉语言文化圈和中华文化影响圈的受众，我们也没有做细致的划分，所提供的多是一般性的内容产品，甚至把国内的传播内容直接拿到国外去，受众难以理解，效果自然会打折扣。

(2)中西方在新闻价值取向方面存在巨大差异。西方的新闻报道强调冲突，注重两面性，而中方的报道多“以正面报道为主”。若以中方的新闻价值观去向西方受众传播信息，必然不合时宜。因此，中国对外传播需要从“以正面报道为主”向有主导性的全面报道过渡，改变媒介现存的报道失衡的现象。这是尊重传播规律的表现，也是传播观念和传播技巧的改变。②

(3)传播策略亟待提高与完善。以中央电视台《今日亚洲》节目为例，伦敦政治经济学院的杜蕊认为：和国际大台相比，中央电视台对国际受众的文化心

---

① 周新宇：《中央电视台的国际频道建设策略》，载《建设世界一流的现代全媒体集团——“加强国际传播能力建设”专题调研文集》，新华社新闻研究所2010年内部资料。

② 冷冶夫、刘新传：《略论全球化背景下我国媒体对外传播的问题》，载《北方传媒研究》，2007年第4期。

理和收视心理研究不足；节目设置、表达方式、主持人风格等需要改进；新闻性不强：单个新闻的时间太长，新闻总体的信息量不多；国内新闻多，国际内容的自制比重不高等。杜蕊认为，BBC World《今日亚洲》新闻报道很均衡，受众接受起来不会觉察其倾向性，不易产生反感情绪；而 CCTV－9《今日亚洲》有关自己国家报道的条数太多，给国外受众信息量少、主观宣传成分太浓的印象，从而影响传播效果，不利于 CCTV－9 影响力的提升。①

### (五)信息网络还不够健全

目前，世界各国电视台直播国际重大突发事件的公共信号基本来自 CNN、BBC 这两家媒体。CNN、BBC，再加上美联社和路透社，控制了全球 80％以上的国际重大事件视频信号源。

不过，中央电视台已经积极行动，形成赶超之势，"十一五"的 5 年间，中央电视台海外记者站由 15 个增加到 50 个，其中区域中心站由 2 个增加到 7 个。截至 2010 年年底，共新建俄罗斯、非洲、亚太、拉美、中东五大区域中心站，以及朝鲜、伊朗、尼日利亚等 21 个周边记者站，新建记者站数量是前 26 年的总和，其中驻朝鲜记者站是全球第一家在朝的外国电视台记者站。2010 年海外驻站记者发稿量超过 6000 条，比 2009 年翻了一番。中央电视台的全球新闻报道布局已经从"点状"转变为覆盖范围更大的"网状"，而且这一"网络"的覆盖面积还在不断扩大。根据计划，到 2012 年将形成六大中心站＋50 多个区域站点的格局，驻外人员规模达到 280 人。2013 年到 2016 年，驻外站点总数将达到 80 个，人员增至 500 人左右。②

### (六)电视对外传播人才的缺乏

人才是国际传播能力建设的关键资源，但目前国内电视台普遍存在国际传播的人才规模和构成不合理的问题。以中央电视台为例。截至 2011 年 3 月，中央电视台英、西、法、阿、俄 5 个语种对外频道总人数为 840 人，他们大部分是近些年从外语院校毕业的学生，普遍没有接受过专业的新闻和电视的训练。相比之下，对内频道无论是在人才规模、结构或专业素质方面都要远远超过对外频道。例如，截至 2010 年 3 月，中央电视台整个阿拉伯语频道不足 100

① 杜蕊：《国际传播中的 BBC World〈今日亚洲〉》，载《电视研究》，2007 年第 5 期。

② 《央视非洲建中心记者站 完善全球新闻网络》，央视网，http://1118.cctv.com/20101130/107947.shtml

人，而新闻中心仅负责国际新闻对内翻译和编辑的国际新闻部就有近200人。[1] 另外，在中央电视台，对外频道尤其是外语频道的人才流动性要比对内频道频繁，队伍的稳定性较差。

如果与半岛电视台和今日俄罗斯非俄语国际频道的人力状况进行比较，中央电视台的差距就更加明显。半岛电视台非阿语频道的总人数为3000人，其中，新闻采编人数为1000人；今日俄罗斯非俄语频道的总人数为2300人，新闻采编人数为1200人。[2]

### （七）缺乏针对海外受众的调查研究和传播效果测定

在全球传播的时代，西方传媒都非常重视对外传播效果的研究和受众调查，投入大量人力、物力开展此项工作，以便改进传播手段，增强对外传播的吸引力和影响力。而在我国，电视对外传播的海外受众调查和效果研究则明显滞后，已经成为我国电视对外传播在策略制定、内容选择、手段改进等方面的主要瓶颈。目前，对外传播的电视媒体既没有掌握国外受众的总量、分布和构成等基本情况，也缺乏对受众喜好、接受习惯和对不同节目或栏目的了解。目前采取的主要形式是整理部分读者来信，或者举办一些规模极小的观众座谈会。有学者认为，造成这种情况的原因既有认识水平上的问题，也有经济能力方面的问题，但更主要的是害怕科学调查显示出的尴尬结果抹杀长期工作的业绩。[3] 也有学者认为，这项工作之所以未能开展，主要有两个方面的原因：一方面在于行政主管单位不够重视；另一个方面在于这个调查评估体系的建立难度很大，缺乏相关的理论、经验和技术支撑。

不过，我们也欣喜地看到，中央电视台在这方面正在努力加以改进。2012年4月6日，中央电视台国际频道通过中国网络电视台以及长城平台的官方网站发布了“中央电视台中文国际频道海外华语受众调查”，通过收视行为、频道总体评价、栏目评估、背景信息4个大项的36个主客观问题的回答，可以大体了解该频道受众的基本情况和对节目的喜好，但具体的参与率还未可知。

---

① 李宇：《中国电视国际化与对外传播》，北京：中国传媒大学出版社，2010年，第24页。

② 李宇：《浅析我国对外电视国际传播能力建设的现状与发展策略——以中央电视台为例》，载关世杰主编：《跨文化交流与国际传播研究》，2011（第一辑），北京：中国社会科学出版社，2011年。

③ 周明伟主编：《国家形象传播研究论丛》，北京：外文出版社，2008年，第446页。

# 第四章

# 通讯社

## 一、概述

就采集和发布新闻的职能而言，通讯社与报纸、电台、电视台一样，都属于新闻机构，都必须遵循新闻传播的根本规律和基本原则，如真实性、及时性、贴近性等。但就传播模式而言，通讯社与报纸、广播电视、网站等新闻机构相比，又有显著的区别。正是这些独特之处，让通讯社在国际传播中具有举足轻重的地位。

进入 21 世纪之后，在新媒体冲击之下，传媒行业发生了翻天覆地的变化，全球通讯社事业发展发生了分化与转型，专业性通讯社崛起迅速，综合性通讯社加快向数字化转型，一些无法适应新传媒生态的传统通讯社被迫关门。不过，从总体来看，基于长期积累下来的权威性和强大的内容优势，通讯社对全球新闻信息传播仍然有无法替代的作用，对世界舆论格局的影响仍然是巨大的。

### (一)国内通讯社对外传播的总体格局和传播主体

目前，中国国内进行国际传播的通讯社有两家：新华通讯社（简称“新华社”）和中国新闻社（简称“中新社”）。其中，新华社发挥着主要作用，但中新社在华文资讯传播领域也发挥着特殊的国际影响力。

1. 新华社概况

目前，新华社每天 24 小时不间断用中文、英文、法文、俄文、西班牙文、阿拉伯文、葡萄牙文和日文 8 种文字，向世界各地播发文字、图片、图表、音频、视频、网络、手机短信等各类新闻和经济信息产品。新华社日均播发文字新闻信息稿 1.1 万多条，图片 1000 多张，电视新闻采集量日均 800 分钟。

新华网目前已形成中、英、法、俄、西、阿、日、藏等 8 种语言的新闻网络群，覆盖全球所有国家和地区。目前，新华网日均信息更新 1.9 万条，点击量 17 亿次，页面访问量 3.64 亿次，日均访问人次 6800 多万，在全国新闻网站中遥遥领先，全球网站综合排名稳定在 170 位左右，单日最高排名达 33 位。新华网和中国电信合作开发的搜索引擎也已正式上线。电视新闻方面，新华社创办了中文台、英文台、手机电视台、网络电视台，都可在 iPhone 等智能终端收看。

全社新闻信息机构用户达 2.2 万多家，社办报刊 2011 年期发总量达 830 万份，“新华 08”签约用户达到 4000 多家。另外，电视新闻用户覆盖美国有线电视新闻网、英国广播公司、美联社、路透社、法新社等数百家海内外主流媒体。中国新华新闻电视网中文台、英语台的节目信号卫星覆盖亚太、北美、欧洲、中东、非洲等地 200 多个国家和地区 55 亿人口，并进入中国香港、中国澳门、奥克兰等地 170 万户有线电视家庭终端，建成亚太卫星台、北美卫星台、非洲卫星台等 10 个直属台和附属台。

2. 中新社概况

中国新闻社简称“中新社”，英文全称为 China News Service，简称 CNS。中国新闻社目前直属于中国国务院侨务办公室(国侨办)，经过近 60 年的建设与发展，已具可观的规模。

就职能而言，作为综合性的国家通讯社，中新社乃是对外新闻报道的国家级通讯社、世界华文媒体信息总汇、国际性通讯社。履行职能主要通过四种形式：一是传统形式的报道，包括文字、图片、专稿等；二是新形式的报道，主要是网络、信息、视频、手机短信等；三是为海外华文报纸供版；四是社办报刊。

中新社现有员工 1000 余人，总社设在北京，在中国内地及香港、澳门共设有 28 家分社，在中国台湾派有驻点记者。在东京、曼谷、吉隆坡、纽约、华盛顿、洛杉矶、旧金山、温哥华、伦敦、巴黎、悉尼、莫斯科等地设有分社或记者站。在北京、纽约、香港设有发稿中心。

经营内容包括：①新闻通稿；②专电特稿；③新闻图片；④新闻网站；⑤电影声像；⑥刊物出版。

早在 1984 年，中新社就提出建设世界华人社会的信息中心和文化服务中心的长远目标。基于完善的新闻采集和落地网络，中新社凭借“民间通讯社”

的优势，提出了建设“世界华文传媒资讯中心”。其目标是：通过内容供应、人才输出、标准配置、广告发行、资本运营、媒体联盟等纽带，使中新社成为海外华文媒体的引领者和整合者，全面提升服务质量和水平，形成舆论引导新格局。

为此，中新社提出了建设“世界华文传媒资讯中心”的总体要求：实现新形势新条件下的业务创新和转型；由以往通讯社图文通稿的单项服务，转向以通稿、专稿、版面、营销等综合解决方案的整体服务；从面向传统报刊媒体用户，转向兼顾媒体用户与网络、视频、期刊等多媒体受众；从面向海外华人社会为主，转向在更好地服务华人社会的同时，逐步提升对海外非华语受众的影响力，逐渐影响海外主流社会，通过多种途径、多种方式平衡“西强我弱”的舆论态势。

### （二）传播力现状

美联社、路透社、法新社等西方通讯社是新华社事业发展的重要参照目标。自新华社提出建设“世界性通讯社”和“世界一流现代全媒体机构”的战略目标以来，新华社新闻研究所先后就发稿数量与结构、发稿线路、自采率、覆盖率与影响力等问题对新华社与西方通讯社进行了多次比较研究。

综观历次比较，可以发现明显的“彼消此长”态势：西方通讯社在金融危机和新媒体的双重冲击下，全球影响力有所下降；与此同时，新华社近年来国际传播能力建设快速推进，国际影响力不断提升。在新闻传播网络、新闻产品数量和种类、人员队伍数量、技术研发/支撑、经济实力、进入新媒体能力等硬指标方面，我们同西方通讯社的差距正在逐步缩小，有的指标甚至超过了他们。例如，新华社驻外分社总数目前超过 170 个，本土之外新闻机构数量已经超过美联社、路透社、法新社。

然而，检验一家通讯社最重要的指标是其对各国主流媒体的覆盖率。在这方面，我们与西方大通讯社相比还有不小的差距。

新华社新闻研究所 2005 年调查统计显示，在 28 个国家的 83 家主流报纸中，西方三大通讯社的用户覆盖率分别是：美联社 78.31%，路透社 83.13%，法新社 78.31%，新华社的覆盖率只有 39.76%。另据介绍，美联社电视新闻用户在全球主流电视媒体的覆盖率达到了 87%，路透电视的覆盖率估计接近 90%。

究其原因，新华社虽然在硬实力方面已经与西方三大通讯社不相上下，但在运营方式、管理机制、人员素质与人才结构、职业化程度等软实力方面同西方通讯社的差距仍然很大。更为严峻的是，在意识形态、文化传统、新闻理念等客观因素的影响下，这些制约新华社国际传播能力提高的瓶颈在短期内可能还难以突破。

从舆论环境上看，由于社会制度及意识形态的差异，西方价值观念及西方媒体的新闻理念在世界范围内占有主导地位，而中国媒体处于天然的弱势。从运作方式上看，西方通讯社实行公司化管理，走市场化道路，能够始终保持敏锐和活力。新华社囿于事业体制，经营管理中行政色彩较重，在国际新闻市场竞争中常常显得迟钝僵化，缺乏必要的灵活性和创新精神。从体制机制上看，西方通讯社在长期的国际化运营中较好地解决了各种跨疆界、跨文化的企业管理问题。新华社由于“走出去”时间不长，国际经验不足，许多管理体制和机制尚需在“阵地前移”中逐步建立和完善。从人才队伍上看，西方通讯社用人制度灵活，人员结构合理，人才素质较高，新华社在这几方面均存在缺陷。从职业化程度上看，西方通讯社的驻外分社实现了较为细致的专业化分工。新华社由于人手短缺，驻外分社难以实现专业化分工，驻外人员不得不采编营销“一把抓”、各项任务“一肩挑”，形成“任凭总社千根线，分社只有一根针”的局面。

再来看中新社。中新社已经建立了一个庞大的海外华文媒体公告和用稿渠道。2009 年，全年中新社共播发文字通稿 34336 篇，近 2500 万字，播发图片通稿 19582 幅，被海外华文媒体广泛转载，网络转载率接近 100%。中新社海外供版中心向海外 14 个国家 23 家报纸提供版面，覆盖海外华人聚居人数众多的 29 个城市，另外，编供版 29930 版。中国新闻网、中国侨网播发各类稿件 70 万条（幅），新媒体业务不断扩大，形成以中新网为主体，中国侨网、香港中通网等专业网站为翼，各地方分社网站（中新网分网）为纵深的网络集群。《中国新闻周刊》朝着媒体出版集团的方向发展，继日文版、英文版之后，又出版了韩文版、意大利文版和南亚版。《智族 GQ》月刊、《大日子》文化特刊的出版，使中新社期刊品种进一步丰富。①

但是，中新社的影响力和知名度仅限于在华文媒体中，在国际社会的影响力还是相对有限的。在国际通讯社的实力排名中，中新社总体实力仅排在 B 类通讯社的行列。

① 胡正荣、关娟娟主编：《世界主要媒体的国际传播战略》，北京：中国传媒大学出版社，2011 年，第 200 页。

## 二、发展历程

新华社和中新社作为国际传播的重要力量，其国际传播事业也经历了一个比较漫长和曲折的过程。

### (一)在革命烽火中起步(1931 年 11 月～1949 年 2 月)

**要点：国际传播建设初期，新华社的外语广播、外文刊物开始起步，海外分社建设迈出第一步。**

1931 年 11 月 7 日，新华社的前身红色中华通讯社(简称"红中社")，在江西瑞金诞生。作为苏区临时中央政府的耳目喉舌的红中社，从成立之日起，就把国际新闻报道作为自己业务的一部分。在土地革命和红军反"围剿"时期，开创了国际新闻的参考和公开两种报道方式。1937 年 1 月，红中社改名为新华社。抗日战争期间，新华社国际新闻的报道量超过了红中社时期，并培养了一批专门从事国际新闻报道的干部，建立了报道国际新闻的科、组。在解放战争的隆隆炮火声中，1946 年 6 月 28 日，新华社国际新闻编辑部正式成立。国际报道的开拓者们积极探索，在国外建起第一家分社和第一批出稿站，为日后的发展打下了基础。这一时期的国际传播的一些关键事件包括：外语广播、外文刊物以及海外分社的建立。

外语广播方面。1940 年年底，延安新华广播电台建成广播发射台，并于当年 12 月 30 日以 XNCR 为呼号开始播音，至此，在中国共产党领导下创建的第一家人民广播电台宣告诞生。从此，延安新华广播电台作为新华社的一个组成部分，用文字、广播互相配合，向国内外传播根据地军民斗争的实况。1941 年 12 月 3 日，延安新华广播电台首次进行日语广播，主要对象是侵华日军。为了扩大对外影响。新华社在 1944 年 9 月 1 日正式开辟英文广播。这是在党中央领导下，第一次直接向国内外英文听众播送中国的新闻、时评和中国共产党对时局的方针政策性言论、主张。3 年之后的 1947 年 9 月 11 日陕北新华广播电台正式开始英文口语广播，对象是外国人，播发的内容主要是新华社英播部提供的中国国内的新闻。另外，1946 年夏，延安新华广播电台还增设了对华侨的播音。

外文刊物方面。新华社用外文稿从事对外宣传始于 1941 年。当年 3 月，中共中央宣传部创办了一种用英、法、俄三种语言油印的刊物《中国通讯》，由内部交通带到重庆，再由八路军驻渝办事处。8 月，这份刊物改由新华社接办，只登英文文章。该刊在同年 12 月香港沦陷后停刊。

1947 年 6 月 10 日，《新华社新闻稿》开始在伦敦出版，每周一期，每期发行 450 份，发行范围是东欧、英、美、加拿大、阿根廷、日本、印度、缅甸等，每期都通过电通社发到它在国外的分社。

1949 年 4 月 22 日，新华社主办的《新华每日电讯》英文日刊 *Xinhua Daily News Release* 出版了创刊号，该刊刊登新华社播发的各类电讯稿，主要对象是外国驻华机构和临时来华人员。

海外分社的建立方面。1948 年上半年，新华社香港分社和伦敦分社成立。当年夏天，布拉格分社成立，这是新华社在海外建立的第一个既从事报道又出稿的分社。

### （二）踏上走向世界的征途（1949 年 3 月～1965 年）

**要点：新华社掀起两次发展国外分社的高潮，多语种对外广播体系基本建立；中新社成立。**

新中国成立后，新华社成为中国的国家通讯社，但是直到 1952 年，新华社主要还是面向国内的通讯社。转折出现在 1952 年。这一年，新闻出版总署撤销该署原先下属的国际新闻局新闻处（该处主要负责英文广播工作），改为新华社对外广播编辑部，原新闻摄影局的新闻摄影处划归新华社摄影部。这样，新华社就担负起向国内和国际发布文字和图片新闻的双重任务。[①]

1953 年 3 月 11 日，新华社召开编委会扩大会议，详细讨论新华社的发展方向，明确提出新华社要成为“消息总汇”的目标报道方针是“内外并重”，特别是对外报道和国际问题的报道要和我们国家的国际地位相适应。在此之后，国际传播有明显改进，一方面，对外新闻报道的数量增加了，其中，中国新闻对外报道的比重有明显提升；另一方面，国外报纸的采用量也增加了。

这一时期新华社驻外分社的建设情况：

20 世纪 50 年代中期是新华社第一次发展国外分社的高潮。截至 1957 年 1 月，新华社在海外建立了包括香港分社在内的 21 个境外分社，初步建立起在国外的新闻网络，这是新华社建设世界性通讯社、走向世界迈出的重要一步。这一时期，新华社在亚非地区的影响已超过日本的共同社和印度的报业托拉斯。

新华社第二次发展国外分社高潮的出现，与我国第二次建交高潮密切相

① 甘险峰：《中国对外新闻传播史》，福州：福建人民出版社，2004 年，第 173 页。

关。1955年年底，同中国建交的国家只有23个，到1965年年底增加了一倍多。这一时期，新华社在西亚和非洲刚争得民族独立的23个国家建立了分社；在拉美地区建立了4家分社，在巴西、智利、委内瑞拉、哥伦比亚等国聘请了20多个报道员和出稿员。另外，在6个西方国家建立了分社。到1966年年初，新华社国内分社已经发展到了51家，驻外记者85人，另外，还聘请了18个国家的外籍报道员。

这一时期新华社大力发展国外出稿站，发展重点放在亚非拉地区，但也积极增辟欧洲和北美地区的出稿站。1965年年底已有国外文字出稿站26个。建成遍布全球的记者网和出稿站，使新华社的国际新闻有了自己的充分来源，并使新华社对国外的新闻广播在世界各主要国家都能落地。

这一时期，新华社还增加了对外广播语言的种类，到1966年，发展成为英、俄、法、西、阿等5种语言的对外广播体系。

在通信线路方面，建立了从伦敦、日内瓦经过布拉格到北京的几条线路，保证了国际新闻的对外广播。1959年，又增加5条线路，共有12条线路往外发布各类新闻，其中3条线路通向拉丁美洲，加强了对拉丁美洲的广播。由于新华社向外广泛发布新闻，国外媒体在利用新华社消息方面，不但在采用量上大大增加了，而且新华社的影响也日渐扩大。新华社消息向国外广泛发布的结果，打破了美、英、法国家通讯社的新闻垄断。

这一时期的另一件大事就是中新社的成立。

中新社的前身是由范长江、胡愈之等进步文化人士于1938年成立的国际新闻社。1952年10月1日，中新社正式成立，名字由时任中共中央副主席的刘少奇确定。

中新社的创建带着明显的历史背景。新中国成立之初，海外有华文报纸近百家，主要集中在东南亚国家和美国、加拿大、英国等国家。当时，由于美国等西方势力企图从政治上孤立、经济上封锁、军事上包围中国，又由于中国大陆与台湾隔海对峙，海外华文报纸背景各异，产生了不同倾向和严重对立。同时，相当部分的华文报刊为了报刊或自身生存，不敢贸然刊用中国官方通讯社的新闻，新中国的信息得不到传播。迫于这种严峻形势，为了冲破西方对新中国的舆论封锁，并为当时海外近百家华文报纸提供新中国的消息，中共中央领导人认为很有必要组建一家直接面向海外华文报刊的通讯社，中新社由此应运而生。

1966年到1975年，新华社国际新闻报道和国外分社建设受到了极大干扰，工作秩序遭到严重破坏，国际新闻发稿量一度降到最低。在重大国际报道上，是周恩来总理亲自过问和直接指挥，才使新华社较好地完成了一些重大涉外事件的报道任务。而1969年10月，中新社广播部、专稿部和图片业务合并到新华社，新成立一个机构——“中国新闻组”，辖属新华社对外部，发稿时仍用“中国新闻社”的名义。[1]

### (三)改革开放后迎来国际传播的大发展期(1978年～2008年)

**要点：新华社向着建设有中国特色的社会主义现代化的世界性通讯社迈进；中新社恢复独立运作。**

这一时期，中国进入改革开放的新时期。为适应新的发展，1983年2月，党中央和国务院批准了新华社党组关于建设有中国特色的社会主义现代化的世界性通讯社的报告。新华社的国际传播步入了积极、稳步、科学发展的轨道。这期间，新华社在对外发稿量、海外分支机构建设、海外用户发展、技术等方面均进入一个大发展时期。具体表现在：

对外发稿量不断增加。这一时期，新华社各种语言的发稿量都有明显增加。1996年，新华社开通葡萄牙文专线。至此，新华社形成了以英文稿件为龙头，法文、西班牙文、阿拉伯文、俄文、葡萄牙文和中文海外专线全面发展的对外新闻发布体系。

海外分支机构建设发展迅速。1978年，新华社有海外分社86家，工作人员363人，其中记者和编辑200余名。而到2007年年底，已经发展到拥有海外分社103家，包括7家总分社，分别是亚太总分社、中东总分社、非洲总分社、联合国分社、拉美总分社、欧洲总分社、莫斯科分社，由总分社负责统一协调所辖区域分社人员、组织区域性报道，海外新闻信息报道的组织指挥体系进一步健全。驻外人员600多人，聘用当地雇员200多人。另外，总社还聘有30多名外籍专家。[2]

海外用户遍布全球。截至2007年年底，新华社的新闻信息产品覆盖了全部195个主权国家，在20多个未建交国家发展了主要媒体用户，海外有效用户14500多家。用中、西、英、法、印尼文5种语言平均每月为海外媒体用户提供120个专版，月均稿件落地3000多条，覆盖面和影响进一步扩大。[3]

---

① 胡正荣、关娟娟主编：《世界主要媒体的国际传播战略》，北京：中国传媒大学出版社，2011年，第193页。

② 数据来源：《新华社年鉴(2007年)》，第47页。

③ 数据来源：《新华社年鉴(2007年)》，第5页。

通信技术飞速发展。在1982年以前，新华社主要使用无线电波对外传输。从1982年起，新华社开始发展电传新闻，1997年年初，开始启用卫星传输广播。1999年，新华社还建立了“全球卫星新闻广播网”，将新华社新闻信息直播的范围从原来的亚非欧部分地区扩大到覆盖全球五大洲。截至2007年，新华社已经拥有遍布全球的新闻信息采集加工网络和传输网络技术系统。其中，传输网络形成了以北京为中心，香港、纽约、巴黎、伦敦为转发中心，覆盖全球的新闻信息通信技术系统，实现了文字、图片、图表、音频、视频等新闻信息在全球范围内的高速同步播发。

这一时期，新华社的外事、外宣、外销活动也结合得更加紧密。与世界上131家通讯社和其他新闻机构签有新闻交换或合作协议，逐步总结出“相互尊重、平等协商、互惠互利、从长计议、相互信任”等基本原则，并得到西方大通讯社和各国媒体的认同。

1978年9月18日，中新社恢复运作。改革开放30年间，中新社的信息采集网络日益完善，境内外分社大量组建，国际传播能力显著提升，新闻信息量呈几何级数增长，业务服务的品种也从传统的文图通稿、专稿、电影声像服务发展到文图通稿、专稿、互联网、海外供版、视频报道、中外文期刊六个方面。[①]

### （四）建设世界一流的现代全媒体机构时期（2008年至今）

**要点：“走出去”步伐大大加快，整体竞争力增强。**

2009年6月，中央制定了《2009—2020年我国重点媒体国际传播能力建设总体规划》。根据这个被视为中国国际传播能力建设“纲领性文件”的总体规划，加强国际传播能力的建设，成为中国媒体业的一项重要战略任务。作为我国外宣中坚力量的新华社更是肩负重任。而在之前的2008年，新华社发布了《新华社2008—2015年工作设想》，标志着新华社的国际传播建设已经进入一个新的发展时期，整个新华社也在向着建设世界一流的现代全媒体机构的目标进发。

《新华社2008—2015年工作设想》对加强海外舆论阵地建设提出了具体的计划，包括：进一步调整和优化驻外机构布局。根据国家外交方略和新华社事业发展需要，着力加强驻外总分社、大分社建设，增设一批驻外分社和境外金融信息采集点，到2015年驻外机构拓展到150个左右，进一步扩大在世界

---

① 胡正荣、关娟娟主编：《世界主要媒体的国际传播战略》，北京：中国传媒大学出版社，2011年，第194～195页。

各地的网络覆盖面和辐射力；进一步加强驻外人力资源建设。加大驻外采编、营销、管理人员的培训、选拔力度，充实重点国家、重点地区分社人力，借鉴当今国际上通行的“本土化”有效做法，大力发展海外雇员和报道员、营销员、签约摄影师等，逐步形成一支数量充足、结构合理、素质优良的驻外人员队伍。加强驻外分社基础设施建设，进一步完善基础技术设施，优化通信网络，配备先进装备，加强基建项目建设，为驻外人员提供良好的工作生活条件。

《新华社 2008—2015 年工作设想》还提出全面推进“阵地前移”战略。具体内容包括：大力推进编辑部前移，健全编辑部多媒体架构，强化驻外总分社海外区域新闻报道指挥协调职能和责任主体地位，加强与总社编辑部分工合作和沟通协调，着力增强“一线突击”能力，切实提高新闻采集力和报道力。大力推进营销前移，加强专业营销团队建设，积极运用市场化手段开展营销，着力提高用户服务能力，进一步扩大对海外主流媒体和主要社会机构的覆盖面、提高占有率。大力推进终端前移，以加快新华网、金融信息平台“新华 08”、中国新华新闻电视网、新华影廊等海外拓展为重点，充分运用资本化、产业化、本土化运作方式，着力打造一批知名度高、效果良好、影响力大的海外终端，探索在海外设立分公司和办事处以直销产品。

几年来，新华社的国际传播能力得到了迅速提升。新华社社长李从军在新华社 2012 年工作会议开幕会上的工作报告中指出：在过去的几年里，加快推进中央明确由新华社承担的 8 个重点项目建设取得重要阶段性成效。调整优化驻外机构布局，大力推进本土化建设，驻外分社总数达 162 个。加快实施“阵地前移”战略，完善驻外总分社编辑部多媒体架构，责任主体地位和区域报道中枢功能进一步强化，中国新华新闻电视网、新华网、新华影廊、新华频媒、手机媒体等终端加快向海外推进，特别是取得美国纽约时报广场大屏幕长期使用权，成为展示新华社新闻信息产品和我国国家形象的高端平台，取得了良好社会效益和经济效益。遵循对外传播“三贴近”原则，围绕海外关注热点，主动设置议题，积极回应关切，对外报道的针对性和实效性进一步增强。积极开展高端对外交流合作，成功举办世界媒体峰会主席团会议，建立健全多边交流合作长效机制，着力推进与国际组织特别是联合国所属机构合作的系列化、机制化、常态化。新华社在国际社会和传媒领域的地位和影响力进一步提升。

再来看看中新社。面对提高中国国际传播能力的迫切需求，中新社社长刘北宪在 2011 年 5 月举办的世界华文媒体合作联盟第一期业务研修班的开班仪式上表示，中新社将 2010 年作为加强国际传播能力建设的“关键突破年”，对提升中新社国际传播能力进行了全面部署；将 2011 年确定为国际传播能力建设的“基础构建年”，全面启动中新社国际传播能力建设。

## 三、发展策略和发展亮点

### (一)建立健全遍布全球的新闻采集网络，阵地前移

海外机构的设置和建设是我国媒体扭转国际传播弱势必须进行的一项基础性工作。一家大的新闻机构如果在海外没有分支机构，就无法及时、准确地采集和发布新闻信息，在新闻信息和言论之争中就会失去主动权。只有编织一个高效能的全球网络，才能做到随时随地采集和发布新闻信息，才有更多机会夺取国际舆论竞争的先机。

自1946年在香港建立第一个海外分社，到2008年半个多世纪里，新华社在海外设立了102个分支机构。2008年9月，新华社在《2008—2015年工作设想》中提出大力提升国际影响力，在2015年之前初步建成覆盖全球的新闻信息采集网络。短短3年，驻外分社增加60个，分布的国家增加37个。在国际资讯高度密集的北美地区，新华社于2009年在纽约设立北美总分社并于2011年搬入美国时报广场办公，北美地区的分支机构数量从4个增加到10个；在与我国相邻的亚欧地区，在莫斯科组建总分社，整个地区分支机构数量从4个增加到17个；在欧洲、中东、亚太、非洲、拉美地区39个重要城市先后增设分社。

截至2012年7月，新华社的海外分社数量达到167个，本土之外新闻机构数量超过美联社、路透社、法新社。亚太总分社设在香港。中东总分社设在埃及首都开罗。拉美总分社设在墨西哥首都墨西哥城。非洲总分社设在肯尼亚首都内罗毕。欧洲总分社设在比利时首都、欧盟总部所在地布鲁塞尔。形成以驻外总分社为中心、以大分社为骨干、以次区域重点分社为依托、以其他各分社为前沿的海外阵地总体布局和报道组织指挥体系，新闻信息触角进一步延伸。

在调整加强海外布局的同时，调整充实驻外分社人力配备，扎实推进“本土化”工作，在世界各国首都、重要城市、战乱和新闻热点地区拥有新华社的雇员或通讯员、报道员、线人等，进一步延伸新华社在海外的新闻信息触角，减少信息盲点和空白点，形成更加健全、覆盖全球的新闻信息采集网络，进一步提升新华社全球新闻信息采集传播能力。

特别是在2008年之后，为适应国际国内传媒行业出现的新变化，新华社

又一次提出国际传播发展的新的战略目标——增进国际传播能力建设，提高对外报道的有效性。而“阵地前移”是这个战略目标的重点。

它主要包括“三个前移”：一是编辑部前移。即在海外打造若干个区域性的“新华社”，把驻外总分社、大分社建设成为具有一定独立性和较强辐射力的重要区域性现代媒体实体机构。二是营销前移。赋予驻外总分社、大分社营销方面的自主权，通过具体实施进一步 驻外分社的积极性和创造力，使驻外分社的文字、图片、音视频和其他产品能够更多地进入海外主流社会，占据更大的市场份额。三是终端前移。建设新华社自己的终端，包括报刊、电视台、图片库和其他各种新兴媒体终端，必要时在海外进行收购兼并；完善海外新闻信息采集网络，增强对重大国际问题和热点问题的反应能力，提高国际新闻自采能力。

在“阵地前移”战略的指引下，新华社大力推进本土化建设，将北美、亚太、中东、非洲、欧洲、拉美、亚欧等 7 个海外总分社建成具有较强辐射力的重要区域性现代媒体实体机构和新华社海外分支机构。与机构拓展伴随而来的是报道质量的提高，在韩国“天安号”事件等一系列国际重大突发事件报道中，新华社均取得全球首发。

### （二）走全媒体发展道路

构建全媒体业态是媒体机构适应数字化时代新闻信息传播发展的趋势，不断提升新闻传播力、舆论引导力和国际竞争力的必然选择。谁拥有更加健全强大的全媒体业态，谁的传播力和辐射力就越强，对受众的作用和影响就越大。新华社建社 80 年来，不断拓展媒体业态，从建社之初以传统通讯社业务为主，发展到目前融通讯社业务、报刊业务、网络业务、新媒体业务、电视业务、金融信息业务和多媒体数据库业务为一体的全媒体业务形态。

目前，新华社每天 24 小时不间断用中文、英文、法文、俄文、西班牙文、阿拉伯文、葡萄牙文和日文 8 种文字，向世界各地播发文字、图片、图表、音频、视频、网络、手机短信等各类新闻和经济信息产品。新华网受众覆盖全球所有国家和地区。新华社的电视新闻用户覆盖美国有线电视新闻网、英国广播公司、美联社、路透社、法新社等数百家海内外主流媒体。中国新华新闻电视网中文台、英语台的节目信号卫星覆盖亚太、北美、欧洲、中东、非洲等地 200 多个国家和地区 55 亿人口，并进入香港、澳门、奥克兰等地 170 万户有线电视家庭终端，建成亚太卫星台、北美卫星台、非洲卫星台等 10 个直属台和附属台。

新华社全媒体业务布局进程

| 时间 | 事件 |
| --- | --- |
| 1997 年 11 月 | 新华网正式上线，目前已经推出手机 Wap 版及 3G 版 |
| 2001 年 2 月 | 新华网互动交流平台“发展论坛”正式上线，并先后推出了博客、播客等互动平台 |
| 2003 年 3 月 | 在与中国移动的合作下，推出新华短信业务 |
| 2005 年 11 月 | 新华手机报正式推出 |
| 2007 年 9 月 | 金融交易服务平台新华 08 正式上线，并先后推出电脑终端、视频终端，目前已推出的手机客户端可适用于 iPhone、Android、Windows mobile、Symbian 等手机系统平台及 Java 应用环境 |
| 2008 年 12 月 | 新华社推出视频新闻专线，实现以文字、图片、音视频“三位一体”的多媒体报道格局的转变 |
| 2009 年 9 月 | 新华社与中国移动合作打造的新华社手机电视台正式上线，并先后推出了 iPhone、Android 版本 |
| 2010 年 1 月 | CNC 中国新华新闻电视网(xhstv. com)正式上线，并于 5 月开通了 CNC 英文台 |
| 2011 年 2 月 | 新华社与中国移动合作推出盘古搜索，目前已经相继推出手机 Wap 版以及 iPhone 和 Android 手机客户端 |
| 2011 年 4 月 | 新华微博正式上线，同时推出新华微博手机客户端 |

新华社社长李从军在“新华社 80 年历程回顾与思考”学术研讨会暨 2011 年新华社新闻学术年会闭幕座谈会上的讲话中，对全媒体集团形态进行了详细的阐述，提出全媒体集团形态包括内容形态、媒介形态、产业形态和组织形态四个方面。并就如何不断创新、完善、发展这四种形态阐述了自己的看法。[①] 这是新华社正在进行的工作，也是今后相当长一段时间的努力方向。

一要着力完善内容形态。着力加强报道力建设，提升精品报道创作能力、优质新闻信息产品生产能力、重大战役性报道和突发事件报道的舆论应对能

① 李从军：《继承发扬优良传统 加快构建国际一流现代全媒体机构——在“新华社 80 年历程回顾与思考”学术研讨会暨 2011 年新华社新闻学术年会闭幕座谈会上的讲话》，载《光荣与梦想——“新华社 80 年历程回顾与思考”学术研讨会文集》，北京：新华出版社，2011 年。

力等，不断增强针对性和实效性，提升舆论引导水平，进一步夯实内容形态建设的基础。

二要着力创新媒介形态。积极应用高新技术特别是数字技术、网络技术发展的最新成果，改造传统媒介形态，培育和发展具有良好成长潜力和广阔发展前景的新兴媒介形态，加快构建技术更加先进、功能更加强大、覆盖更加广泛的媒介形态，同时积极推动各媒介终端海外拓展，加强品牌经营和市场推广，最大限度地扩大海外覆盖面。

三要着力健全产业形态。要遵循市场经济规律和现代企业发展规律，充分运用资本化、市场化、产业化手段，加快新华网股份有限公司(CEC)、中经社控股有限公司(CFC)、中国新华新闻电视网有限公司(CNC)、中国国际文化影像传播有限公司(CIC)以及产业园区等建设步伐。努力开发适应市场需求的各类产品，打造完整产业链条，培育有持续发展潜力的优质项目，探索新的盈利模式，开展规模化经营，加强品牌建设和宣传推介，加快构建结构完整、布局合理、社会效益和经济效益俱佳的强大产业体系。

四要着力优化组织形态。积极推进体制机制改革创新，着力完善以事业体制为主导、与市场经济成功对接、以公司化、市场化、资本化企业方式开展经营的多元体制有机共存、相互支撑、健康发展的格局，不断优化组织结构，完善内部运行机制，加快形成与现代传媒生产相适应的组织架构和集约化管理体系，进一步增强事业发展的生机与活力。

近年来，新华社在上述几个方面都进行了积极的探索。下面，举新华社欧洲总分社多媒体中心的例子进行简要说明。

新华社欧洲总分社多媒体中心：

2010年4月，作为国际传播力建设的新尝试，新华社欧洲总分社多媒体中心在布鲁塞尔投入试运行，使得在最前沿的海外新闻机构直接面对外国受众，而且能够通过多媒体的手段传播中国的声音，从而进一步拓展和促进了对外宣传。海外多媒体中心的建立体现了对外传播的新理念，实现了多媒体内容的“集中打包”和“直接落地”。

新华社欧洲总分社多媒体中心是一个海外二级多媒体产品的采集、制作和营销平台，它以总社现有对外文字、图片、视频产品为基础，通过再制作、再打包、再包装，为欧洲地区受众提供针对性更强、内容更加丰富、形式更加多样的多媒体产品。与以往不同的是，欧洲多媒体中心的产品不再是新闻产品传统意义上的“集中包装，分线展示”，而是从产业链的下游着手，实行了“主题包装，非线性展示”，即在一个主题下集合视频、文字、摄影等多种报道形式，以主题形式向电视、手机、网络等具有多媒体载体的用户发送内容，用户既可以按整个主题来使用，也可以非线性地来选择内容和形式进行组合。这样，既延续了新华社的传统业务功能，又为新业务开辟了展示和推荐的新平台，并且提高了用户使用新华社产品的便利性、快捷性和灵活性。

新华社欧洲总分社多媒体中心第一个产品以屏媒为突破口，它以网络为传输途径，将新华社制作的多媒体文件包发送到机顶盒上，并在普通的电视机上实时播放。截至 2010 年 11 月，已经有百余块屏幕陆续安装在欧洲 30 多个国家与地区，我国驻欧洲各国使领馆签证大厅、宾馆、超市、银行、学校、旅行社、航空公司等公共场所均已安装或准备安装。这意味着欧洲 30 多个国家的观众能够在本地直接看到带有新华社标识的，完全由新华社记者采集的国际新闻，而且随着屏媒覆盖面的不断扩大，"直接落地"将为新华社品牌的海外推广和新华社影响力的海外传播起到很好的补充作用。

另外，为使多媒体产品在传递中国立场的基础上符合西方的受众习惯，多媒体中心的编辑每天和当地的外籍雇员一起研究当天的选题，挑选欧洲本地兴趣度较高的新闻，以欧洲媒体常用的表达方式来搭建多媒体产品。

中国网事：

"中国网事"是新华社战略转型的产物，2010 年 8 月 7 日正式开栏。它对"起源于网、放大于网、影响于网"的重大事件、热点现象、舆情动向、发展趋势等进行梳理和观察。这一新闻栏目的报道对象是互联网，而它的报道手段是融新华社文字、图片、视频、动漫于一体的多媒体形态。

目前，仅"中国网事"的电视节目已经达到日均播发 20 分钟。在视频报道的内容和形式、深度和广度等方面，"中国网事"还在不断加大力度。如，为了加强视频报道，"中国网事"项目组于 2011 年 8 月引进"朱玉工作室"。"朱玉工作室"进入"中国网事"项目组后的第一件事，便是对相关记者进行视频拍摄、编辑方面的专业知识和技能的全员培训，进一步落实在策划、采写、播发等环节均体现全媒体报道的思路。

"中国网事"作为一块试验田，已经初步建立了信息采集、编辑、制作、播发、营销等全流程的运作机制。目前，"中国网事"项目组是一个"虚拟机构"，即在总编室的协调下，构建了以国内部、摄影部、音视频部为主体，对外部、参编部、《新华每日电讯》、新华网和新闻信息中心共同参与的运作机制。这种综合的多媒体报道产品形态及报道机制是原来没有的，但在新华社固有优势的支撑下，短时间内便具有了品牌效应，成为新华社战略转型实施中的一个成功案例。

## (三)大力加强新媒体业务的发展

及时采用新技术是我国传媒实现跨越式发展的又一重要因素。新的传媒技术正在取代旧的传媒技术,充分利用"后发优势",可使我国不必重走发达国家走过的道路,一举跨越技术发展阶段,在更高的起点上实现传播现代化。传播新技术、新媒介的低成本优势,也有利于我国参与全球化传播,在较新技术的基础上发展,迅速缩短与发达国家的差距。事实证明,从既有媒体的存量规模来看,发达国家媒体明显优于发展中国家媒体,但在媒体的增量发展——网络、手机等新媒体领域,发展中国家的发展速度可以超过发达国家。

近年来,新华社大力发展新媒体业务,并于2012年通过《关于加强新兴媒体建设构建先进强大的现代传播体系的实施意见》,进一步加快新媒体业务的发展步伐。新华社的新兴媒体建设主要体现在八个方面:内容与产品建设、终端与平台建设、体制与机制创新、技术支撑与传输、市场受众与盈利模式、品牌与产业培育、现代管理与经营、人才与能力建设。

2012年4月14日,第20届全国有线电视综合信息网学术研讨会(CCNS2012)暨第11届全国互联网与音视频广播发展研讨会(NWC2012)在武汉市召开。在"传统媒体与视听新媒体"专题论坛上,新华社技术局副局长陈明祥做了题为《新华社新媒体的发展思路与进展》的演讲,介绍了新华社的新媒体发展思路以及下一代技术体系建设。

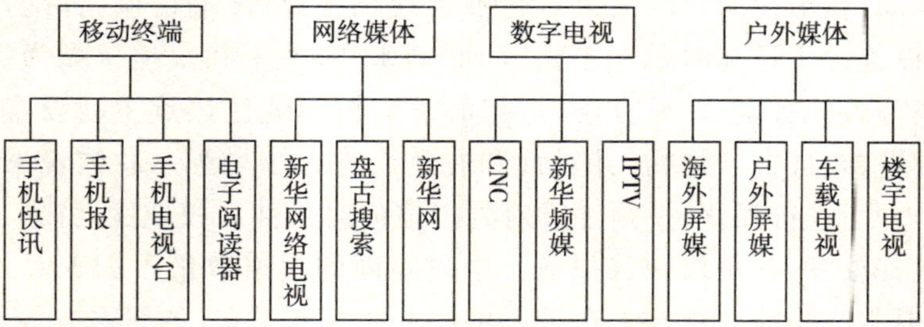


新华社新媒体产品布局图

中新社:

中新社是亚洲上网最早的中文媒体。www.chinanews.com于1995年在香港上网。1999年1月1日,中新社北京总社开办中国新闻网,域名为:www.chinanews.com.cn。目前中新网日均访问量(PV)近8000万,境外访问量约占总访问量的30%,其中,美国、中国香港、中国台湾、加拿大、日本名列前五位,在海外华人、侨团组织、华文媒体和中国驻外使领馆中具有很大的影响力。目前，中新社已经形成以中新网为主体，中国侨网、香港新闻网等专业网站为翼，30余家各地方分支社网站（中新网分网）为纵深的网络集群。中新网的传播力不断提升。据美国ALEXA公司统计，中新网在全球网站中排名400名左右，在国内同类的中央新闻网站中排名第四。另外，中国侨网是面向全球华侨华人提供综合性信息服务的专业网站，是中国内地最大的侨务网络信息平台。香港新闻网是由中新社在香港所属机构创办的面向港澳、辐射台湾的新闻类网站。另外，中新网也积极运用新技术，开拓新业务。例如，开办手机中新网，开展视频手机报的尝试，在苹果iPhone手机和iPad平板电脑上部署自己的新闻客户端产品等。

中新社曾长期向美国中文电视等海外中文电视机构提供电视新闻，自2007年4月开始面向海内外电视台、视频网站提供电视新闻。2010年6月，中新社组建视频新闻部，统筹全社的视频新闻节目采集、制作、营销，发展分社的视频采集力量，并与中新网的平台优势相结合，建立了一支专业的视频内容生产队伍。

中新社的视频产品除在中新网播出外，也向境内外网站和境外电视台提供。目前与中新社签约合作、采用中新社电视新闻的中国内地、中国港澳台地区与澳大利亚、新西兰、日本、美国、加拿大和德国等国家的电视台20余家。[①]

### （四）把握“内容为王”的媒体竞争游戏规则，着力提高新闻产品质量

近年来，新华社的国际报道着力加强现场报道、高端访谈、言论报道和深度报道，报道的质量和时效不断提升，原创率、首发率和落地率大为提高。对外报道坚持内外有别、外外有别，根据海外舆情和关注热点主动设置议题，提高报道质量、改进报道结构，针对性和有效性进一步增强。总体说来，主要从以下几个方面进行强化：一是注重对外报道的时效性和权威性，特别是中央新闻更要做到首发，并争取独家报道。中央新闻的报道数量占据着对外报道的“半壁江山”，往往涉及领导人在重大事件上的重要表态、各部委在各行业领域的政策发布，因而在海外的英文媒体中备受关注，是我们提升影响的好时机。二是通过高质量的外文评论回应国际关切，做到“中国观点、国际表达”。2010年以来，新华社对外部大力加强了英文评论的采写工作，实践证明，英文评论已经成为对外英文报道中采用最好的题材之一，在国际舆论斗争中，由于其针

---

① 胡正荣、关娟娟主编：《世界主要媒体的国际传播战略》，北京：中国传媒大学出版社，2011年，第198～199页。

对性强，与国际热点短兵相接，与海外读者的关注点贴近度高，越来越成为国际传播能力建设中一种有效的方式和手段。三是在中国本土发生的重大事件报道中通过加强时效和做好深度解读，实现议程设置，从而有效引导海外舆论。2011年播发英文评论170余篇，原创率、落地率均达100%，被国际知名媒体转引率接近40%，大大超过2010年的5%，其中60余篇被西方三大通讯社、《华尔街日报》、CNN等国际知名媒体转引。

### （五）通过与国际媒体的交流合作提升影响力

新华社和中新社都把组织重要的活动作为扩大国际影响力的重要策略。新华社承办了世界媒体峰会，中新社则是发起并举办了“世界华文传媒论坛”。

1. 新华社与世界媒体峰会

近年来，新华社发起并成功举办世界媒体峰会和主席团会议。第一届世界媒体峰会于2009年10月8日至10日在北京举行，由新华社承办这一媒体盛会。世界媒体峰会被誉为媒体的奥运会。峰会以“合作与发展”为宗旨，通过“合作”，构建21世纪传统媒体与新兴媒体的伙伴关系，促进通讯社、报刊、广播、电视、互联网等媒体间的“发展”。围绕峰会宗旨，就媒体的现状、发展趋势以及面临的重大挑战等共同关心的课题进行探讨，通过研究及全球性的思想和信息交流，促进媒体间的合作和发展。参会媒体达到170家，其中，海外媒体机构120家。参会人数约300人，其中来自国外260人，其中包括新闻集团董事长兼首席执行官鲁伯特·默多克、美联社社长汤姆·柯里、路透社总编辑史进德、共同社社长石川聪、俄塔社社长伊格纳坚科、英国广播公司全球新闻总裁理查德·山姆布鲁克、美国时代华纳特纳广播集团亚太区总裁兼董事总经理马可宝和谷歌全球副总裁刘允。

新华社充分利用峰会平台深化与各成员特别是主席团成员的交流合作，与国际有影响的媒体机构就新闻报道、业务交流、产品开发等开展广泛深入的合作，倡议发起并主办世界媒体峰会亚非青年记者培训班。此次世界媒体峰会被看作世界传媒界具有标志性意义的重要事件，在世界范围内得到了广泛响应，为加强各国媒体之间的联系与合作做出了重要贡献。来自五大洲的媒体机构不分大小、不分形态，共谋发展，共商策略，必将对世界传媒业的发展产生广泛、积极和深远的影响，对世界信息传播新秩序的构建产生积极作用。同时，毫无疑问，承办这次世界媒体峰会是新华社国际竞争力与资源整合能力的重要表现。

2. 中新社与世界华文传媒论坛

“世界华文传媒论坛”由中新社每两年主办一届，已先后在南京、长沙、武汉、成都、上海、重庆举办过6届。

首届世界华文传媒论坛于2001年9月在南京召开，参会的海外华文媒体达130余家，人数达140余人，主题是“面对新世纪的海外华文媒体”。

第二届世界华文传媒论坛于2003年9月在长沙召开，145家海外华文媒体与会，境内媒体亦有50余家。为配合论坛的召开，由中新社组织编写、出版了首部《世界华文传媒年鉴》，填补了年鉴类传媒辞书的空白。

第三届世界华文传媒论坛于2005年9月在武汉召开，海内外嘉宾达500余人，围绕“全球‘中国热’中的海外华文媒体”的主题进行了广泛深入的探讨。论坛通过了《武汉宣言》。

第四届世界华文传媒论坛于2007年9月在成都召开，与会境外媒体来自47个国家和地区，近300家，约400人。论坛新推出“媒体高端论坛”，通过高层人士进行精彩对话，深入探讨华文媒体面临的机遇与挑战。本次论坛首次开始网络视频直播，大会发言由中国新闻网、搜狐网、新浪网、新民晚报网同步视频、图片、文字直播。论坛召开期间，“世界华文传媒形象雕塑”落户成都非物质文化遗产公园，成为世界华文传媒论坛的永久性纪念。

第五届世界华文传媒论坛于2009年9月在上海召开，与会境外媒体代表约350人，国内中央主要新闻单位和中央、国务院有关部门的代表150余人，会议规模达500余人。论坛就“全球金融危机下的华文媒体”和“海外华文媒体与上海世博”两大主题进行了研讨。论坛举行了“世界华文媒体合作联盟”成立仪式，目前同意正式加入“合作联盟”的海外华文媒体已有176家，包括报纸、杂志、广播、电视和网络等媒体，遍布全球五大洲。

第六届世界华文传媒论坛于2011年9月17～19日在重庆召开。论坛就“国际话语体系中的海外华文媒体”这一主题发表了《重庆宣言》，表达了全球华文媒体共同致力于建设一个公正、平衡、合理的国际话语新体系的信心和决心。

世界华文传媒论坛所提供的定期交流机制具有深远的意义和影响。表现在：一是中国大陆从此取得海外华文媒体的主导地位。“世界华文传媒论坛”在大陆的多次成功举办，其强大的号召力和凝聚力充分显示出来，它表明对海外华文媒体的主导权从此移向中国大陆。二是通过论坛形式做海外华文媒体高层人士的团结工作。与会者都是海外华文媒体的社长或总编辑，通过与他们的交流增强了全球华文媒体对母体文化的认同和凝聚力。

“世界华文传媒论坛”的成功举办也使得中新社的主流新闻业务得到飞速发展。中新社在海外的用户市场得到有效拓展，供稿、供版的签约客户数量大幅度增加，增强和扩展了彼此之间的新闻业务交流合作领域，并通过“论坛”这一平台团结了一大批有影响力的华文媒体。

通过“世界华文传媒论坛”，中新社也拓展了与华文传媒的新闻业务交流合作领域。许多参加过论坛的中国港澳台和海外的华文媒体在中国内地发生重大或突发事件时，都充分利用中新社及其他中国媒体的信息源，进行了大量客观公正的报道，向世界展示了其不可忽视的独特舆论力量的存在，在宣传报道一个真实可信的中国和平衡西方舆论报道中发挥了重要作用。①

2011 年 9 月，中新社浦东国际传播基地建设项目在上海浦东正式签约。该基地位于上海浦东金桥开发区二期地块内，占地面积约 30 亩，由一幢综合楼和两幢配楼组成，预计 2014 年底竣工使用。根据目前规划，建成后的这个国际传播基地将具备六大功能，即不仅作为世界华文媒体合作联盟的上海总部，成为国际传播研究测评中心，并打造成海外媒体业务交流的培训基地，还将作为一个面向海外的中国金融资讯采集中心和经济资讯交流平台，成立新媒体研究实验室，并成为驻上海国际媒体的一个汇聚中心。②

2011 年 5 月，世界华文媒体合作联盟第一期业务研修班在北京正式启动，来自澳大利亚、美国、马来西亚等国家的 23 家华文媒体的 30 名学员参加了此次培训。为了进一步加强世界华文媒体之间的联系，提高华文媒体的竞争力，最终能为提升中国国际传播能力、增强中国国家文化软实力和国际话语权做出独特贡献，中新社在国务院侨办的直接指导下，以世界华文媒体合作联盟为平台，举办海外华文媒体业务研修班。该项目计划在 5 年内培训 500 名海外媒体从业人员，该项目的实施，将为增强中新社的国际传播能力建设，提升世界华文媒体合作联盟的凝聚力和影响力，开创一条崭新的途径，意义重大而深远。③

3. 深化与联合国所属机构的合作

近年来，新华社不断深化与联合国所属机构的合作。截至 2012 年 7 月，

---

① 胡正荣、关娟娟主编：《世界主要媒体的国际传播战略》，北京：中国传媒大学出版社，2011 年，第 205 页。

② 孙小静：《打造“世界华文媒体合作联盟”》，人民网，上海 9 月 22 日电，http://society.people.com.cn/GB/15731517.html

③ 《世界华文媒体合作联盟首期业务研修班在北京启动》，http://www.chinanews.com/kong/2011/05-04/3016879.shtml

新华社已经与15家联合国所属机构建立了合作关系，与7家签订了战略合作备忘录，联合开展了一系列大型公益活动。比如2009年的“国际儿童日”24小时环球直播报道，吸引了包括美联社、路透社等在内的1080家各类媒体参与。2011年与开发计划署联合举办“关注贫困”全球摄影大赛，共收到260多家媒体机构的3000多名摄影师拍摄的3.2万多张参赛照片，投稿规模在全球性摄影大赛中前所未有，受到全球广泛关注。2011年12月1日，与艾滋病规划署联合举办“关注艾滋病”大型公益报道活动。2012年还与环境署合作开展“关注环境”报道。这些合作大大提升了新华社承担公益使命和负责任媒体的良好国际形象，有助于提升新华社在国际社会的知名度、美誉度和公信力。

### (六)因地制宜、与时俱进的海外落地模式

以中新社为例。通过加强海外营销、转变海外发行模式以及海外供版等方式，不断创新海外落地模式。中新社1996年10月设立海外供版中心，专门负责对外供版业务(即由北京编辑部采编制作部分版面并传送给海外媒体，在其城市加入当地编辑版面后印刷发行，被誉为“传媒界的OEM业务”)。该中心目前有130余人的编辑队伍，迄今已先后在美国、法国、巴西、加拿大、澳大利亚、意大利、英国、俄罗斯、西班牙等地发展超过30家报纸客户。2009年的全年对外供版量已近3万版，全年对外播发委托社论和专电特稿超过2000篇。[①] 中国新闻周刊社正朝着媒体出版集团的方向发展。《中国新闻周刊》于2007年5月和2008年8月，相继出版日文版、英文版，2009年相继出版韩文版、意大利文版，2010年出版南亚版。2009年6月，《中国新闻周刊》海外发行模式进行转变，英文版进入纽约曼哈顿地区书报摊，成为第一家真正进入美国报摊零售的中国英文杂志，迈出了中国英文外宣品打开主流零售市场的重要一步。当年11月，杂志又进入旧金山零售市场。中国驻纽约、洛杉矶、旧金山领馆和常驻联合国代表团均订阅该刊并赠阅给其工作联系对象。美国智囊机构高度评价该刊，一些大学也用其报道作为教材，加深当地大学生对中国问题的分析和了解。目前该周刊的英文版印数已经达到2万份。

再以新华社旗下的CNC的海外落地为例。CNC目前主要通过5种模式实现海外落地，包括，①租频道模式：以非洲MIH、美国时代华纳落地最为典型。这种模式下，新华社节目全部进入对方系统，对方不得插播除“灾难应急

---

① 胡正荣、关娟娟主编：《世界主要媒体的国际传播战略》，北京：中国传媒大学出版社，2011年，第202～203页。

广播”及“平台自身宣传”之外的任何内容。②版权出售或播出分成模式：以加拿大、波罗的海落地最为典型。在这种模式下，运营商接收并向用户推广CNC节目，运营商在合同约束下可以在CNC频道中插播广告，同时向CNC支付版权费或向CNC支付收视费分成。③买频道模式：以英国BSKYB落地最为典型。在这种模式下，516频道号为新华社所有，CNC进入BSKYB基本层，落地40%的英国家庭。如果CNC换平台播出，还可以将这一频道号继续出售或出租给第三方。④合作台模式：以泰国、新西兰落地最为典型。目前，CNC通过在泰国和新西兰发展的合作台，进入了当地的主流无线数字平台和卫星入户平台，日播节目分别为12小时和3小时。⑤资源互换模式：以蒙古国和欧洲的星级酒店落地最为典型。目前，CNC英语台在蒙古国主要的两个系统运营商落地，进入当地用户最广泛的落地平台，成为当地覆盖最广的国际频道。在此类模式下，双方互免费用，CNC不收版权费，对方不收渠道费；CNC节目在该渠道内全天播出，但只向对方提供用于接受卫星信号的设备，且设备产权归CNC所有；CNC不干涉对方推广CNC的方式，但通常要求对方将CNC放入基本包，而不是收费包内。此外，关于广告插播，一般也限定对方每小时只能替换12秒的CNC自有广告。

### （七）通过“走转改”加强对外报道

中新社“走转改”活动立足涉外涉侨特点，用切片的办法展现基层画面，有效对外发声，同时身体力行、知行合一，在力所能及范围内给予基层帮助。在“走转改”过程中，中新社高度重视基层实践、调查研究和改进工作的系统衔接，取得了积极的活动成果，出版了《寄往海外的书笺——中国新闻社记者“走基层、转作风、改文风”作品集》，有力推动了对外新闻报道业务，并形成了6个“结合”的基本经验：[①]①“走转改”与改进对外报道方式相结合。对外报道必须适应海外读者的阅读习惯和思维方式，切忌“官话、空话、套话、大话”。②“走转改”与重大对外报道选题相结合。稳妥把握敏感题材，向世界说明真实的中国，切实提高舆论引导能力和对外报道水平。③“走转改”与提高新闻采集能力相结合。加强信息获取能力，做好现场新闻报道，努力提高新闻采访能力和快速反应能力，进一步提升原创报道能力和深度报道能力。④“走转改”

① 《章新新谈中新社“六结合”的“走转改”经验》，中新社总编章新新在2012年7月中新社“走基层、转作风、改文风”理论研讨会上的讲话，中新网，http://www.chinanews.com/gn/2012/07-12/4026968.shtml

与体制创新、制度建设相结合。加强体制、机制创新，不断改进采编工作机制，特别是奖惩标准，为新闻报道业务提供体制动力。⑤“走转改”与人才队伍建设相结合。充分调动各种资源培养记者尤其是青年记者的政治素养和专业能力，注重发挥资深记者、编辑的“传帮带”作用，形成锻炼记者特别是年轻记者的长效机制。⑥“走转改”与“请进来”相结合。依托中新社与众多海外华文媒体的长期联系和友好合作，通过各种形式的交流平台，带领海外华文媒体人真正走进中国基层，了解一个真实的中国。

### （八）本土化策略

近年来，为更好地实现国际传播，新华社的人员“本土化”加速。新华社从20世纪50年代起就在海外聘请了雇员，在90年代初的海湾战争期间和战争之后，加大了在海外聘用雇员的力度。但是，除一部分雇员用于采集新闻之外，目前大部分雇员都用于总分社的改稿和编辑工作。

《新华社2011年工作要点》提出：“大力推进本土化建设，重点做好欧美发达国家和地区雇员聘用工作，创新雇员使用机制和管理评价体系，加强教育培训和业务指导，提高雇员对新华社的忠诚度，努力建设一流的职业化雇员团队。”其次，海外雇员数量稳步增加，素质不断提高，在某些国家和地区已经接近甚至超过老牌西方媒体，形成局部优势。截至2010年年底，新华社各类海外雇员总人数增加到2500多人。再次，海外雇员管理法规逐步完善，管理经验不断丰富，管理工作逐步走向规范。新华社近年来建立了“海外雇员信息网络”，对各类海外雇员实行分类管理，出台了雇员招聘、雇员薪酬、雇员考核等方面的一系列指导性文件，还创办了介绍雇员工作经验的内部刊物《雇员工作情况交流》。最后，本土雇员作用逐步显现，国际传播能力不断增强。在本地采编雇员的协助下，新华社许多驻外分社发稿量和自采率大大增加，稿件时效和稿件质量有所提高，报道面得以拓宽。在国际重大、突发事件报道中，本土雇员多次起到不可替代的作用，成为新华社参与国际竞争、争夺国际舆论阵地的一支生力军。

### （九）充分利用资本运作做大做强，增强整体实力

计划经济体制下严重的条块分割，导致中国媒体的“散、乱、弱”。大的媒体难以发挥规模效应，小的媒体半死不活。当前，建设一流国际传播媒体，争取国际话语权，传播国际形象，影响国际主流媒体和主流社会，是我国国际传播的重要任务。新闻传播的竞争说到底是话语权的竞争，而话语权不是由某

人或者某个集团授予的，而是由受众认可的。话语权不应该是真正意义上的权力，它应该是一家新闻媒体传播的新闻和信息得到受众的认可后获得的媒体公信度。要获得这样的公信度需要两个条件：一是媒体的规模要比较大，发布的新闻和信息的内容比较丰富；另一个是媒体传播的新闻和信息要实现真正意义上的客观和公正。因此，做大做强的含义并不仅仅是一家媒体规模的大小，同时需要极大地提高媒体公信度。新华社在这些方面作了一些有益探索。

“新华08”金融信息平台（中经社控股有限公司）建设充分运用资本化、市场化手段，积极引进战略投资，上海中国金融信息中心破土动工，北京国家金融信息中心、大庆国际石油资讯中心建设快速推进，金融信息交易所正式开业。为提高摄影报道水平，推进图片产业化，新华社成立了中国国际影像文化传播有限公司，着力延伸产业链，开发图片衍生产品，推出“新华典藏”，成功举办“辉煌十一五”大型图片展，产生了良好的社会反响；创办“新华影廊”，在哈尔滨等国内重点城市成功进行市场化运作，特别是按照“统一品牌、统一标识、统一标准”的要求，在肯尼亚等11个非洲国家开展，影响力进一步提升。还包括前面已经提到的，2011年11月，新华电视亚太台运营公司资产以7亿港元的价格成功注入香港上市公司进业控股，实现借壳上市。2012年1月16日，根据公司新的业务方向，进业控股公司的名称变更为“中国新华电视控股有限公司”。这些都有助于增强我国媒体的整体实力，扩大在海外的影响，提升竞争力。

### （十）以先进技术为海外传播提供保障

新华社建社80余年来，通信技术经历了数次跨越式发展，为推动新华社事业发展发挥了重要作用。新华社的技术系统主要实现了三次飞跃：社会主义革命和建设时期，实现了由人工到机械的第一次飞跃，进入电传机、模写机和模拟通信阶段；改革开放以后，以建设新闻大厦通信工程为契机，通信技术实现了由机械化到信息化的第二次飞跃，进入计算机和数字通信阶段；2008年北京奥运会后，以战略转型、建设全媒体机构为契机，大力发展新媒体、全业务，全面实现新闻传播的多媒体化、网络化和智能化，实现第三次飞跃。

近年来，新华社在技术方面投入了不少人力、物力、财力，积极配合战略转型，为更加有效的国际传播提供技术支持和保障。例如：积极推进全球一体化多媒体采编和数字生产加工平台建设，积极推进国际宽带多业务通信网扩容等重大项目的实施。为新华社四家“国字头”公司的建设提供技术支撑，例如：

加快金融信息平台技术建设，完善“新华08”系统功能和服务；为视频项目在国外的发展积极进行技术探索；启动全球图片总汇项目，进一步升级多媒体数据库；不断提高互联网应用保障能力，通过技术手段积极支持新华网转企改制工作等。

## 四、存在的主要问题

以新华社为代表的我国通讯社虽然在硬实力方面已经与西方三大通讯社不相上下，但在运营方式、管理机制、人员素质与人才结构、职业化程度等软实力方面同西方通讯社的差距仍然很大。更为严峻的是，在意识形态、文化传统、新闻理念等客观因素的影响下，这些制约新华社国际传播能力提高的瓶颈在短期内可能还难以突破。

从舆论环境上看，由于社会制度及意识形态的差异，西方价值观念及西方媒体的新闻理念在世界范围内占有主导地位，而中国媒体处于天然的弱势。从运作方式上看，西方通讯社实行公司化管理，走市场化道路，能够始终保持敏锐和活力；我国通讯社囿于事业体制，经营管理中行政色彩较重，在国际新闻市场竞争中常常显得迟钝僵化，缺乏必要的灵活性和创新精神。从体制机制上看，西方通讯社在长期的国际化运营中较好地解决了各种跨疆界、跨文化的企业管理问题；我国通讯社由于“走出去”时间不长，国际经验不足，许多管理体制和机制尚需在“阵地前移”中逐步建立和完善。从人才队伍上看，西方通讯社用人制度灵活，人员结构合理，人才素质较高，我国通讯社在这几方面均存在缺陷。从职业化程度上看，西方通讯社的驻外分社实现了较为细致的专业化分工，我国通讯社由于人手短缺，驻外分社难以实现专业化分工，驻外人员不得不采编营销“一把抓”、各项任务“一肩挑”。从新闻报道业务来看，我国通讯社对外报道的原创率、首发率还不够高，贴近性不够强，落地率有待进一步提高。

# 第五章

# 网络新媒体

## 一、概述

以互联网为代表的新媒体具有传统媒体难以比拟的传播优势：海量的信息、及时性、多媒体性、互动性、开放性、社会性、方便性。这些特点使得新媒体成为国际传播受众首选的媒体，吸引了一大批希望了解中国的国际受众。例如：根据调查，多数国外受众了解中国新闻主要通过网络媒体。[①] 在奥运火炬传递事件中，中国的网络媒体已经让西方媒体领教到中国民间社会舆论的威力。在汶川大地震中，有36%的国外受众是通过网上来收看新闻的。[②]

从当前中国国际传播媒体格局分布看，新媒体（网络媒体和手机媒体）与旧媒体（报纸、电视、广播）相融并存。报刊、广播、电视等传统媒体依然是对外传播方面的主力军，但是互联网、手机等新兴媒体的实力和国际影响力正在不断提升，呈追赶之势。新兴媒体日趋壮大，正稳步从“边缘化”向“主流化”迈进，在影响对外舆论上作用越来越显著，在某些特殊事件和特定领域，甚至超过了传统媒体。新媒体既可以与传统媒体配合，成为跨媒体传播平台的重要部分，还可以独立完成外宣工作，充分发挥其独特的优势。为了争取更加强有力的国家形象塑造权、国际事务话语权、国际舆论主动权，我国也开始高度重视互联网等新媒体在国际传播中的作用，使其成为对外宣传的新渠道。

---

① 陈美玲：《我国英文网站在对外传播中的技巧研究》，大连理工大学2007年硕士学位论文。

② 杜骏飞、周海燕等：《公开时刻：汶川地震的传播学遗产》，杭州：浙江大学出版社，2009年，第147页。

### (一)总体格局和传播主体

目前，在进行国际传播的新媒体中，新闻网站可谓主力军。我国的主要对外报道新媒体有人民网、新华网、国际在线、中国日报网、中国网络电视台等中央级媒体网站以及立足于地方的千龙新闻网、东方新闻网和南方网等。另外，许多传统媒体也纷纷建立新闻网站进行对外传播。我国网络媒体的对外传播体系已经初步建立并初具规模。这些网站都建有外文网站或外文频道，重视网站的对外传播建设，且大都以“多语种、多媒体、全球化、全覆盖的国际知名网站”(人民网)、“跨媒体、多平台、跨文化的传播机构”(国际在线)等作为发展目标。

除了新闻网站和新浪等商业网站，随着移动网络的发展，众多媒体开始在这个高覆盖率、高使用度的平台上开发丰富的应用。目前已有的形式就包括手机报、短信、彩信、WAP 网站、手机电视、手机阅读器等等。虽然手机终端、电信网络制式的不同在很大程度上为国际传播设置了障碍，但是各媒体通过积极和相关方面合作，不断探索新的途径，正在渐渐落地海外。

### (二)传播力现状

自 2001 年以来，中央重点新闻网站的访问量以平均每月递增 12%的速度上升。一些地方重点新闻网站如千龙网、东方网、南方网、红网等访问量平均增长了 9 倍。新华网、人民网等多家重点新闻网站进入了全球新闻网站的百强行列。目前，全国具有从事互联网新闻信息服务业务资质的网站达到 196 家，中央新闻网站影响力日益提升，地方重点新闻网站整体实力明显。其中，中央重点新闻网站超过 30%的访问量来自海外 180 多个国家和地区。[①]在国内所有媒体网站中，中国日报网(英文)是海外点击率最高的一家。中国日报网副总裁肖燕立介绍说，其日均约 1000 万的访问量中，国内、国外的流量各占 50%左右。国外以美国最多，占到 20%～30%，欧洲、澳大利亚、日本、印度等国家和地区的访问量也较多。但是与中国其他媒体一样，中国的网络媒体主要还是一种“内向型”媒体，国际受众接触量仍旧有限。

① 伍刚：《一个未来世界强国的互联网如何发出影响世界的强音》，载《全国第一届对外传播理论研讨会论文集》(上册)。

## 二、主流媒体的新媒体国际传播

原国务院新闻办公室主任赵启正在2000年发表的《中国网络新闻事业发展现状和趋势》一文中对网络新闻报道提出了一个总的要求和设想："今后争取在近年内建成一批有较大影响力的知名媒体网站，逐步构建一个以中央重点新闻宣传网站为骨干，中央与地方新闻宣传网站（页）以及我驻外使领馆网站（页）密切协作的因特网新闻宣传体系，努力为改革开放和现代化建设创造良好的舆论环境。"①

网络媒体在我国对外传播中的应用始于1995年，代表网站主要包括中国日报网、国际在线、新华网、人民网和中国网这五家媒体。2000年，中央确定了这五家网站为首批中央重点新闻网站，我国的对外新闻传播网站迅速发展壮大，影响力日益增强，在重大新闻报道中发挥出重要作用。2009年，中国网络电视台正式上线，加入到对外传播的新媒体阵营中来。目前在我国，一个以中央重点新闻传播网站为骨干，中央各新闻传播网站、中央与地方新闻传播网站以及驻外使领馆之间互联互通、密切协作的国际互联网新闻传播体系已经构建完成。

### （一）中国国际广播电台的"国际在线"(http://www.cri.com.cn)

中国国际广播电台的"国际在线"网站是中央重点新闻网站之一。不同于以往中国国际广播电台只将"国际在线"当作其节目的另一个发布平台，如今的"国际在线"已经孕育出一套符合网络特色的崭新产品线，成为由61种语言组成的中国语种最多的网络平台。以丰富的多媒体节目为特色，囊括环球网络电台、网络电视、手机广播电视、博客、播客、移动互联网等新媒体业务，访问者来自世界160多个国家和地区，网上各类音频节目时长达到每天245个小时，可使用受众的母语覆盖全球98%以上的网民，向世界介绍中国的政治、经济、文化和体育等各方面。

"国际在线"于2005年7月13日正式开播了4种语言的多语种网络电台，2007年9月14日升级为由9种语言组成的11家环球网络电台，标志着以"本土化"为目标的新型多语种境外网络电台全面启动。到目前为止，"国际在线"已经陆续开通了18家环球网络电台，包括12个境外网络电台、3个中文

① 周锡生：《新华网，全球新闻网》，载《新闻战线》，2000年第10期。

网络音乐台、2个方言网络电台和1个海峡飞虹网络电台。

2007年4月和6月，CRI手机广播电视分别在中国联通和中国移动平台顺利上线。CRI手机广播电视除集成中国国际广播电台自有的广播、电视、互联网多语种信息资源外，还整合了地方电台、电视台的节目内容，致力于打造最具特色的手机广播电视品牌。

2008年8月北京奥运会召开之际，移动国际在线中英文版上线试运行，为智能手机和其他移动终端用户提供奥运快讯、各类新闻以及北京旅游实用信息。奥运会后，移动国际在线又根据受众反馈情况，推出移动语言教学、移动视频节目等内容。目前，移动国际在线已吸引来自世界99个国家1500多个城市的访问者。①

另外，值得注意的是，"国际在线"网站的频道不是全部由国际台来提供内容，一些频道采取了合作的方式，比如和新疆人民广播电台、西藏人民广播电台都有合作，"国际在线"从网络技术和平台支持上给他们提供一些服务，增加了藏语、维吾尔语、柯尔克孜语等，加强中国广播国际传播的多语种化。②

### （二）中国日报的"中国日报网"（http://www.chinadaily.com.cn）

中国日报网是集新闻信息、娱乐服务为一体的综合性新闻媒体网站，日访问量600万人次，服务于国内外主流中高端读者群，备受海内外各领域高层次读者青睐，是沟通中国与世界的网上桥梁。目前，中国日报网拥有英文版、中文版和法文版三大板块，同时还包括时尚中国、经济中国、文化中国、网视中国、食品中国、英语点津、新漫网、手机报、图片网、博客、论坛、电子杂志、城市生活、网络电视等50多个子网站或频道。特色频道包括：

英文论坛——中国日报网论坛是国内注册用户数量最多的综合性英文论坛，它面向海外网民和广大英语学习爱好者，为网民提供了一个交流和学习的空间。通过该论坛网民可获取时政、经济、生活、娱乐和英语学习等全方位资讯。它是信息共享、情感沟通的平台，是海外网民了解中国的窗口。

手机报——"手机报—China Daily"是中国日报和中国移动2007年年底联合推出的手机报纸，是中国日报媒体布局中重要的第五媒体。"手机报—China Daily"以彩信形式发到用户的手机上，每期包含10～20条资讯，分为要闻资讯、名人动态、健康贴士、英语学习、原创漫画、财经指数、笑话驿站等栏

---

① 王庚年主编：《国际传播发展战略》，北京：中国传媒大学出版社，2011年，第167页。

② 田智辉：《新媒体环境下的国际传播》，北京：中国传媒大学出版社，2010年，第131页。

目。主要资讯均为中英文双语对照，英文由外籍语言专家审核通过。

网视中国——中国日报网网视中国频道倾力打造最迅速、最全面、最受欢迎、最具影响力的全媒体公益频道。《网视中国》频道以互联网为宣传平台，以"网聚天下公益、视听中国声音"为发展理念，凭借"发布迅速、宣传面广、影响力大"的产品特性，充分满足用户日益增长的互动需求及多元化全媒体体验，努力成为互联网领域最具影响力、最受网民欢迎的全媒体公益频道。坚持依循高端、大气的品牌路线，以"合作共赢"为导向，联手众多合作伙伴展开资源整合和内容拓展，充分借鉴跨平台媒体运作经验，利用全媒体独特的属性开创"网视互动"传播模式，不断挖掘潜在客户，开辟广阔的网络市场，积极响应行业及网民诉求，推动全媒体行业主流化进程。

食品中国——中国日报网食品中国频道旨在促进食品产业及边缘产业的结合发展，建立健全服务于食品产业的网络公共平台。该频道主要由新闻中心、热点专题、深度报道、封面人物、食品安全、食界看点和食全食美等几大板块构成。其中热点专题、深度报道板块以全新的视角引导网友深入解读食品行业热点。食品中国频道的设立，既公正地呈现了国内食品产业的发展现状和前景、搭建了与边缘产业对接融合的桥梁和纽带，也为中国食品界优秀企业提供了全方位品牌展示的平台。

高端访谈——2006 年启动，内容涉及中外民间交流以及国际政要的访谈，是国际政要就当前全球焦点问题进行深度解读的高品质论坛。

外交讲坛——"聚焦全球时事，解读中国外交"，外交讲坛力求为公众揭开中国外交的神秘面纱，成为普通民众了解外交事务的民间网络互动平台。

英语点津——英语点津从听、说、读、写各方面入手，依托于视听英语（看电影、听歌曲、听中国日报）、新闻英语、专栏作家、新词新译和翻译论坛等主要栏目，打造一个立体的英语学习环境。学以致用，英语点津推出的四季翻译擂台赛、净脸行动及翻译论坛都是实践英语的大平台。

海外舆情——中国日报网在提供大量英文信息的同时，也搭建了良好的海外舆情分析平台。通过对海外舆情的分析，帮助媒体、企业、政府调整定位，准确出击。

### （三）人民日报社的"人民网"(http://www.people.com.cn)

1997 年 1 月 1 日，人民日报社创办了人民网。人民网目前拥有中文（简、繁体）、蒙文、藏文、维吾尔文、哈萨克文、朝鲜文、彝文、壮文，以及英语、日语、法语、西班牙语、俄语、阿拉伯语等 6 种外语共计 15 种版本。人民网设有《人民日报》PDF版和报系20多份报刊的电子版，网民覆盖200多个国家和地区。

2008年，人民网日本株式会社在日本东京成立，人民网成为第一个走出国门、实现本土化的国家重点新闻网站。而早在2000年，人民网日文版就实现了手机无线上网，而且是使用日文进入日本市场。

2011年8月8日，人民网英文新版正式上线。新版定位为报道"中国的事"、表明"中国态度"、传播"中国友善"。本次改版内容及版面风格较以往10多年的英文版有了根本性的改变：内容上侧重报道中国，设立了时政、军事、外交、经济、社会、文化等栏目，并且利用《人民日报》的评论优势，加强观点性文章的编译，以此抓住国外读者的眼球；版面风格上秉持公司领导提出的"删繁就简"要求，并且贴近国外读者的阅读习惯，色调明朗，更加简洁、大气。这次改版加强了语言服务功能，与微软合作，运用BING云词典的功能，在新闻文本层上，鼠标停留在某单词上就能显示该词的释义，为国内学习英语的人士提供更直接的帮助。此外，新版在内容上还与清华大学的道纪忠华咨询公司进行合作，设立"中国研究"栏目，通过对包括国情报告、政策研究等在内的现有研究成果进行梳理、调整、细分、概括与整合，提炼出具有推广价值的、能够反映真实的中国国情及各项国家事业的发展状况和经验教训的文章，充分发挥人民网权威性的平台优势，让世界更好地了解当今中国的方方面面。"MASTER SHIFU"是新版推出的自助式互动汉语教学栏目，也是本次改版中新增的一个亮点，将为国外对中国有兴趣的读者提供免费的汉语教育课件，是一个中国人与外国人自由互助交流的新式平台，能够在寓教于乐中为新版聚合人气。"E言译语"则是英文版在新浪微博和腾讯微博推出的中英文对照的产品，在没有认证的情况下，目前粉丝数均已过千，除了每天提供英语新闻和评论的播报，还有一些西方名言警句、轻松学英语的中英文对照内容。[①]

而在2011年12月15日，人民网英国公司正式获得英国工商局发放的营业执照，成为人民网在海外的第五个全资子公司。

人民网创办的一些独立网站或者频道，如中国西藏网、中国民族新闻网、中国共产党新闻网、世博频道等，也呈现出多语种的优势。特别是中国共产党新闻网现有11个语种12个版本，实现了联合国规定的6种工作语言和我国党代会、人代会文件选票规定使用的7种少数民族文种（蒙、藏、维、哈、朝、彝、壮）的全覆盖，可以在全球范围内最大限度地传播中国共产党的新闻和信息。

---

① 人民网，http://www.people.com.cn/GB/50142/50459/212607/15370480.html

## (四)新华社的“新华网”[①](http://www.xinhuanet.com)

新华网于1997年11月7日创办,前身是新华通讯社网站。2000年3月正式更名为“新华网”,实行24小时滚动发稿,以对内正确引导网络舆论、对外树立中国良好形象为主要任务。2010年起,新华网由文化事业单位向互联网文化企业转型,实行企业化运作,以新华网络有限公司为实体开展业务。2011年5月,新华网股份公司正式成立。

新华网每天以中(简、繁体)、英、法、西、俄、阿、日、藏等8种语言,运用图文、音像结合,博客、播客、微博互动,短信、手机报并用等多媒体传播手段,24小时不间断发布信息,在关键时刻、重大报道和突发事件中影响力直达海内外终端受众。

新华网权威准确的报道成为互联网上中文信息的主要来源,被海内外网站大量转载。截至2011年9月中旬,新华网在全球互联网站点中的综合排名156位,并在中央重点网站中长期保持一路领先。国内互联网权威咨询机构“艾瑞咨询”发布的数据显示,新华网日均覆盖人数和总有效浏览时间等网站核心评价指标,稳居新闻门户首位。

除总网外,新华网还建立了31个地方频道。依托整体实力和综合优势,新华网先后承建、承办了中国政府网、中国平安网、中国文明网、国家重大技术装备网、中国记协网、振兴东北网、中国—东盟中心官网等国家级重点政府网站,搭建我国最大的政府网站集群。

2011年1月1日,新华网迁至大兴国家新媒体产业基地,启动建设新华网产业园区,大力拓展全媒体业态,提高市场运作能力。面对互联网行业新一轮的快速扩张态势,面对新闻网站改制上市向纵深推进的难得机遇,新华网正在加快转型,加速发展,力争较短时间跨入世界排名百强网站行列,尽快建成具有全球竞争力的一流网络媒体和具有较强创新能力的互联网文化企业。

## (五)外文局的“中国网”(http://www.china.com.cn)

中国网是国务院新闻办领导、中国外文出版发行事业局(中国国际出版集团)管理的国家重点新闻网站。中国网始建于1997年,是用简体中文、繁体中文、英文、法文、德文、日文、西班牙文、阿拉伯文、俄文、韩文和世界语10个语

① 新华网研发部:《盘点新华社全媒体集群(一):转型发展中的新华网》,载《中国记者》,2011年第10期。

种11个文版对外发布信息的“超级网络平台”，其读者分布在世界200多个国家和地区。中国网坚持以新闻为前导，以国情为基础，以融合各地通讯、即时专题、网上服务、媒体搜索等内容为原则，力求通过精心整合的即时新闻、翔实的背景资料和网上独家的深度报道，向世界及时、全面地介绍中国，并竭诚为中国和世界各国的访问者提供迅捷、权威的信息服务。作为国家级对外传播网站，中国网依托中国外文出版发行事业局50年对外传播的资源优势，同时联合全国各省市重点新闻网站，共同建立了全国外宣网络平台，开创了网络对外传播的新格局。[①]

其中，中国网近年来对新媒体业务的发展非常重视，形成以网络视频、图片影像、手机新媒体、移动产品、微博等为核心的新媒体阵营。其中的亮点包括：

网络视频方面。网上直播：5年来，共直播国新办等各部委、各地方政府新闻发布会以及各种重大活动如每年全国“两会”、党的十七大、2008年北京奥运会、上海世博会等2700多场。中国访谈：5年来，有近2000多名省部级官员、专家学者、外国驻华使节以及各领域知名人士与网友进行在线互动交流；5年来中国网积累了5000多小时的独家视频版权节目。播客：中国网播客平台自启用以来，有1000多个网友通过自主上传发布个性化视频3000多条。

手机新媒体方面。手机电视：2008年7月，中国网开通“视讯中国”手机电视平台，推出了娱乐、社会、直播等近40个栏目，并先后在中国移动、中国联通、中国电信开通手机视讯业务并上线运营。自主研发的4个客户端“视讯中国”、“视频中国”、“手机电影”、“手机视频”均已在苹果和安卓系统中推出，可实现全球用户下载观看。自上线以来，在移动平台月登录用户超过1000万；于2010年10月上线的“视频中国”客户端下载量超过500万，直播频道客户端的日下载量也突破千次。

移动产品方面。中国网成立了移动产品研发小组，持续关注Apple ios以及Android平台的技术发展。2011年以来，中国网自主研发的针对苹果系统的10余个新闻阅读应用程序相继上线，形成了手机、掌上电脑、平板电脑、移动阅读设备的多终端全覆盖内容传播格局。目前，中国网已拥有独立开发的苹果系统应用程序11个，可同时支持苹果系统和安卓系统的有3个，实现了《中英双语手机报》、“图片中国”、“视频中国”、“网上直播”手机多媒体产品、国

① 和讯网，http://news.hexun.com/2010－01--10/122303172.html

务院新闻办新闻发布会和白皮书的 iPad 实时发布，手机电视等多种数字平台相互交融的新局面。[①]

### (六)中国中央电视台的“中国网络电视台”(http://www.cntv.cn)

中国网络电视台(China Network Television，简称 CNTV)是中国国家网络电视播出机构，是以视听互动为核心、融网络特色与电视特色于一体的全球化、多语种、多终端的网络视频公共服务平台。

国家网络电视台的建立，有利于把电视的内容转换到网络平台上，有利于向世界传播中国的声音。长期以来，党和国家都高度重视外宣工作，电视信号在世界各地落地要受到制度等壁垒的限制。而国家网络电视台突破了落地条件的局限，实现了“全球一网”。通过网络，全球都能观看网络电视的内容。国家网络电视台的建立发展，有利于向世界更广泛、更深刻地传播展示中国元素、中国符号、中国文化和中国精神，促进世界了解中国，增强我国对国际舆论的引导力。中国网络电视台还充分发挥互联网覆盖无国界的优势，建设全球网络视频节目分发体系，通过多语种内容和建设海外镜像站点，在全球范围内吸引和培养一大批忠实的用户，成为我国重点媒体加强国际传播能力建设的一个突破口。

CNTV 的自身定位是国家级综合网络视频公共平台，其业务发展分成三个主要阶段：

第一阶段是启动阶段(2009 年 12 月)。国家网络电视台将正式上线，推出主页、客户端以及 5 个专业台，分别为：新闻台、体育台、综艺台、播客台、搜视台，初步形成 CNTV 的基本形态；

第二阶段是完善阶段(2010～2011 年)。这一阶段每年开设 10 个专业台。2010 年，计划开设财经台、探索台、教育台、民族台、电影台、电视剧台、动漫台、游戏台、台海台、亚太台 10 个专业化台。2011 年，计划开设音乐台、旅游台、健康台、购物台、北美台、欧洲台、俄语台、阿语台等 10 个专业化台；

第三阶段是拓展阶段(2012 年～2014 年)。上述业务还将推出多终端业务，覆盖移动互联网(手机)、互联网电视(电视终端)及各种多媒体终端(汽车、火车、民航、地铁、楼宇、广场大屏幕等公共视听载体以及机场大屏电视等)。同时开始推出海外多种本土化专业台业务，如亚太台、美国台等。到 2014 年，CNTV 将形成主页、专业台、客户端以及多终端传播并举的完整业务架构，成

① 笔者根据对外文局副局长、总编辑黄友义的采访整理。

为国家综合网络视频平台。[①]

中国网络电视台国际传播的亮点包括：

(1)以重大事件为突破，以多语种台为依托。2010 年 4 月 26 日，伴随中央电视台英语频道改版为英语新闻频道，以传播英语新闻信息为主的中国网络电视台英语台也同步上线发布。之后，中国网络电视台法语台、西语台、俄语台、阿语台也先后发布。在内容方面，针对海外受众提供多语种的内容，并结合重大事件和活动进行推广，使海外访问用户稳步增长，截至 2010 年年底，海外日均访问量占中国网络电视台全网访问量的 12%左右，覆盖 190 多个国家和地区，境外访问量前 5 名的国家分别是美国、加拿大、日本、澳大利亚、韩国。而重大事件报道是中国网络电视台内容建设及海外传播的重要手段。以 2010 年为例，中国网络电视台结合“春晚”全球直播、2010 年南非世界杯报道、2010 年“两会”多语种直播、上海世博会多语种国际传播、广州亚运会、亚残运会国际传播、“俄罗斯汉语年”海外推广、玉树地震、舟曲泥石流全球报道、“嫦娥二号”发射全球直播等重大事件及活动，进行海外传播，取得了显著效果。[②]

(2)通过“台网捆绑”、“网络联盟”加强内容建设。内容是媒体进行传播的核心资源，也是形成自身媒体影响力的关键资源。中国网络电视台作为中央电视台的新媒体机构，凭借“台网捆绑”策略，充分发挥中央电视台内容资源优势。中国网络电视台自开播以来，已陆续推出了主页、Cbox 客户端以及新闻、体育、综艺、电影、电视剧、经济、纪录片、探索、少儿、科教、纪实、健康、汽车、时尚、IT、美食、美术、游戏、公益、农家乐、世博等系列专业台。凭借中央电视台国际频道资源的优势，迅速建立起了英、法、西、俄、阿等外国语以及蒙、藏、维、朝、哈等少数民族语的系列多语种台。同时，发挥自身新媒体手段的优势，通过国际互联网实现节目的全球覆盖、全面落地，增强了中国影像的对外传播能力，将中国良好的国家形象展现在了世界网民的面前。

中国网络电视台正加大投入建设亚洲规模最大的网络视频多媒体数据库。通过“网络联盟”策略，与国内 92 家各级电视台及新闻网站形成联盟合作，进一步丰富了内容资源。中国网络电视台通过与合作伙伴共同建设和运营的国家网络视听公共服务共享平台，向全国和全球用户提供海量的高品质内容及服务。

视频分享以及互动平台可有效改善网络视频用户体验，增强用户的黏性。

---

① 汪文斌：《CNTV 的战略构想和实践》，载《新闻战线》，2010 年第 2 期。

② 《中国广播电视年鉴(2011)》，北京：中国广播电视年鉴出版社，2011 年，第 250 页。

中国网络电视台正在打造以“分享＋SNS”为基础的互动平台，融合博客、论坛、邮箱、投票、相册、搜索、分享、播客、微博等不断创新的互动功能。分享互动平台不仅丰富了平台的功能，同时也激发了网民自创内容的激情，进一步丰富了中国网络电视台的内容。2010 年，该平台达到支持每天 3 万条或 1800 小时的网民上传视频量的能力。

(3)通过新媒体平台实现“一种内容、多种分发”。2010 年，中国网络电视台的新媒体播控平台建设取得了突破性进展，目前已建成网络电视集成播控平台、IPTV 集成播控平台、手机电视集成播控平台、互联网电视集成播控平台以及移动电视集成播控平台。五大集成播控平台的建设让中国网络电视台的内容优势转化为生产力，顺利形成了“一种内容、多种分发”的运营模式。

其中，在 2009 年 9 月，“中国网络电视台 TV 手机电视”异军突起，独创性地将中国网络电视台内容内置入苹果公司全球近 5000 万部 iPhone 手机，覆盖欧美等 142 个国家主流手机用户。iPhone 中国网络电视台手机电视是唯一面向全球用户推出的央视手机电视平台，在世界杯、世博会、亚运会等大型活动中表现出色。截至 2010 年 9 月底，iPhone 中国网络电视台手机电视用户数突破 250 万，成为 iPhone 平台华语电视第一品牌。2010 年 8 月，中国网络电视台趁热打铁推出 iPad 服务，向用户提供 300 余档央视精品栏目及部分地方卫视栏目内容，包括央视黄金档热播影视剧、纪录片、动画片等视频点播服务。9 月 22 日，“中国网络电视台手机电视”正式登陆 iPad 平台，亮相仅两天就得到全球“苹果”用户的高度关注，下载量突破 5 万次，迅速上升至新闻类应用程序排行榜首位，力压 BBC、《时代》等媒体同类 iPad 应用。①

另外，在移动传媒领域，中国网络电视台也取得了重大突破。2010 年 12 月，中国网络电视台与航美传媒合作开通了“CCTV 移动传媒—民航频道”，这对扩大海外传播将起到积极影响。

(4)遍布全球的网络分发和覆盖体系。按照《2009—2020 年我国重点媒体加强国际传播能力建设总体规划》实施方案的要求，中国网络电视台积极推进全球内容分发平台的建设，为实现海外传播提供有力支撑。中国网络电视台不断推进海外镜像站点的建设部署，在已建成伦敦、洛杉矶、新加坡、迪拜、莫斯科 5 个海外镜像站点的基础上，2010 年新建悉尼、马德里、纽约、多伦多、法兰克福等 5 个站点。中国网络电视台全球 BGP 网络、全球虚拟数据中心及云计算平台、全球管控中心已经进入建设初期。这将大大提升中国网络电视

① 汪文斌：《中国网络电视台：构建立体化传播格局》，载《新闻战线》，2010 年第 12 期。

台在全球的网络路由自主及管控能力，可对网络流量、访问数据、用户体验及安全事件进行全方位监控，为系统运营提供强有力的保障。目前，中国网络电视台已在国内21个城市建设了25个节点，按计划到2014年年底，国内CDN网络将在共60个城市建立66个节点。国内及海外CDN相结合，形成中国网络电视台全球覆盖的内容分发网平台，以实现国内及海外主要区域的良好覆盖效果。

截至2010年年底，中国网络电视台全球内容分发平台带宽支撑能力达到200G，能够支撑超过1200万的网络视频直播并发，50万的视频点播并发以及日均10万条网络视频上传。中国网络电视台依托强大的全球内容分发平台，采用CDN＋PZP技术、高性能网络加速传输技术不断提升平台分发效率，提升海外网民的访问速度，在北美、欧洲、亚洲、非洲和大洋洲，网民都可以观看中国网络电视台传播的清晰流畅的精彩内容。数据显示，中国网络电视台首页在国内打开时间，一周平均值为3.4秒；海外打开时间，一周平均值为4.7秒。均比同类网站有相当优势。[①]

### （七）微博

2011年，我国微博继续爆发式发展。虽然微博推出时间并不算长，但已经使即时通讯、电子邮件等互联网应用受到了明显影响。腾讯2011年第二季度财报显示，核心业务QQ的最高同时在线用户数，自2004年上市以来首次出现季度环比下降。许多人认为，微博吸引了大量网民，是QQ受到冲击的重要原因之一。

“创新工场”创始人李开复指出，微博一条信息可以包括140个汉字，相对于Twitter一条140个英文字符，信息量多4～5倍，媒体属性较强。从传播特点、媒体属性和发展规模看，微博可以比较全面、客观地反映中国的真实状况，是一种重要的新媒体外宣形式，吸引了大量国外网民。新浪微博就曾表示，约有10％的用户来自海外，可见微博对国外网民非常有吸引力。

2010年10月，“积极运用微博服务社会经验交流会”召开，提出发挥微博的积极作用，为党和国家工作大局服务。会议指出，要积极推进微博内容建设，增进知名博主对国情、社情、网情的了解，推动党政机关和领导干部积极运用微博。这些具体措施既有利于微博服务社会，又能丰富微博平台上的内容，充分利用微博的传播优势，加大对外宣介中国的力度。

---

① 《中国广播电视年鉴(2011)》，北京：中国广播电视年鉴出版社，2011年，第252页。

以“西藏在线”微博为例。“西藏在线”由西藏在线网创建，全天 24 小时不间断地使用汉、英、德、法 4 种语言传播涉藏信息，已发微博近 1000 条，30%内容为涉藏新闻，其他为旅游、历史、文化等信息，基本上每条信息均配图片，重要信息附相关链接，提供更加全面、详细的信息，最大限度地满足网民的需求。“西藏在线”已有粉丝近 50 万，粉丝中既包括新华社、中国新闻社、凤凰卫视、华尔街日报等媒体，又包括熟悉西藏、对西藏感兴趣的作家、演员、活佛等知名人士。“西藏在线”发布的微博经过这些粉丝的转发，影响力进一步提高，外宣作用进一步增强。

外文局旗下的中国网也积极利用微博开展网上传播和舆论引导。中国网以目前使用最为广泛的新浪微博为平台，开设有效的公共账户 45 个，官方认证的有 21 个，粉丝上万的有 6 个，其中“中国网微直播”粉丝接近 4 万，“视讯中国手机电视”粉丝超过 10 万。这些公共账户每天随时发布文字、视频。

## 三、发展策略和发展亮点

### （一）以多语种传递中国声音

新华网、人民网、国际在线、中国日报网、中国网、中国网络电视台等都建有多语种的外文网站或外文频道。各大网站发布信息采用的外语语种数量不等，以国际在线网最多，仅仅在 2009 年 9 月 23 日就增加了白俄罗斯语网、荷兰语网、希腊语网、希伯来语网、冰岛语网、挪威语网 6 个外语网站。其他各家网站主要提供英、法、西、俄、阿等各大语种的服务。其中，中国日报网拥有亚洲最大的英文新闻网站，人民网拥有国内规模最大的日文网站。

**国内主要媒体网站外语频道（网站）数量**

| 网站 | 外语语种数量 | 典型语种 |
|---|---|---|
| 新华网 | 5 | 英、法、西、俄、阿 |
| 人民网 | 6 | 英、日、法、西、俄、阿 |
| 国际在线 | 61 | 英、日、法、西等 |
| 中国日报网 | 2 | 英、法 |
| 中国网络电视台 | 5 | 英、法、西、俄、阿 |
| 中国网 | 9 | 英、法、德、日、西、俄、阿、俄、韩和世界语 |

### (二)在海外拓展中积极实施本土化战略

在实施本土化拓展战略的媒体中，国际在线网站做得最为成功。国际在线提出了本土化发布、本土化制作、本土化运营的发展步骤，依托国际台全球的记者站、工作站和其他合作机构，共同把某一些语言网站变成当地本土化媒体，并期望有些语言网站能够变成当地主流网站。截至目前，已在华盛顿、悉尼、东京、首尔、伦敦、柏林等11个城市建立起本土化特征明显的环球网络电台。形成由CDN节点、境外发布点构成的全球发布体系。

国际在线同时也通过和国外媒体合作的方式提升在目标国家的影响力。例如“7.5”事件之后，部分国际媒体对我国政府采取的行动和民族政策进行抨击，特别是土耳其部分政府要员和民众认为中国采取的是种族清洗政策。在这样的舆论氛围下，国际在线为了澄清事实、消除误解，把演播室建立在乌鲁木齐，邀请土耳其一家电视台一起来做土耳其语的网络直播，主持人、外籍专家、合作电视台的记者以及当地的政府官员共同合作，利用这个新媒体平台就土耳其人感兴趣的话题进行了充分的交流，通过对话，让土耳其当地受众了解了事实的真相。

### (三)依托运营商开展的对外传播移动项目

随着移动网络的发展，众多媒体开始在这个高覆盖率、高使用度的平台上开发丰富的应用，目前已有的形式就包括手机报、手机短信、彩信、WAP网站、手机电视、手机阅读器等。虽然手机终端、电信网络制式的不同在很大程度上为国际传播设置了障碍，但是各媒体通过积极和相关方面合作，不断探索新的途径，正渐渐地落地海外。其中，依托运营商的对外传播移动项目就卓有成效。

中国移动等电信运营商在海外扩张的同时，有意在可阅读华文的地区推广手机报产品，目前已经在新加坡和当地第二大电信运营商Starhub合作，选择了5家手机报产品，针对当地的华人华侨以及学生群体推出。2010年7月1日，人民网日本株式会社与约占日本手机市场份额80%的两家电信运营商巨头NTT docomo、KDDI展开合作，正式在日本发行人民网中、日文手机报。产品的主要内容以《人民日报》、人民网日文版及日本频道的原创信息资源为基础，涵盖政治、经济、社会等各方面信息，每天向日本手机用户提供新闻。除强调资讯内容外，人民网在日本的手机报也十分重视服务功能，用户只需输入关键字及订阅时间到固定地址，就可实现指定新闻类型、指定派送时间的新闻订阅智能服务。

新华社海外各分社也和当地的运营商合作，探索开发手机产品。例如，新华社罗马分社和当地一家华人运营商天天电信探讨合作开发短信产品，以覆盖当地华人；非洲总分社也在手机报彩信方面进行了积极的探索。另外，新华社在手机产品方面为了走出去还进行了多种尝试。例如，和国内的一些手机厂商接触，商讨在手机中内置新华社客户端软件。

### （四）通过文化体制改革，增强市场竞争能力

新闻网站是新媒体外宣的中坚力量，前进之路上机遇与挑战并存。商业网站凭借灵活的市场机制、融资机制和人才、技术、资金优势，规模和影响越来越大。面对互联网资本市场的风起云涌，新闻网站一直站在资本市场大门之外。

在文化体制改革的深层背景下，2009 年，全国重点新闻网站转企改制试点工作启动。2010 年底，作为首批转企改制试点单位，人民网、新华网、央视网等中央新闻网站和东方网、北方网、千龙网、大众网、浙江在线、四川在线和华声在线等 7 家地方新闻网站转企改制工作基本完成，下一步寻找机会上市。这些网站转企改制后，搜索引擎、手机报、手机电视、互联网电视、电信增值等新业务快速发展，社会影响力进一步提高。

2011 年，新闻网站转企改制工作全面展开，第二批 8 家中央新闻网站和 32 家地方新闻网站争取用一两年时间完成转企改制工作。8 家中央网站为中国网、国际在线、中国日报网、中国青年网、中国经济网、光明网、中国广播网和中新网，第二批 32 家地方网站加上第一批 7 家地方网站则涵盖了各省、区、市及计划单列市的所有官方新闻网站。

中央的重视是推动新闻网站转企改制的重要力量。2011 年 10 月，中国共产党十七届六中全会召开，全会通过了《中共中央关于深化文化体制改革推动社会主义文化大发展大繁荣若干重大问题的决定》（以下简称《决定》）。《决定》明确提出，推进新闻网站转企改制，加快公司制股份制改造，完善法人治理结构，形成符合现代企业制度要求、体现文化企业特点的资产组织形式和经营管理模式。这为新闻网站进一步改革发展指明了方向。

新闻网站转企改制后，市场竞争意识有所增强，经济效益有所改善，综合实力有望大幅提高。作为第一批试点，人民网股份有限公司于 2010 年 6 月 20 日挂牌成立，并正式推出“人民搜索”。人民网股份有限公司注册资本 2.07 亿元，人民日报社以 1.37 亿元为第一大股东，环球时报社以 2465 万元为第二

大股东，中国汽车报社、京华时报社、中国电影集团公司、上海东方传媒集团和中国出版集团公司5家分别出资170万元。有业内人士综合考虑流量、广告报价、客户投放等因素进行估算，2010年人民网各项经营收入应不少于3亿元，其中70%以上应来自网络广告，其他则包括电信增值业务、电子报刊、资料库等信息服务收入。2012年4月27日，人民网股份有限公司在上海证券交易所正式上市，成为第一家在国内A股上市的新闻网站和第一家在国内A股整体上市的媒体企业，开创了中国资本市场的先河。一方面，人民网上市被认为是中国媒体改革的一个标志性事件和同类型网络企业未来发展的风向标。另一方面，人民网也因其现有规模、赢利能力和特殊背景而暗藏风险，业界对人民网能否在资本市场拔得头筹抱谨慎观望态度。但无论如何，体制改革、上市融资只是手段，其目的是提升新闻网站发展的质量和效益。中新网总编辑陶光雄曾表示，转企改制、上市融资的目的就是要让中央新闻网站在市场竞争中做强做大，从而更好地发挥网络宣传报道和舆论引导的主力军作用。

### (五)健全海外反馈机制①

通过建立健全海外受众反馈机制，与受众形成良性互动，才能真正提高我国网络媒体国际传播的实际影响力，为此，新华网在近年来积极拓宽反馈渠道。

(1)充分利用外宾来访的有利机会直接征询意见。2001年，世界媒体巨头默多克访问新华网，称赞“新华网的英文网站是我所看到的中国最好的英文网站”。2003年欧盟委员会主席普罗迪访问新华网，2004年路透集团首席执行官汤姆·格罗瑟参观新华网，2006年美联社社长兼首席执行官汤姆·柯里参观新华网，2007年法新社社长皮埃尔·卢埃特参观新华网等，他们对新华网新闻报道的及时快捷、丰富生动发出由衷赞叹，也提出了专业的宝贵意见。

(2)充分利用国际会议、涉外报道、国际论坛等机会向海外受众了解意见建议。近年来，新华网领导和记者团队利用每一个与海外受众见面的机会，走访其他国家和地区的知名互联网企业，主动听取他们对新华网的意见，学习对方的先进经验，结合互联网发展趋势认真研判，为新华网加快发展起到重要促进作用。

(3)新华社营销平台面向全球用户的统一的反馈渠道。新华社用户遍布

① 李代祥：《健全反馈机制 增强国际传播能力——新华网反馈机制及对新闻报道的影响》，载《对外传播》，2009年第12期。

全世界，对每一次重大事件或活动报道，用户都会提前对新华社各种形式报道提出需求。报道完成后又及时反馈意见，肯定成功做法并对今后报道提出意见。新华网既是新华社报道面向终端受众的展示平台，又是新华社用户的重要供稿平台，一直受到新华社用户的支持和重视。

(4)健全舆情反馈机制。新华网长年通过信件、电话、邮箱、发展论坛、手机短信和手机网站"掌上天下"的互动栏目等多种渠道，广泛收集受众意见，并安排专人分门别类，归口到不同部门解决落实，形成了良性、健全的反馈机制。

### (六)不断跟进网络媒体的传播技术

2011 年 1 月 11 日，新华网产业园正式开园。新华网产业园区是迄今新华社建立的第一个传媒高新技术研发、生产基地，以新华网和中国政府网、中国平安网、中国文明网、中国信访网、振兴东北网等中央和国家级政府网站为主体，以新华社和中国移动合作建设并即将开通的国家级搜索引擎为重点发展产业，着力于研发新一代智能搜索、多媒体技术和新媒体产品，着力于开发电子商务和网络文化产品，大力拓展新媒体业态，延伸新华网上下游产业链条，使之成为孵化器和放大器，发挥集聚效应。[①]

人民网在依靠和发挥《人民日报》等传统媒体的文字和图片传播优势的基础上，以 3G 手机、4G 手机等新技术为导向，正着力打造多媒体原创互动体系；中文版的人民电视、人民播客、人民掘客和手机人民网、手机强坛、手机电视、手机报、手机短信等新媒体服务业态推陈出新，人民网正积极向全媒体领域拓展。但是，在人民网外语版本中，多媒体的技术运用要滞后一些，内容也远不如中文版本丰富，这有待人民网加强。

### (七)对西方传媒不实报道进行有效反击

西方传媒对我国的不实报道甚至恶意歪曲历来有之，对这类不实报道进行有效反击，也成为我国新闻网站对外传播的重要任务之一。同时，有的放矢的传播也更有针对性。

以西藏"3·14"事件的报道为例。2008 年 3 月 14 日，拉萨发生了不法暴徒的打砸抢烧事件，但某些西方媒体对西藏事件却进行了不实报道。新华网作为网络媒体的中坚力量，随即展开了对不实报道的强烈反击，揭露西方媒体

① 《新华网产业园区简介》，新华网，http://news.xinhuanet.com/video/2011－01/11/c_12967267.htm

的丑恶行径，还原事件的真实面目，取得了很好的传播效果。王璐在《新华网应对西方媒体不实报道的策略》①中对此进行了详细分析。她总结出新华网采取的有效反击策略包括：

1. 多角度揭露虚假面目

(1)正面驳斥。3月28日刊发《你们真的关心西藏的人权吗?》，4月1日刊发《不要再戴“有色眼镜”看西藏人权》，4月2日刊发《美国某些媒体为何如此偏执?》。尤其是在转载的《中华网数十万网友谴责CNN歪曲西藏报道》这篇文章中，一一列举了西方媒体的不实报道，然后逐个加以批判，揭露它们丑恶行径的真实意图，揭开西方媒体的虚假面纱。

(2)主动出击。新华网从达赖谎言、事实真相、其他藏区、历史记录、藏区文化繁荣等各个方面详细介绍事件情况，还第一时间报道事件的最新进展和藏区人民的生活、工作状况等，努力做到全方位、多角度报道事件，给各国人民提供足够的获取信息的渠道和空间，让世界各国人民能够听到我国媒体的声音，从而更全面、更客观地了解事实真相，以正视听，使不实报道不攻自破。

(3)侧面引证。新华网刊发题为《外媒严重失实报道西藏暴力事件引起各方强烈愤慨》的文章，详细介绍了以下两种观点：一是法国《欧洲时报》3月21日发表的评论员文章，指出近日发生在中国西藏旨在分裂国家的暴乱成为全球媒体关注的焦点，部分西方媒体与政客故伎重演，如同炒作“中国威胁”、“中国间谍”、“中国玩具”、“达尔富尔”等议题一样，以“中国镇压藏人和平示威”不实之词为由，继续炒作抵制北京奥运。进一步暴露出深藏于西方舆论之中一贯的、对待中国问题的双重标准。二是新加坡《联合早报》同日发表的评论员文章，指出很多西方人为骚乱者寻找开脱之词，甚至予以合理化和正当化，但事实上，“藏独”势力早已将自己的动机广告于天下。另外，新华网还刊登了《瑞典游客用事实驳斥西方媒体对拉萨暴力事件的歪曲报道》、《德国网民对德RTL电视台网站失实报道西藏暴力事件表示愤慨》等一系列文章，有力证明了某些西方媒体的报道是带有偏见的，他们的做法同样也会遭到本国人们的反对。这样的引证是客观的、真实可信的，对不实报道的打击也是毁灭性的。

2. 调动多种报道形式还原事实真相

(1)动态报道：仅从其在4月2日～4日的49篇动态报道就可以看出新华网充分而又有效地运用了此种报道形式。正因为它的快速反应、动态报道，

---

① 王璐：《新华网应对西方媒体不实报道的策略》，载《青年记者》，2008年第5期。

所以引发各大网站转载它的文章。

(2)专题:新华网针对西藏事件专门策划了“分裂不得人心 破坏必遭失败”的专题。专题中包括文字报道、图片报道、视频等。在文字报道区域,又包含事实真相、政府表态、分析评论、国际反应。另外还专设了延伸区域,对西藏的现代化发展、西藏文化发展、生态建设与环境保护进行介绍。专题的运用,可以让人们对西藏事件有更全面、更深刻的认识。

(3)视频:自 3 月 21 日到 4 月 1 日,新华网有关西藏事件的视频就达 65 个之多。以新华网转载的一位身在加拿大的普通华裔学生自己制作的揭露西方媒体恶意歪曲和片面报道的视频为例。这段视频在开篇就指出:“西藏骚乱期间,所有的西方媒体都‘兴奋异常’地去报道那些所谓的‘真相’,现在我们就向大家展示一下,那些照片是怎样地被西方媒体修改之后去诋毁中国的。”这段视频让全世界人看到了某些西方媒体的真实面目,引起了西方世界的巨大震动,面对视频中所揭露的造假事实,西方媒体无言以对。

(4)组图:新华网还采用了图片报道形式,把大量的、真实客观的图片集中刊登出来,还原事件发生时的真实状况。这些真实图片的存在,使虚假图片毫无藏身之地。

(5)论坛:在新华社区,有一篇标题为《海外华人视频揭露西方媒体,CNN 看后哑口无言》的帖子,该帖子一经发出,就引起了众多网民的关注,跟帖数也达 240 条之多。众多网民的讨伐,也使不实报道不堪一击,西方媒体的颜面也黯然无光。

另外,新华网还使用了博客、连线、专访等多种形式。丰富的报道形式,有助于大家更直观、更真实地了解真相,得出结论。2012 年年初,新华网又推出大型回应式新闻专栏——《第一回应》。

## 四、存在的主要问题

### (一)造血功能有待加强

海量化、规模化的信息生产能力使网络媒体成为当今中国信息资源最丰富的媒体,但是从传媒产业看,网络媒体的产业规模明显弱于同是新媒体的移动媒体,说明其产业潜能还没有得到完全释放。网络媒体如何盈利仍是困扰网络媒体发展的一个主要问题。

而在现实中,中国传媒发展已经不再是受政策保护的“温室的花朵”,而是面临西方媒体“狼来了”的严峻挑战。并且随着中国加入世界贸易组织和开放程度的加快，这种挑战的态势将更加明显。对于网络媒体而言，这种挑战态势将更加严峻。新浪网前首席执行官王志东早在1999年在北京大学演讲时就说，最近两年投入我国网络领域的西方资金将高达数十亿美元。事实上，“无论是从中美世贸协定的条款来看，还是从经济基础决定论来看，我国的网络新闻传播势必面临着加入WTO后的巨大压力和挑战。本土网络媒介和新闻自办网站如不能在近期内形成自身造血机制，将无法在与西方跨国网络巨头和商业网站的激烈竞争中继续生存”。①

目前看来，各家媒体网站虽然进行了大量的探索，但目前通过新媒体进行国际传播，其社会效益大于经济效益，尚不能实现经济上的良性循环，而国际传播作为一个长期的工程，亟待找到盈利模式的突破口。

### (二)相应传播人才的缺乏

外宣新媒体是资本集聚、技术集聚、人才集聚的产业，需要大量投入。但由于资金匮乏等原因各媒体网站人员普遍偏少，压力较大。2010年新华社新闻研究所的调查显示，当时，中国网一个频道只有6～7人；央视网英文频道只有9个人，其他语种人数在3～4人；新华网英文频道只有16个人，其中6人还承担着中国政府网英文版的日常更新任务。在调研中，新华网总编辑助理刘加文、中国网副总裁王晓辉、央视网多语种组主编曲歌等均认为，人力的缺乏使得我国外宣网站的外文频道多数处于勉强维持状态，难以真正从受众需求的角度去发展、创新。

### (三)资金投入等有待加强

重点新闻网站要提升国际传播能力、达到与西方主流媒体和各大商业网站抗衡的目标，必须走集团化、本土化发展的道路。而这则有赖于国家在体制、制度等方面采取必要的灵活性，并在政策、资金等方面给予必要的支持和倾斜。但从目前的情况来看，在这些方面还受到一定的限制和约束。从体制上看，重点新闻网站受必须为国有资本等政策约束，没有畅通的合资、融资、上市渠道，无法利用社会资本实现快速甚至是几何级的增长，而商业网站正是利用融资、上市等手段，实现在短时间的资本积累，迅速抢占互联网市场。从投

① 刘继南、周积华等：《国际传播与国家形象—国际关系的新视角》，北京：北京广播学院出版社，2002年，第232～233页。

入上看，重点新闻网站与大的商业网站根本不在一个数量级上。

### （四）缺乏客观有效的影响力评估体系，缺乏有广泛国际影响力的新媒体航母

目前我国的网络媒体中，进行对外宣传的网站很多，如果每家都依赖于自身，发展速度会很慢，不适应我们急需加强外宣建设的情况。这就需要建立一套行之有效的网站影响力客观评价体系，根据评价结果选择一些网站进行重点扶持，早日打造出一个可以和国际传媒集团抗衡的、在国际上有广泛影响力的新媒体集团。

# 中编：其他主要国家的国际传播现状与特点

# 第六章

# 美国

关于国际传播力，美国学者约瑟夫·奈提出了“软实力”的理念，这个理念本身即是美国国际传播力的有机组成部分，它提醒我们，不能仅仅从国家权力出发来理解国际传播力，也不能仅仅把大众媒体的新闻竞争视作国际传播的主流，甚至不能把国际传播简化为“竞争”和“较量”。本章从国家、市场、社会三元结构出发，纵观美国普遍的传播与文化状况，思考其国际传播力的布局。

## 一、国际传播的三元框架

美国从“二战”之后成为世界霸主，在全球获得了广泛认同，同时美誉度也比较高。另外，美国的国际传播行为并不是在美国政府的主导之下进行的，在美国已经形成一种成熟的社会机制，使得学术、经济和政治力量的利益共同体得以形成。美国的国家形象建设一方面以国家经济、军事、技术等硬实力为依托，在“二战”之后通过经济援助和政治渗透，在全球树立起大国威望；另一方面，美国在文化、学术、媒介等软实力上也保持着全球领先的地位。

美国拥有全球最大的媒体王国，其媒体影响力在全球首屈一指。根据信息供应商普兰凯特(Plunket)研究公司的娱乐和媒体最新统计数据，美国有2310家日报和周报、16139家广播电台、2258家电视台。2009年，美国通信和媒体的总支出达到8826亿美元，如果包含新媒体，这一数字还将提高很多。[①] 除此之外，美国还拥有享誉世界的NBA、百老汇和电影圣地好莱坞，文化和娱

① 姚晓东：《如何向世界讲述中国故事——美国媒体国际传播的经验及启示》，载《江海学刊》，2010年6月。

乐产业发达。根据美国电影协会(MPAA)2009年发布的《电影市场统计报告》，2009年美国电影全球票房收入达到299亿美元，其中海外收入193亿美元，占全球票房的64%。[①] 由于美国文化产品在全球具有不可抵抗的优势和吸引力，法国、加拿大、印度尼西亚等一些国家甚至发动过抵制美国电影等文化产品的运动，足见美国国际传播的实力之强。另一方面，美国政府不仅构建了全面的立法体系，保护文化产业的知识产权，而且在资金准入方面，鼓励非文化部门和外来资金投入文化产业，这使美国成为当今文化投资最大、国际文化资本流入最多的国家。美国联邦政府对艺术的年投入为10多亿美元，州、地方政府和企业的赞助在50亿美元以上。[②]

显然，这种文化状况不是政府单一力量可以塑就，美国的市场力量在整个文化与传播系统中是重要的驱动力。虽然美国亦有“美国之音”这样的国家性新闻媒体，但大部分报社、期刊社、出版机构、广播电台、电视网、有线电视网、互联网公司、电影公司都是私人拥有、资本运作、利润导向的。作为文化体系中重要组成部分的教育机构，其私立和公立大学齐头并进，共同赢得了世界性的声誉。与此同时，不可忽视的还有社会团体的介入和运作，例如新闻媒体受到社会公益团体的牵制，社会力量在高等教育中的支撑，民间力量在文化外交中的重要作用等。正如赵月枝指出，传播研究“有必要超越有关市场和国家的简单二元论和对权力的单向度理解”，必须将社会纳入分析框架之中。[③] 虽然她的分析体现在更高理论层面的批判性理解，旨在重新划定社会思潮在传播研究中的应用，但具体到国际传播研究问题上，我们同样可以借用此国家、市场、社会三元结构来进行分析，再结合“去媒体中心化”的思路，我们可以构建一个理解美国国际传播的基本框架。

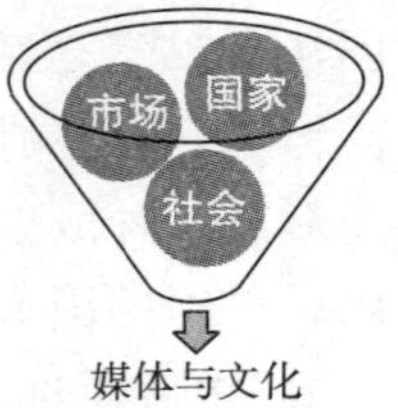

理解美国国际传播的基本框架

在此基本框架下，对美国国际传播的格局分析，主要从五个方面进行：政府主导的新闻媒体、市场主导的新闻媒体、市场主导的文化与娱乐业、互联网与新媒体、民间文

---

① 吕岩梅：《全球进账299亿美元 海外票房占比六成——2009年美国电影业概述》，载《中国电影市场》，2010年第5期。

② 新华社(2011)：《占国内生产总值约四分之一 美国文化产业仅次于军工》，载《北京晨报》，2011年11月25日。

③ 赵月枝：《国家、市场和社会：跨文化传播政治经济分析的基本立场》，载《传播与社会：政治经济和文化分析》，北京：中国传媒大学出版社，第41页。

化交往。

## 二、国际传播能力的构成与格局

### (一)政府主导的新闻媒体

美国政府特别重视国际传播，利用媒介制造有利于美国的舆论环境，这在“二战”期间和冷战期间的表现和效果都很明显。政府主导的国际传播媒介主要是美国之音、自由欧洲、自由亚洲等国际广播电台。

“美国之音”诞生于1942年，是世界上最大的国际广播电台之一，为美国在第二次世界大战的战争宣传立下了汗马功劳。国际广播在冷战时期度过了发展的黄金时代，此时的国际广播大多靠政府资助，当时美国之音就隶属于美国国务院新闻署，在冷战思维下与敌国进行意识形态对抗。

据美国之音官方网站的资料，目前美国之音每周以44种语言通过广播、电视、网络等多媒体向全世界播出约1500小时节目，内容包括新闻实事、社论、专题节目、英语教学节目、美国流行音乐节目等，在全球拥有1.25亿听众。美国之音的新闻中心有数百名记者，此外还有22名驻国内各地记者、16名驻海外记者，均属于美国联邦政府雇员，其外延为90名世界各地的海外记者合同工和供稿人。①

作为美国政府国际传播的主要力量，美国之音担负着宣传政府外交政策的使命，为美国的总体国家战略服务。为此，几十年来美国政府投入巨额的人力物力，建立起有效覆盖全球的国际广播网。从近几年看，美国之音的预算逐年稳步增加，2007财政年度为1.7亿美元，2009财政年度为1.94亿美元，2010财政年度增至2.06亿美元。从20世纪70年代初至80年代末的20年中，美国之音的总发射率增加2倍多，其设在国外的转播台遍布五大洲一系列对美国而言“有战略意义”的地点。②

但是，随着传播技术的发展和网络媒体的冲击愈来愈强，美国政府主导的国际广播也在宣传策略和发展战略上做出了调整。2011年2月14日，美国

① 胡正荣、关娟娟：《世界主要媒体的国际传播战略》，北京：中国传媒大学出版社，2011年，第68页。

② 胡正荣、关娟娟：《世界主要媒体的国际传播战略》，北京：中国传媒大学出版社，2011年，第70页。

广播事业管理委员会向国会提交了其2012财政年度预算方案，其中包括了美国之音的财政削减计划。美国之音将撤销其普通话和粤语广播及电视节目，仅保留其中文网站，并进行大幅度裁员。[①] 由此可见，政府主导的新闻媒体虽然在美国国际传播格局中曾经占有重要位置，但是随着国际形势的变化、媒体潮流的更新，以国际广播为主体的政府主导新闻媒体的重要性正在被重新衡量。

### （二）市场主导的新闻媒体

在"私有财产神圣不可侵犯"的美国，媒介实行以私有制为主体的商业化运行体制。因此，市场主导的商业性媒体构成了美国国际传播能力的主要力量，其中既包括各种新闻媒体，也包括出版、音乐、电影、演出等娱乐产业。以下从通讯社、以《纽约时报》为代表的报纸、以《时代周刊》为代表的杂志和以CNN为代表的电视台来认识美国商业新闻媒体的国际传播能力。

以美国为首的西方大型通讯社在很大程度上主宰了全球国际新闻报道。这些通讯社本身就具备了较强的国际传播能力。以美联社为例。美联社在全世界有超过200个分支机构，全球编辑、传媒和行政雇员有4200名，其三分之二的员工是新闻采集人员。"在任何一天，全世界超过半数的人从美联社了解新闻……美联社把自己看做是全球信息体系的支柱，每天向成千上万的报纸、电台、电视台和网上用户提供文字、照片、图片和音像信息"。[②]

《纽约时报》是在全世界发行的有国际影响力的一份日报。多年以来，作为美国高级报纸中严肃刊物的代表，其拥有很强的权威性和良好的公信力。"在2011年9月，有着160年辉煌历史的《纽约时报》董事长苏兹伯格表示，未来将停止出版印刷版报纸，而主推网络版报纸订阅业务。分析认为，传统报纸走网上订阅路线似乎是未来一种趋势。第二季度，报业印刷物营收仍在缓慢下降，线上营收却在增加，已占到报纸广告总营收的12%"。[③] 一方面随着移动通讯媒体的日益兴盛，网上订阅的用户也从传统的电脑用户扩大到移动终端如智能手机、平等电脑的用户；另一方面，也使信息壁垒被打破，世界各个国

---

① 据德国之声电台网站2011年2月15日报道，转引自新华网：http://news.xinhuanet.com/world/2011－02/17/c_121093113.htm

② 姚晓东：《如何向世界讲述中国故事——美国媒体国际传播的经验及启示》，载《江海学刊》，2010年6月。

③ 据中国之声2010年9月11日报道，《〈纽约时报〉将停止出版印刷版报纸 主推网络版》，见中国广播网，http://www.cnr.cn/china/gdgg/201009/t20100911_507035327.html

家的读者都可以直接接触到报纸的内容。

《时代》周刊是美国三大时事性周刊之一，内容广泛，善于对突发事件、国际问题和国际重大事件进行跟踪报道，拥有世界影响力。《时代》周刊共有 4 种版本，包括了美国版、欧洲版、亚洲版、南太平洋版。《时代》周刊的一个重要特色是选取当前时期具有重要国际影响力的人物照片用作杂志封面。如今成为《时代》周刊的封面人物已成为具有国际知名度的一个重要标志。

目前，美国有 3 家 24 小时播出的有线电视新闻频道，即 CNN、福克斯新闻台和 MSNBC。CNN 作为世界上第一个全天候的新闻频道，被认为具有国际影响力的电视媒体的代表。截至 2010 年 8 月，全球 212 个国家和地区的大约 10 亿人可以收看到 CNN，它已经成为美国国内和全球范围内最主要的电视新闻提供者之一。CNN 旗下拥有 15 个有线和卫星电视频道网络、11 个网站、2 个地方性电视网络和 2 个广播网络，此外，在全球还拥有多个外语频道。CNN 有 900 多家附属电视台，包括美国国内的 650 余家地方台。它在全球拥有 30 多个演播室，同时还有 600 个新闻网点为它提供节目。

总体而言，就狭义的国际传播来说，市场主导的新闻媒体是美国国际传播的主体和最重要的力量。

### (三)市场主导的文化与娱乐产业

单就产业而论，美国是世界文化与娱乐业的头号强国。认识美国的文化娱乐产业，可以从出版业、表演艺术、影视、音乐和体育四个方面来进行分析。

美国的出版业非常强大，随着竞争的加剧和海外市场的扩张，美国逐步出现了大型跨国出版集团。出版社的年营业额年平均增长率为 3.5%，年度图书与期刊的出版种类、销售量与营业额均居世界前列。商业出版社中，年度出书 100 种以上的大型出版社 150 家左右，年度出书 50～100 种的中型出版社约 1000 家。比较大型的出版公司如时代出版公司、西蒙与舒斯特出版公司、麦格劳—希尔出版公司、麦克米伦出版公司等。①

据美国全国艺术基金会的最新统计，目前全美国共有 1500 多家专业戏剧演出团体、1800 多家交响乐团、120 家歌剧团和 500 多个作家协会。在世界影都好莱坞所在的洛杉矶县，从事电影制作和发行的企业共有 4767 家。2009 年，美国文化产业总共创造了 2784 亿美元的产值。在全球文化产业市场，来

① 据新浪财经 2012 年 2 月 6 日报道，《郑雄伟主持发布〈全球文化产业发展报告〉》，见新浪财经，http://finance.sina.com.cn/hy/20120206/092711319156.shtml

自美国的文化产品占了相当大的比重。在全球放映的影片中，好莱坞电影占85%。即使在重视市场保护的欧盟，来自好莱坞的大片也占据80%以上的市场份额。[①]

在音乐领域，全球音乐唱片市场总值385亿美元，美国市场所占份额为37%。全美国约有1000家唱片发行公司，主宰唱片业的主要是华纳兄弟公司、索尼音乐娱乐公司、BMG公司等十几家。另据统计，由美国公司生产的音乐唱片已占世界音乐唱片消费总量的60%。[②] 在新媒体的冲击下，音乐CD的销量降低，数字音乐销量提高。2008年苹果公司的iTunes的销售额已经达33.4亿美元，比2006年增加了8.4亿美元。[③]

此外，NBA等体育比赛也具有全球影响。“2005年NBA通过148家电视台以42种语言播放至212个国家，覆盖面积达7.5亿户，而NBA官方网站的浏览者中有40 %来自美国境外。2003年，NBA在美国以外的市场收益为4.3亿美元，占联盟整体利益的20 %以上。据他们预测，海外市场的收益在将来可以达到50 %以上，海外市场将是NBA未来重要的利润来源。这其中包括欧、亚、非、南美、北美以及拉丁美洲的许多国家”。[④] 在很多国家的篮球爱好者心中，NBA的影响力可能要高于一些不知名的国家。

### (四)互联网与新媒体

互联网已经成为人们生活的一个重要组成部分，但是，很少有人注意到“从打开电脑的那一刻起，从电脑的英特尔芯片到微软的操作系统，从思科的路由器到ICANN(互联网名称与数字地址分配机构)的域名管理系统，互联网产业链上每个关键环节，基本上都由美国的公司主宰。更让许多国家担心的是，负责控制互联网流量的世界13台根服务器中有10台都在美国”。[⑤]

互联网是国际的，但是互联网的控制权却掌握在美国手中。“1998年，美国商务部设立了私营机构ICANN来具体负责互联网顶级域名的运营。美国

---

① 王军：《美国文化产业化探析》，载《宁波日报》，2011年11月9日。

② 据新浪财经2012年2月6日报道，《郑雄伟主持发布〈全球文化产业发展报告〉》，见新浪财经，http://finance.sina.com.cn/hy/20120206/092711319156.shtml

③ 吴云：《美国音乐产业现状：CD唱盘衰了，数字音乐火了》，见腾讯娱乐，http://ent.qq.com/a/20091023/000421.htm

④ 毕研嵩：《NBA海外市场拓展策略》，载《体育成人教育学刊》，2007年2月。

⑤ 刘扬、雷达等：《美国输出在线软实力 中国互联网企业利润大多被美占有》，载《环球时报》，2010年1月27日。

不仅拥有网络域名的专控权和否决权，还拥有国际互联网高速公路的主干线，任何国家和地区的支干线间的通信都要经过美国的主线”。[①] 这家机构利用这种特权，在伊拉克战争期间终止了其国家顶级域名“.iq”的申请和解析，使所有以此为后缀的网站都在国际互联网版图上消失了。此外，它还可以轻松地收集和截取其他国家的网络信息。出于对美国独揽互联网控制权的不满和对国家信息安全的担忧，一些技术先进的国家如德国、荷兰等国已经开始建立自己的域名系统。

除在国际互联网基础设施方面的控制权，美国还拥有很多大型跨国互联网公司，如全球最大的搜索引擎谷歌（Google）、全球最大的社交网站脸谱（Facebook）、全球最大的电子商务外贸平台易趣（Ebay）和全球最大的网上书店亚马逊（Amazon）等。这些公司技术先进、服务优良、资本雄厚，分公司遍及世界各地。这些大型跨国互联网公司，一方面向海外用户提供服务，另一方面通过资本市场进入其他国家的本土公司，掌握本土公司的股权。以中国为例。2011 年在中国领先的互联网安全与服务公司奇虎 360、中国最大的社交网站人人网相继在美国纽约证券交易所挂牌上市。除此之外，中国的大型互联网公司如百度、搜狐、新浪、优酷等都选择在美国上市。2009 年 6 月中国电子商务 B2B 研究中心发布的《中国互联网外资控制调查报告》指出：“过去 10 年，外资在促进中国互联网普及的同时，也逐步从资本层面控制了中国互联网产业各个领域。外资控制的范围已经不再局限于国内大型互联网企业，而是全面投向有一定市场地位和影响力的成长性网站、门户网站、搜索引擎、WEB2.0 博客、论坛等，涵盖了所有网络模式。”[②]

传播技术的飞速发展促使多种媒介融合方式生成。最成功的案例当属美国苹果电脑公司推出的 iPod＋iTunes、iPhone/iPad＋App Store 的模式。购买 iPod 的消费者只需要为在线歌曲支付 99 美分就可以合法下载、播放；购买 iPhone 或 iPad 的用户可以在苹果应用商店（App Store）下载免费或付费的软件，其中包括游戏、健康、资讯、实用等多种多样的功能。这种软硬件捆绑销售的模式不仅为苹果公司创造了销售奇迹，同时也开创了全新的媒介使用方式，受到全球用户的热烈欢迎。苹果公司在 2010 年 10 月发布的销售数据显示，2010 年第三季度，该公司共售出 1410 万部 iPhone、420 万部 iPad，实现利润

① 龙真：《美国独揽控制权引众怒 国际互联网面分裂危险》，载《IT 时代周刊》，2007 年 12 月。

② 谭扬芳：《互联网企业纷纷海外上市对我国意识形态和文化安全的潜在威胁》，载《环球视野》，第 426 期。

430亿美元，合约每股盈利4.64美元，同比增长70%。①

### （五）民间文化交往

公共外交发源于美国，属于美国政府的优先项目，美国政府每年投入大量资金支持公共外交。民间文化交往是公共外交的一种重要方式，主要通过旅游、教育、移民等形式在不同国家的民众之间展开，内容包括文化、体育、艺术、科学等各个方面。通过公共外交，美国的主流价值观和生活方式得以在其他国家的民众中传播，公共外交成为美国提升国家形象的重要手段。以教育为例，美国政府一方面提供优厚条件鼓励其他国家的优秀学生到美国深造，另一方面鼓励更多的美国学生走出美国到其他国家进行学习和交流，这方面富布赖特项目是一个成功的案例。

据美国大使馆介绍，"富布赖特项目是世界上规模最大、声誉最高的国际交流计划，目前已覆盖140个国家。它由美国政府资助，2003财政年度美国国会为该项目拨款1.229亿美元。富布赖特项目已经为250,000名学术成绩优异、领导才干突出的参与者提供机会，其中96400人来自美国，158600人来自其他国家。富布赖特项目每年大约为4500位新人授予基金"。② 规模如此庞大的学术交流，不仅使得美国获得了丰富的人才和知识资源，同时也将美国的知识、思想、理念、文化、价值体系等向外传递，成为国际传播的重要平台。

随着新媒体的蓬勃发展，网络公共外交逐渐兴起。近年来，美国政府机构、媒体、非政府组织、学界、智库、基金会、培训机构等利用各种网络工具，重点在媒体和高校开展公共外交，鼓励美国外交官、记者、教授、交换学者和学生、旅游者及其他美国公民通过互联网与中国网民开展对话交流，推销美国的外交政策、政治制度及价值体系，③而这已经成为新时期公共外交引人注目的景象。

## 三、国际传播能力的整体评估与启示

按照国家、市场、社会三元结构的分析框架，以及"去媒体中心化"的思路，

---

① CNNMoney(2010)：《苹果iPhone销售额创200亿美元》，见腾讯财经，http://finance.qq.com/a/20101027/002505.htm

② 见美国大使馆官网，http://chinese.usembassy－china.org.cn/fulbright_program.html

③ 李希光：《面对以网络社会为中心的国家传播》，载《中国社会科学报》，2011年5月。

上文对美国国际传播格局进行了基本梳理。从中,我们可以得出三个基本的结论:

首先,美国的国际传播格局虽然不免受到政府力量的影响,但国家和政府并不能看作国际传播的唯一主体。甚至可以说,与资本和市场的力量比较,国家和政府还处于二线地位。从更广泛的公共外交和民间交往来看,社会也起到了举足轻重的作用。如果只是从政府主导的视角来评估美国外交,未免管中窥豹,甚或低估了美国的国际传播能力。

其次,以新闻传播为主要任务的媒体也不是美国国际传播力量的全部。美联社、《纽约时报》、《时代》周刊、CNN的作用固然不可忽视,但好莱坞、NBA、苹果公司同样是美国国际能力的主力军,而哈佛大学、富布赖特基金会、形形色色的网络公开课、民间文化交往起到的作用更难以忽视。如果把国家形象的建构作为国际传播的重要目标,那么一个国家如何获得较高的认知度和美誉度,便不能仅仅凭大型新闻媒体的一己之力完成,它更是一个整体性文化系统建设的结果。

最后,既然美国的国际传播布局容纳了如此多样的主体、覆盖了如此广阔的领域,它就必然不可能是一个没有矛盾的系统。政府并非唯一主宰,也就意味着国际传播的目标、走向及主流内容并非单一化的,必然受到各种资本和社会的多重约束。新闻媒体并非唯一阵地,也就表明了文化和意识形态在此处的多样性和开放性。虽然美国整体性的价值观与文明状态不免会包装进国际传播内容中,但将之作为美国政府外交态度的镜像进行理解必然会失之简单,将国际传播作为国家较量的软实力进行理解也未免偏颇。此处,从“和而不同”的视角进行分析,或许能得到更充分的解释。

# 第七章

# 英国

相对其6000多万人口和24余万平方公里国土，英国所拥有的国际知名媒体之多令人吃惊。这是大英帝国早年强盛、具有悠久的传媒发展史，而且英语又作为世界性语言以及全球化浪潮等诸多因素共同作用的结果。同其他国家的传媒业相比，英国在传媒体制和编辑方针等方面也别具特色。

严肃报纸中的《泰晤士报》(*The Times*)、《卫报》(*The Guardian*)、《每日电讯报》(*The Daily Telegraph*)，财经专业媒体中的《经济学人》(*Economist*)杂志、《金融时报》(*Financial Times*)，广电媒体中的英国广播公司(BBC)，以及通讯社中的路透社(Reuters)，均是全球闻名的英国媒体，在各自领域具有重要影响。

英国有全球影响力的媒体均为报刊及广电等传统媒体，大多为百年以上的"老店"，其在网络时代的新媒体竞争中乏善可陈。BBC Online算是全球知名的新闻网站，但它仍依托于传统媒体。不过，英国老牌媒体在数字时代的转型与突围却深受全球瞩目。

## 一、报业重镇：竞争激烈 不断创新

英国报业市场竞争激烈，竟有10份发行量超过20万的全国性日报，不过，发行量居前六位的均为猎奇性质的小报，若论有国际声誉和影响力的严肃报纸，则非《泰晤士报》、《金融时报》、《每日电讯报》、《卫报》等莫属。

据英国权威的报刊发行量评定机构——发行稽核局(Audit Bureau of Circulations)公布的数字，2012年11月，《每日电讯报》发行量为54.6万份，

《泰晤士报》为 39.9 万，《金融时报》为 28.1 万，《卫报》为 20.3 万。[①]

英国报业素有大报、小报之别。所谓“大报”，即 Broad sheet，一般版面尺寸较大，所刊报道较为严肃，以《泰晤士报》、《每日电讯报》、《卫报》等为代表；所谓“小报”，即 Tabloid，一般版面尺寸较小，所登报道以“煽情新闻”为主，最有名的是《太阳报》(*The Sun*)。不过，随着近年《泰晤士报》等改为四开小报出版，报纸尺寸在英国已非严肃报纸与低俗小报划分的天然依据。

和 BBC 在政治新闻报道上秉持不偏不倚原则截然不同，英国报业有明显的政治立场。

大致说来，《泰晤士报》政治倾向属中间偏右，它在 19 世纪即已成为英国最大的报纸，名闻世界，至今仍为英语世界主流报纸之一，在世人眼中是英国报业的代表。《每日电讯报》属保守党右翼，它也是英国发行量最大的严肃日报。《卫报》则被视为反映左翼观点的报纸。2011 年夏，《卫报》揭露《世界新闻报》窃听丑闻，引发连锁反应，英国舆论大哗，终致《世界新闻报》之“死”，默多克被迫弃购天空电视台。首相卡梅隆任命由莱维森领衔的委员会全面调查事件真相，英国媒体监管体制的未来走向令人关注。

受网络时代冲击，大多数英国报纸发行量逐年下降，相互间的竞争也越发激烈。各报因应数字时代挑战加紧创新，但对策各异。例如，《泰晤士报》及其姊妹报《星期日泰晤士报》于 2010 年 7 月开始对网上内容收费，被称为“Paywall(付费墙)”的这种收费模式导致其网站流量锐减，但新闻集团表示它在意的是留下来的忠实读者。《卫报》等则坚持全部内容免费，期望借此增大读者浏览量，吸引更多网络广告。

## 二、广播电视：英国海外形象最佳品牌

享有盛誉的 BBC，即英国广播公司(British Broadcasting Corporation)，是世界上第一家公共广播机构，成立于 1922 年。在英国国内，BBC 资金主要来源于居民缴纳的牌照费，因此其声称自己对民众负责，不受政府干预。在 20 世纪 50 年代英国独立电视台和 70 年代独立电台成立前，BBC 是全英唯一的电视和广播公司。

BBC 的国际传播主要包括两部分：“BBC 全球服务(BBC World

① 数据来源：英国发行稽核局，网址 http://www.abc.org.uk/Certificates－Reports/Certificate－Search/

Service)”，为国际广播，通过短波和卫星等方式，向全球 24 小时播出英文节目，其经费来自政府专项拨款；“BBC 世界新闻（BBC World News）”，为 24 小时英文新闻频道，其定位是商业电视台，通过广告盈利，不能在英国本土播出。

根据英国国际战略研究所进行的全球调查，BBC 对外广播被认为是代表英国海外形象的最佳品牌。

“BBC 全球服务”的前身为 1932 年开播的“BBC 帝国服务”（BBC Empire Service），2009～2010 年，BBC 国际广播每周受众人数为 2.41 亿人次[①]。BBC 国际广播每年都要做受众调查，并据此调整发展策略，如停止某些语种的广播，目前它以 32 种语言播出。

“BBC 世界新闻”既提供高品质的新闻节目，也播放一些在英国国内广受好评的纪录片等，其口号是“把新闻放在第一位（Putting News First）”。目前，BBC 世界新闻已覆盖全球 200 多个国家和地区，进入近 3 亿家庭和 180 万家宾馆。[②] BBC 世界新闻频道在全球的主要竞争对手为 CNN、天空新闻台、福克斯新闻频道和半岛电视台英语频道等。

BBC 在英国国内为非营利性的公共广播电视机构，但在海外采用商业模式经营。1994 年成立的 BBC 环球公司（BBC Worldwide），负责 BBC 世界新闻电视频道的经营业务，其中包括向海外出售节目，2009～2010 年，BBC 环球的销售额超过 10 亿英镑，盈利达 1.45 亿英镑。[③] 不过，BBC 世界新闻电视频道尚未实现收支平衡。

BBC Online 是英国最大的新闻网站，也是世界上点击量最多的英语新闻网站之一。

## 三、通讯社：始终追随技术革命

路透社成立的初衷是快速搜集和传递最新股市信息，满足银行、公司、交易所和股票商的需要。160 多年后的今天，路透社的主要业务仍是金融服务，其 90%的收入来源于此。

---

① 李文：《国际广播业的发展和挑战》，http://news.21cn.com/domestic/yaowen/2010/07/29/7696707.shtml

② 任永雷：《中外媒体境外落地特点比较及对策研究》，载《对外传播》，2012 年第 5 期。

③ 《专访 BBC 环球执行董事：与新媒体合作是转型关键》，http://news.xinhuanet.com/zgjx/2010－08/26/c_13463806.htm

不过，路透社早已不属于路透家族。1984 年，路透社在伦敦和纽约上市，成为一家公众控股公司，在所有权上实现国际化。2008 年 4 月，路透集团与加拿大媒体巨头汤姆森集团正式合并为汤森路透集团。在共同声明中，两家公司都认为合并将会造就一个在电子信息服务、金融资讯服务和新闻传媒领域全球领先的传媒集团。

路透社的业务由经济金融信息服务和新闻资讯服务两大部分组成，其中新闻资讯服务部分有采编人员 2400 人。路透社在 94 个国家和地区设有 199 个分支机构，提供包括中文在内的 20 种语言的电讯稿、电视、网络、图片和报表新闻。①

尽管约 90%收入来源于金融服务，但路透社却强调，它遍布全球的新闻从业者是公司的主要价值来源。原汤森路透集团首席执行官汤姆·格罗瑟解释说，没有新闻业务，路透社不可能在金融领域中获得这么多客户。

路透社的特质之一是始终追赶传播的速度。1850 年，路透社的创始人路透先生曾用由鸽子组成的“空中舰队”在比利时和德国之间传递股票信息；两年后他开始用海底电报；当陆上电报和海底电缆技术进一步发展后，路透社的业务从欧洲拓展到远东、南美；然后是无线发报技术、无线电技术、全球覆盖最广泛的国际专用卫星及有线通讯网络。今天的路透社，已转型为一个基于互联网的全媒体传媒集团。

路透社视互联网时代为挑战，更是巨大机遇。2000 年 2 月，路透社宣布了一系列旨在将路透社主要服务移植于互联网上的投资和拓展计划，将新闻信息产品和服务业务逐步转移到可不断升级的互联网平台上进行加工、销售和传输。互联网化翻开了路透社发展史上新的一页，对它来说不仅意味着营销、生产方式的变化，还意味着其组织方式、资源配置方式、生产流程以及客户关系的深刻变化。

路透社将直接面向个人的新媒体确定为新的经济增长点和业务重点，在很短时间内就介入了几乎所有新媒体领域，包括博客、播客、手机电视、网络电视、即时信息，甚至网络游戏、社交网站等领域。

路透社对传统的新闻采集、加工、传播、服务等环节进行再造，以适应数字时代的特点和需求。比如，路透社在拓展新闻来源方面有两个创新性措施，一是通过参股博客公司集纳网络信息；二是建立公众投稿系统，接收受众自制的

① 唐润华、吴长伟、文建：《传播能力再造：新媒体时代的世界性通讯社》，合肥：安徽大学出版社，2012 年。

内容，“将所有人都变成路透社的通讯员”。

## 四、财经报刊：掘金全球市场

英国财经媒体有一报一刊全球闻名，即《金融时报》和《经济学人》。《金融时报》隶属皮尔森集团，该集团同时拥有《经济学人》一半股份。这一报一刊有颇多相似之处：同是19世纪大英帝国全球海权和贸易扩张，自由市场经济思潮中兴的产物；均高度国际化，虽属英国媒体，但其大部分订户却在海外市场；在应对数字时代的挑战中，它们凭着敏锐的商业嗅觉和判断，找到了成功模式，实现发行量和营收的持续增长，在传统媒体纷纷走下坡路的今天，逆势上扬。

诞生于1884年的《金融时报》，至今仍在沿用它自1893年开始使用的粉色纸张印刷，这种后来被很多商业报纸所采用的纸张颜色被称为“商业粉红色”（business pink）。《金融时报》有四分之三的发行量是在英国以外的全球各地，其英国新闻占比亦只有约15%。和《华尔街日报》在全球不同区域出版本地化版本不同的是，《金融时报》的内容尽量全球化，其各种版本内容几乎一致。

《金融时报》是传媒业中对线上内容实行收费的先驱，开创了“计量收费”模式，即允许其网站的访问者每周阅读若干篇文章，之后则向其收费。2012年7月，《金融时报》表示，数字订阅量达到30万份，而印刷版订阅量目前为29.9万份。《金融时报》总的付费订阅量达到59.9万份，比2011年增加2%。该公司2012年上半年的销售额为2.29亿美元。《金融时报》数字版订阅量首超印刷版，数字版的销售额增长不仅弥补了印刷版销售额的下降，同时弥补了因广告而流失的读者数量。① BBC的一篇报道认为，收费制之所以在《金融时报》网络版上获得成功，是因为“它提供了专业化内容”。

创办时间更早（1843年）的《经济学人》，以杂志面目示人，但却坚称自己是一份报纸。它不仅关注经济，还报道政治、环境、科技、生物技术等诸多话题，但强调用经济学家的方式来思考，在准确数据之上进行严密的逻辑分析。20世纪90年代以前，其报道内容主要集中于发达国家，随着新兴市场国家的崛起，以及更多国家加入世界市场体系，《经济学人》加强了对这些地区的

---

① 《〈金融时报〉数字版订阅量首超印刷版》，http://tech.163.com/12/0727/21/87EVD5H3000915BF.html

报道。

2011 年上半年,《经济学人》发行量达到 148.7 万份,同比增长 3%,利润增长 6%。它在美国的发行量即达 84.4 万份,于是有媒体称《经济学人》“吃了美国午餐”。《经济学人》在英国本土的发行量仅占一成多。①

《经济学人》强调表达全球性的声音,原因是它认为读者阅读本刊主要是想了解外部世界,对全球事务感兴趣。因此,它向全球出售几乎统一的内容,虽形式上有不同版本,但基本上是根据地区不同而微调文章的顺序与封面而已。

独特的是,《经济学人》绝大部分文章不署名,因为它认为文章的内涵比作者的名字更重要,而且,匿名制使编辑成为刊物真正的仆人,而不是主宰,从而给予《经济学人》异于其他刊物的思想和原则,令人刮目相看。

近年来,《经济学人》大规模进军数字市场,在实行网上文章收费之外,它又提出“Lean Back 2.0”的概念,用以显示人们越来越多地在平板电脑或电子阅读器上阅读的新模式,这一认知其数字订户的迅速增长密切相关。

提出这一概念的《经济学人》杂志首席执行官安德鲁·拉什巴斯(Andrew Rashbass)认为,印刷媒体时代的阅读是后靠式的、专注的,即“Lean Back 1.0”,而互联网时代人们点击网站的阅读是前倾式的、目光游移的,可称为“Lean Forward”。现在,iPad、Kindle 等平板电脑或阅读器让读者重又回到后靠式的专注阅读模式,即“Lean Back 2.0”。②

基于这样的判断和市场调查中读者的积极反馈,《经济学人》把未来发展数字订户的重点放在平板电脑上,不仅让读者可以通过平板电脑获得和读书一样的感觉,而且增加了有声朗读等更好的阅读体验。安德鲁·拉什巴斯相信,“Lean Back 2.0”将是未来数字订阅市场的主导模式。

---

① Andrew Rashbass:“The biggest reason we're successful is that we are lucky”, http://www.guardian.co.uk/media/2011/nov/27/andrew－rashbass－economist－group－interview

② Andrew Rashbass:“The biggest reason we're successful is that we are lucky”, http://www.guardian.co.uk/media/2011/nov/27/andrew－rashbass－economist－group－interview

# 第八章

# 法国

法国是一个拥有高度发达的文化和先进技术的国家。据 2009 年的人口统计，法国人口共有 6435 万，其中有 490 万是外国移民。因为法国移民人口多，所以法国接收卫星电视的人数比例很高。

纵观法国新闻传媒产业在二战后的发展历程，会发现法国媒体的发展深受国家和政府意志的影响，因为二战后的法国政府决定要重新规范因在二战期间和维希政权合作而丧失民心信誉的法国传媒业。从那时起，政府的身影在纸质媒体（主要依靠政府的补贴）、电视产业（法兰西电视台是主要运营机构，其主席几乎直接由政府任命）、广播（法国广播电台是国营的，占法国听众排名前五位电台的两席）、电影（政府通过国家电影中心设立一套复杂的补贴制度），甚至是新兴的互联网里（通过对文化产品下载和知识产权的规范等，如 HADOPI）都随处可见。

## 一、传统媒体

### （一）报纸

法国的日报产业曾经在很长一段时间内是法国传媒业中最强大、最繁荣的，但如今该行业的形势每况愈下。

全国发行的日报有 11 份付费报纸，总发行量为 164 万份；3 份免费报纸，印刷量为 270 万份。“纸媒危机”首先冲击到需要付费的日报，2008 年该领域的收入下降了 3.5%（大约为 81700 万欧元），销售量下降了 2.4%，广告收入下降了 4.9%。[①]

地方发行的日报情况比全国性日报稍微好点，共有 47 份报纸，发行量为 514 万份，因为拥有一个忠实的读者群（但年龄偏大）其收入仅下降了 0.7%，广告收入只下降了 1.8%。[②]

2002 年年初，一些免费报纸如《地铁报》（*Metro*）、《20 分钟》（*20 Minutes*）、《马赛 Plus》（*Marseille Plus*）等进入市场，打乱了法国报纸业 20 多年来一直比较稳定的格局。免费报纸在几个月内就取得了巨大成功，发行量可观：《地铁报》的发行量达到 35 万份，《20 分钟》的发行量达到了 45 万份，但是它们并未盈利，所以必须增加广告份额。虽然它们在市场上的成功威胁到付费日报的地位，但对日报销售量的影响似乎还比较微弱。

法国日报产业的盈利状况在总体上都不能令人满意，只有经济报《回声报》（Echos）和体育报《队报》（L'Equipe）的情况还比较好。这种差强人意的盈利状况主要是因为法国报纸的印刷费用很高（和欧洲其他国家比起来，法国印刷工会的势力比较强大，工人的待遇很高，这部分的成本偏高），另外日报的广告收入份额只占到 40%，更别说它们的发行量多年来停滞不前，甚至呈下降趋势。

法国的日报阅读情况也令人不乐观，每天都看报纸的人越来越少，尤其是年轻的读者群，女性读者群和城市人中阅读报纸的人数在下降。1000 个法国人中只有 149 人每天买报纸，而在挪威，1000 个人中有 582 人每天购买报纸，1000 个瑞士人中有 376 人每天买报纸看。[③] 如今法国日报中阅读人数最少的是平民报（如《法兰西晚报》）和观点报（如《十字报》和《人道报》），而高质量的日报（英美人谓之为“质报”），如《世界报》、《费加罗报》和《解放者报》维持着一个比较稳定的读者群，在不断更新读者群的情况下，发行量还说得过去。

地方日报面对来自杂志期刊和广播电视的竞争整体表现相当不错。大型的平民报《巴黎人报》成功地开拓读者群，成为大巴黎地区的日报。不过从 20 世纪 90 年代末开始外省日报的经营状况也开始遭遇困境。

法国在线的全国性日报有：

《十字报》（*La Croix*）　http://www.la－croix.com

---

① http://www.ejc.net/media_landscape/article/france/

② Ancienscfj.com — Presse hebdomadaire nationale

③ Autorité de régulation des communications électroniques et des postes (ARCEP) — Observatoire des marchés

《论坛报》(*La Tribune*) http://www.latribune.fr

《费加罗报》(*Le Figaro*) http://www.lefigaro.fr

《世界报》(*Le Monde*) http://www.lemonde.fr

《回声报》(*Les Echos*) http://www.lesechos.fr

《人道报》(*L'Humanite*) http://www.humanite.presse.fr

《解放报》(*Liberation*) http://www.liberation.fr

地方日报有：

《阿尔萨斯最新消息》(*Les Dernieres Nouevelles d'Alsace*) http://www.sdv.fr/dna/index.html

《北方之声》(*La Voix du Nord*) http://www.lavoixdunord.fr

《自由中部》(*Le Midi libre*) http://www.midilibre.com

《巴黎人报》(*Le Parisien*) http://www.leparisien.fr

《进步报》(*Le Progres*) http://www.leprogres.fr

《洛林共和国报》(*Le Republican lorrain*) http://republicain－lorrain.fr

《尼斯晨报》(*Nice Matin*) http://www.nicematin.fr

《法兰西西部报》(*Ouest－France*) http://www.ouest－france.tm.fr

《西南报》*http://www.sudouest.com*

《布列斯特电讯报》http://www.bretagne－online.com

综合性周报有：

《快报》(*L'Express*) http://www.lexpress.fr

《新观察报》(*Le Nouvel Observateur*) http://www.nouevelobs.com

《观点报》(*Le Point*) http://www.lepoint.fr

### (二)杂志

法国的大众杂志算是法国媒体产业的一道独特风景，销售量动辄几千份。大众杂志主要包括电视杂志、女性报刊、时事杂志、经济类刊物和以年龄阶层(年轻人或老年人)分类的杂志，还有专题类(娱乐类、发现类、活动类、团体类等等)杂志。法国每年都会有好几百种新杂志面世，包括周报、综合性杂志或者专题杂志等。越来越普遍的是月刊，杂志内容清晰、主题明确。专题杂志其发行量极少超过几万份，但是大型的电视周刊或大众女性杂志发行量能达到甚至超过 200 万份。过去 20 年间，它们的销售量增加了 65%。

法国的杂志集团基本上都在赚钱，即使杂志的广告收入份额算不上很高

(只占到其收入来源的 40%)。法国的杂志集团通常都是跨国经营,如阿歇·菲里帕奇媒体集团(Hachette Filipacchi Medias HFM),它的旗舰杂志《她》(*Elle*),在 30 个国家出版发行,拥有为数众多的出版社。欧洲其他几家大型出版集团都在法国开展业务,如贝塔斯曼(Bertelsmann)、Emap、Bauer 等。法国有 22 种全国性周报,发行量达 630 万份,自 2006 以来增加了 2.13%;246 种地方性周报,总发行量达 750 万份。[①]

在法国,除了大众类杂志,一些行业技术类杂志的发展势头也很好,而且盈利状况相当好,国际化程度高。行业杂志(针对特殊领域如钓鱼、宠物或烟草等等)属于法国媒体行业的一道特殊风景,97.2%的 15 岁以上的法国人每月至少阅读一类这种杂志。[②]

### (三)广播电台

法国的广播电台普及程度很高,目前拥有 1200 家,主要包括三大综合电台(卢森堡电视广播台(RTL)、法兰西互动电台(France Inter)和欧洲一台(Europe 1)),专题网络电台(绝大部分是音乐台,也有信息台和社区台),私营地方电台和几百家地方合作电台。

平均每个法国家庭收听 5.9 个电台,比 2002 年统计到的 5.6 个电台有所增长,通过电脑、MP3 播放器和手机(增长最明显)等数字收听设备来收听广播的比例大大增加。每个周末大约 4200 万人收听广播。[③] 综合电台,如 RTL,France Inter 等,比专门的音乐电台(NRJ,Nostalgie)更受欢迎。但自 20 世纪 80 年代中期以来,法国的主题电台和地方电台的听众人数超过了综合台的人数。

在法国的广播行业中,国家控制的电台仍然保有特殊的位置。法兰西广播控股 5 家大电台,其中法兰西互动电台的听众在 2009 年 7 月统计有 535 万人,听众人数居全国第二。[④] 法国的私营电台发展得也很不错,其中大部分都有外国背景。因为长久以来法国的法律禁止创立私营电台,所以某些私营电台只能在法国边境线以外创建,如顶级的广播电台 RTL。私营电台领域既有

---

① Association pour le ContrÔle de la Diffusion des Médias (OJD) — Les plus fortes fréquentations en décembre 2008

② Breves. rsfblog. org — La presse hebdomadaire régionale veut enrayer l'érosion de son lectorat

③ Ozap. com — Audiences radio

④ RFI — Bilan 2005/2007 des audiences dans 10 pays d'Afrique

大型传媒集团阿歇特—拉加代尔集团、贝塔斯曼集团和国家企业集团 NRJ 等涉足，也包括很多小电台。近年来，广播业的集中化、集团化趋势明显：如媒体大亨阿兰威尔创建的视听广播集团 NextRadioTV，囊括了广播电台 RMC（该电台的收听率虽仅位居全国第九位，但却是法国最有活力的电台，每年都会吸引很多新听众）、BFM（经济新闻）和其他媒体形式。

## （四）电视产业

法国的电视产业如今由两大分部组成，第一分部包括 7 家赫兹频道(chaine hertzienne)，第二分部包括以电缆、卫星和未来以数字赫兹接入的节目包。7 家赫兹频道（有线台）包括私营综合台 TF1 和 M6，公共台 France2 和 France3，娱乐台 Canal＋，教育台 France5 和文化台法德电视台 Arte。两大运营商 Canal Satellite 和 TPS 在节目包制作领域是两个最主要的竞争对手。地方有线台不算多，仅限于几个大城市里昂、图卢兹和波尔多，因为有线台的经济回报前景不是那么显而易见。

大部分有线节目，除了 Canal＋，都需要支付特许权使用费才能收看，这部分费用是付给公共电台和电视台的报酬。而收看光纤台、卫星台和 Canal＋需要专门订阅。目前法国的有线台吸引了 75.9％的观众，大约 1000 万法国家庭付费订阅不同类型的节目。①

从 1986 年到 2000 年，法国有 6 家大电视台，其中 2 家——TF1 和 M6 是私营的，3 家公立电视台，它们是法国二台、法国三台和法国五台，还有 1 家加密电视台 Canal＋和 2 家卫星天线台。不过数字地面电视 TNT 的成功对这些大电视台形成了巨大的挑战。比如，私营电视台中的老大 TF1，曾经占据 30％的市场份额，自 2005 年开始遭遇收视率不断下降的困局。从这一年起，法国又涌现出 12 家崭新面孔、生机勃勃的免费电视频道，到 2008 年，几乎 80％的电视机主都可以收看地面数字电视。数字频道的受众到 2009 年 8 月份增加了 15.6％，其中 2 个最小的频道 TMC 和 W9 吸引了 2.6％的电视观众。②

---

① Culture. gouv. fr — Diffusion et utilisation des TIC en France et en Europe (PDF)

② Conseil supérieur de l'audiovisuel — Dossiers d'actualité

## 二、新媒体

### (一)互联网

在发展互联网和多媒体方面,法国似乎有点先后不一致。一方面,从20世纪80年代开始,法国就大力普及了迷你终端minitel,在世界上处于领先地位。其中在特殊信息、短信、电子邮件和数据库的应用方面,无论是大众化还是职业性的应用都比其他国家超前一步。但是,法国在家用电脑的装备方面,尤其在互联网的接入方面却落后了一步。特别是20世纪90年代末相对于它的欧洲邻居而言可以说是大大落后了。

法国的电信运营商在互联网内容的提供和普及上刚开始很谨慎,后来才敢投入较多的资金,特别是1998年以后,但是形势并不太好,他们在这方面的业务没有盈利,甚至没达到收支平衡。于是他们纷纷放弃互联网业务,而威旺迪集团的退出影响尤其明显。所有的发行商都缩减互联网业务,转而投入能够吸引广告商的领域,或者能催生订购用户的业务,如世界报集团、巴雅尔新闻集团等。

截至2009年6月,法国共计有1860万个宽带接口,其中1760万通过DSL连接。也就是说,62%的法国家庭可以在家里登上互联网。不过,大约三分之一的法国人从来没上过网,当然主要是老年人。法国的互联网用户为3200万(指年龄超过11岁,每个月至少上网一次的人),人数位居全球第六名。有28%的法国人在线阅读报纸,27%的在网上看电视或听广播。①

法国几乎每份报纸都有电子版,包括一些最重要的报纸,如体育日报《队报》(*lequipe. fr*),仅2008年12月底访问量就达到了4850万;法国有名的质报《世界报》的网站lemonde. fr的浏览次数在全球超过5000万,在法国超过4000万。② 法国新闻报纸现在的趋势是放弃一切免费阅读的在线模式而开始试行对某些内容进行收费的制度。

手机互联网现在在法国也变得越来越普及。100个法国人中有82人拥有手机,其中31%的用户用手机上网(约830万人)。③ 手机网络中25岁到50

① Studio－ok. com － Comportement des internautes ：fréquence et temps passé sur Internet

② http://www. ejc. net/media_landscape/article/france/

③ http://www. ejc. net/media_landscape/article/france/

岁的男性群体发展很快。主要大报的电子版也可以通过手机上网阅读。

### (二)数字媒体

近年来，互联网上新兴起了一种崭新的媒体形式：公民新闻。一些大网站，如邮报网 LePost(由世界报集团控股)、AgoraVox(属一家监控公司所有)或 Rue89(由记者创建)等，向网民提供生产新闻的机会。LePost 被看作《世界报》的"测试管"，在 2008 年拥有 150 万的访问者。

在法国，博客也很普及。估计有 1000 万人注册了博客，其中 250 万人经常更新，使法国成为按人口比例拥有博客数最高的国家。这些数字还不包括法国博客空间，即 Skyblogs，由广播电台 Skyrock 建立的网站。在那儿，共注册了超过 270 万个博客(网民达 1700 万人)，主要是青少年的日志，写给同学看。①

社交网络脸谱(Facebook)在法国也很普及，估计用户人数达到 400 万。另一个网站 Twitter 在法国拥有 12.5 万名用户。②

## 三、媒体的国际传播特点

### (一)集中化程度越来越高

法国的传媒业过去一直活跃着为数众多的出版企业，但近年来，和其他大多数欧洲国家一样，法国传媒业界的兼并收购运动风起云涌，集中化程度越来越高。

在法国，几家大型的传媒集团无论是电视广播领域，还是报纸期刊领域都同时涉足，而且这些集团的国际化程度相当高。如阿歇尔—拉加代尔集团涉足杂志、广播和卫星电视等媒体，贝塔斯曼集团在杂志、广播电视领域有相当强的势力，而布依格集团同样在有线电视和卫星电视方面有很多业务，威旺迪环球集团在有线、卫星和光纤电视领域、里昂苏伊士水务集团在有线和光纤电视领域、Socpresse 集团在日报和杂志领域等都有很强的活动能力。有一些法国国内的公司专注于某一媒体，集中化程度很高，如广播领域的 NRJ 集团，一些特别活跃的中等集团如巴雅尔新闻集团(着力于年轻人和老年人的媒体)、

① http://www.ejc.net/media_landscape/article/france/

② http://www.ejc.net/media_landscape/article/france/

世界报集团(和生活出版社集团、新观察报集团合并了)、法国西部集团等。

### (二)主题明确,受众细化

无论是新兴的媒体如互联网,还是在过去20年里重组得到极大发展的媒体如广播、电视和杂志等,在近年来都表现出一种共同的倾向,即对目标受众的区分越来越细化。传媒业的对象是人,不同类型的人消费不同的信息。它们根据年龄段、性别、社会阶层、职业和爱好来细化自己的受众。首先是杂志媒体对受众进行细化,精心制作专题,甚至只针对几千人的受众来决定自己生产的内容。继而广播电台将自己的听众分类细化,如音乐台细化到提供不同类型的音乐节目,如爵士乐、古典音乐,或青春曲目等;电视产业通过制作不同的节目包来吸引观众,有人喜欢看电视连续剧,有人喜欢在电视上欣赏经典电影等。互联网作为新兴的媒体,对网民的定位更加细化,针对不同层次的受众提供不同的网络内容,并且很重视和网民的互动。

于是法国的传媒业出现了综合性媒体,比如免费公共的日报和专业化小受众的媒体和谐共存的局面。同样,法国的广播业、电视业也是这种既有大型综合台也有专门针对小众群体的专业台,他们共同为不同的消费者提供精到的服务。

### (三)信息使用费上升,对广告依赖增加

广播电视的发展、互联网的兴起使人们相信从此可以免费享用媒体提供的信息和娱乐,而媒体应该主要靠广告商养活。但是,在杂志媒体和日报界出现另外一种趋势,即着重读者的订阅情况,采用送报发行制,增加订阅人数。不仅纸质媒体如此,光纤电视、加密电视频道Canal+、卫星电视也需要用户缴纳月租费才能使用。互联网刚开始提供许多免费的服务,但因为广告收入不足,也倾向于收取咨询费。

法国传媒业的广告收入情况始终没达到令人满意的程度,它的广告市场不如其他欧洲的邻居那么开放有活力,促销手段(又称"媒体外竞争",如发放广告单,向顾客邮寄调查问卷,电子营销等)竞争激烈,从而减少了人们对广告版面的购买。因为广告收入不足,法国报纸期刊的售价比其他地方高,从而降低了购买者和读者的忠诚度,使他们流向免费的媒体。

### (四)全球化趋势越来越明显

如果说大众媒体还或多或少带着点国家特色或地方特点的话,那么专题

性媒体，受众细化明确的媒体则有非常明显的全球化趋势，尤其是杂志行业。而某些专业性电视频道的理念也很全球化，如 Planate（星球）、CNN、Eurosport（欧洲体育台）等，甚至某些节目的理念也看不出国界了，如系列剧、游戏，甚而一些真人秀（例如美国的 Big Brother（大兄弟），被法国的 M6 照搬，名字改成 Loft Story（居室故事））。

对互联网和新媒体技术的应用是法国电视频道面对传播技术竞争的重要发展战略。尤其在今天，互联网和广播电视的结合是传播态势的基本选择。例如，法国全球频道的节目传送是非加密的、免费的，在欧洲、近中东、非洲、亚洲和美国都可借助卫星和数字装置接收不同语种的节目。作为新的重要传播渠道，新媒体不仅是接收电视的重要载体，也是加强与受众的互动、强化受众参与性的重要手段。另外，电视专栏记者通过开设自己的博客，增加与受众的互动性。

### （五）政府主导对外报道的广播电视

法国国际广播电台（RFI）是法国向海外传播法国声音的主要渠道，是法国的第二大广播电台，法国政府自很早开始就意欲通过广播电台，尤其是 RFI，增强法国在全世界的国家传播能力；第三世界频道，其听众集中在非洲国家，是法国的第三大广播电台。法国的国家电台，如法兰西广播（France Radio）、海外法兰西网络（RFO）和法国国际广播电台（RFI）吸引了全球约四分之一的广播听众。

2002 年 2 月，时任法国总统希拉克批评法国在国际新闻传播领域力量薄弱，并称这种局面“不可容忍”。他当时提出建立一个能够与 CNN 和 BBC 竞争的大型法国国际新闻频道的想法，要求法国在国际“图像大战”中走在前列。2003 年第二次海湾战争期间，美英利用 CNN 和 BBC 打响信息战，将其观点传播到世界各地，这再次让法国体会到缺乏大型国际新闻传媒的痛苦。2006 年年底法国推出国际新闻频道“法兰西 24”（France24），欲以此打破美英依靠 CNN 和 BBC 独霸国际新闻传媒领域的局面。这个被命名为“法兰西 24”的电视台，被希拉克称为“法国的 CNN”。

法兰西 24 电视台从 2006 年 12 月起通过卫星、有线电视和互联网，用法语、英语和阿拉伯语在世界范围内传播“法兰西价值观”。据估计，法兰西 24 电视台开播时的观众数达到 2.5 亿。其还与世界 153 个城市的 500 多家旅馆签订了播出合同，让穿梭在世界各大城市的精英群体了解“法兰西价值观”。

法兰西 24 电视台要推广的“法兰西价值观”主要包括 4 个内容：多元化、

辩论精神、文化、生活艺术。该电视台在包括中国在内的 12 个国家进行的调查显示，绝大多数受访者不愿被美英的单一观点操纵，希望国际传媒领域能够有 2 种或者 3 种不同的观点。

### (六)通讯社在国际新闻业格局中占据一席之地

通讯社是媒体的消息来源，特别是在国际新闻领域。法国的通讯社主要有法新社和其他十几家专业通讯社，尤其是专业图片社如 Gamma、Sigma 等等，在世界图片市场上占据重要位置。

法新社是法国的国家通讯社，也是全球最负盛名的通讯社之一。法新社在全球拥有完善细致的网络布局，用 6 种语言发稿。法新社的消息以快速见长，它派驻全球的通讯员对突发新闻有灵敏的嗅觉，让它在突发事件报道上处于领先地位。

过去 10 年来，法新社大力发展图片业务，提供音频服务和电子服务(主要是网上业务)。但是和路透、美联相比，它在电视业务上的发展要滞后很多。

# 第九章

# 俄罗斯

俄罗斯联邦，简称俄罗斯或俄联邦，是世界上面积最大的国家，总人口约1.431亿(2012年6月)。俄罗斯联邦具有相当的全球影响力，特别是在由10个原苏联加盟共和国组成的独联体组织内。俄罗斯媒体在国际传播方面具有相当的影响力，对提升俄罗斯的软实力方面发挥了很大作用。

## 一、媒体发展简史

从1991年苏联解体到21世纪初的十几年，是俄罗斯的社会转型期，也是媒体的大变革期，苏联时期按等级划分媒体的垂直管理体系瓦解，区域性媒体逐渐占主导地位，新闻媒体开始商业化，很快就出现了大量私营的电台、电视台和报纸、杂志。

### (一)转型期(1991～1995年)

苏联解体后，原来金字塔式的媒体体系迅速瓦解，首都莫斯科出版的全国性报纸在地方上的影响力越来越弱，地方报纸、电台、电视台的数量急剧增加。1992年俄政府实行市场经济以后，新闻媒体也开始市场化，政府开始还为媒体提供部分补贴(后补贴取消)，但金额有限，难以维持国有媒体运作，于是原来的各国有媒体开始自谋生路，进行商业化，成为自负盈亏的实体。

由于国家取消了对纸张及印刷费的补贴，发行方面的保障也没有了，报刊发行费大幅度提高，许多报纸不得不减少出版次数，压缩版面，裁员以至停刊。市场化以后的媒体将广告作为生存的基础，因而必然千方百计迎合大众，难以摆脱庸俗化的倾向。俄罗斯媒体走上商业化道路以后，报纸、杂志等印刷媒体的数量虽然在增加，市场却日渐萎缩，发行量逐年减少。[①] 受众由印刷媒体分流至电子媒体，由此形成了不同媒体种类、不同层次、分布广泛的受众市场。

### （二）寡头期（1995～2000年）

1993～1995年间，新闻纸售价上涨近百倍，导致纸媒发行数量缩减为原来的1/6，总体从高峰时的2.636亿份降至4390万份，集中表现在《共青团真理报》、《消息报》、《文学报》和《苏俄报》等几家当时具有相当影响力的报纸发行量上。《共青团真理报》的发行数量更是不足原发行量的五十分之一。于是，发展失控的俄媒体很快为资本寡头控制媒体提供了机会。[②]

拥有雄厚资本的寡头通过投资、融资等形式在短期内掌握、控制了大量媒体。由于有雄厚的资金作后盾，这些媒体的规模急剧扩大，成为“媒体帝国”。1995年12月，鲍里斯·别列佐夫斯基与合伙人共同买下西伯利亚石油公司51%的股份，并开始进军俄罗斯媒体。他收购了俄罗斯公共电视台（OPT）16%的股份及电视6频道29%的股份，并买下《独立报》、《新消息报》、《生意人报》、《新报》和《星火》周刊等媒体的部分股份，逐渐实现了在俄罗斯公共电视台的控股地位。另一寡头弗拉基米尔·古辛斯基也实际控制了独立电视台（HTB），掌握的媒体还有《今日报》、《综述》月刊等，古辛斯基最终将桥公司发展成一个影响国家政治生活的传媒集团。

### （三）发展期（2000年至今）

普京上台后开始打击媒体寡头，一方面对媒体进行整顿，推行和强化国家媒体理念；一方面利用经济手段迫使寡头退出媒体领域，并由此开启了整个俄罗斯社会媒体业态转型的新时期。

普京执政后，《俄罗斯报》成为代表俄政府声音的第一官方报纸。2001年4月，古辛斯基的桥媒体集团让出独立电视台的部分股份，进而让出领导权，古辛斯基出走。2002年1月21日，6频道被取消电视播映权，2003年12月，在英国避难的别列佐夫斯基被迫出售俄罗斯公共电视台的股份。

同时，俄罗斯成立了国家新闻、广播电视与公共信息部，开始在媒体行业发挥主导作用，俄媒体开始强调推行媒体回归服务社会的发展理念与运作模式。俄联邦政府和议会直接控制的媒体有俄通社—塔斯社、俄罗斯新闻社、俄

① 程曼丽：《转型期俄罗斯新闻业透视》，载《国际新闻界》，2002年第1期。

② 魏大方：《我看俄媒体发展转型这十年》，载《中国记者》，2011年第8期。

罗斯公共电视台(OPT)、俄罗斯电视台(PTP)、《俄罗斯新闻》、《俄罗斯报》等。对国家所有的媒体，俄政府通过联邦预算都给予拨款，或在其中占有股份。[①]

2005年12月10日，今日俄罗斯电视台(RT)开播，这是24小时播出的国际新闻电视台，也是俄罗斯国际传播力的重要体现。

## 二、不同形态媒体的发展现状

### (一)广播

苏联解体后，俄罗斯联邦境内私营的广播业发展迅速。首都莫斯科有各类广播电台62座，圣彼得堡31座，罗斯托夫29座，斯维尔德洛夫斯克29座。[②] 各类地方性非国有电台以及商业电台数量激增。经济状况较好的地区，广播电台的数量也多，商业电台也发达。

俄罗斯大多数广播电台的内容主要以信息资讯节目和音乐节目为主，另外，也有大量类型化的专业电台。主要电台有：奥斯坦基诺广播电台，全天24小时面向独联体各国播送综合性节目；俄罗斯广播电台，全天24小时面向全俄罗斯播送综合性节目；还有灯塔广播电台、青春广播电台、莫斯科回声广播电台等。

莫斯科回声广播电台是典型的商业新闻台。它是国有的灯塔广播电台的主要竞争者，开播于1990年8月22日，20世纪90年代末期开始，成为俄罗斯商业电台中唯一的全新闻信息频道，占据了商业广播第一信息台的位置。[③]

俄罗斯之声原为莫斯科国际广播电台，始播于1929年10月29日，是俄罗斯官方国际广播电台。1993年12月，负责对外广播的莫斯科国际广播电台转成俄罗斯之声国家广播公司。俄罗斯之声广播电台现在面向160个国家，以38种语言，每天151小时的短波、中波、调频FM以及卫星通讯方式广播节目，2003年面向欧洲推出24小时的数字无线广播。

### (二)电视

目前俄罗斯联邦共有电视台700多家，其中国营或地方国营的100多家，

---

① 程曼丽：《转型期俄罗斯新闻业透视》，载《国际新闻界》，2002年第1期。

② 程曼丽：《转型期俄罗斯新闻业透视》，载《国际新闻界》，2002年第1期。

③ 谢飞：《俄罗斯商业广播的类型化发展》，载《青年记者》，2010年第16期。

拥有50%的观众和70%的广告市场;私营和混合经营的500多家,[①]竞争十分激烈。有几大全国性电视频道:俄罗斯公共电视台(第一频道)、俄罗斯国家电视台(第二频道)、独立电视台(第四频道)、文化电视台(第五频道)等,这也是几家最大的电视台。

俄罗斯第一频道是苏联最早出现的电视台,也是俄罗斯的第一大公共电视机构,与美国的NBC、CBS、英国的BBC等全球著名电视台并列为"世界十大电视台"。第一频道的前身是苏联时期的国家第一电视台,该台于1995年4月1日改名为俄罗斯公共电视台,2002年9月1日公共电视台正式名称改为第一频道。俄罗斯政府重新取得了对第一频道的控制权,其总裁也由俄罗斯总统任命。

第一频道的总部在莫斯科,共有员工1300人,在全俄罗斯共有31个记者站。第一频道的电视节目不仅覆盖俄罗斯全境,还包括原独联体国家。同时,第一频道通过"莫斯科—环球"卫星转播,将电视台的节目发射到各大洲,尤其是东、西欧及中东各国。据统计,第一频道的潜在观众达2亿人左右,电视覆盖率约占俄罗斯总人口的98.8%。[②]

1990年设立的俄罗斯电视台,总部在莫斯科,面向全俄罗斯播送综合性节目,该台为国营的全俄国家电视和广播公司的下属机构。

独立电视台,建于1993年1月,私营,在俄、美、欧、中东、北非、澳大利亚等地播放俄语节目。

文化电视台,原为圣彼得堡电视台,1997年11月改为全国性的文化电视台,属于全俄国家电视和广播公司,在俄罗斯、乌克兰、白俄罗斯、哈萨克以及波罗的海沿岸三国都有大量观众。

今日俄罗斯电视台(RT)是俄罗斯国有的国际新闻电视台,其创立的目的在于提升俄罗斯电视媒体的国际传播能力。该电视台由政府财政拨款支持,从创立到开播总计耗资近1亿美元,目前共有4个专业新闻频道,每天24小时、每周7天播出,分别以英语、俄语、阿拉伯语和西班牙语广播,并向全世界派驻100多位精通英语的新闻记者。[③] 分别在纽约、华盛顿、伦敦、迈阿密、洛杉矶、巴黎、德里和特拉维夫等新闻热点城市设立了记者站。

今日俄罗斯开设了一个免费视频网站,提供高质量的视频内容,供外国媒

① http://www.cmic.zju.edu.cn/old/cmkj/web—wgxws/8/2/4.html

② 刘笑盈:《转轨中的俄罗斯第一频道》,载《对外传播》,2009年第12期。

③ 常江:《发达国家电视国际传播策略与经验》,载《中国记者》,2011年第10期。

体免费下载使用。现在，155 个国家的 2000 多家媒体成为该网站的客户，其中包括美国广播公司和福克斯电视网。今日俄罗斯在全球有 3.4 亿观众。在英国，今日俄罗斯的落地率已达 90%。①

俄罗斯的有线电视和卫星直播电视也在逐步发展，莫斯科地区最有影响的有线电视网是宇宙电视台，提供 22 套节目。

### (三)报纸

苏联解体后，原中央一级的大报，如《真理报》、《消息报》、《工人论坛报》、《莫斯科共青团员报》、《共青团真理报》、《文化报》等转变为独立报纸，重新注册后的所有者由苏共中央改为各报集体。在激烈的市场竞争中，这些自主经营的报纸所有者关系不断变迁，有的接受外资援助，如《真理报》(后又撤资)，有的成立报业联合体，如《消息报》、《莫斯科共青团员报》等。为了吸引读者，扩大发行，许多报纸采用西方小报的做法，大量刊登耸人听闻的消息。

主要报纸有：1925 年创刊的《共青团真理报》成为俄罗斯公众接受度最高的报纸，该报信息量大、报道风格亲民，广告盈利能力强；《生意人报》是商业性日报，报道内容专业；1991 年创刊的《独立报》是综合性报纸，内容更多关注国际事务，反映俄罗斯官方的外交思路；《俄罗斯报》创刊于 1991 年，由政府主办；还有《莫斯科共青团员报》、《消息报》、《每日商报》、《论据与事实》周报等。

截至 2009 年年初，在俄罗斯共有 27425 种报刊，其中 14000 多种有稳定的市场营业额。受西方金融危机影响，俄罗斯报业也出现了衰退。俄联邦通讯和大众传媒部的资料显示，与 2008 年相比，2009 年俄报刊零售订阅收入下降 83 亿卢布，降幅为 31.3%；报刊中的广告量减少 43%，由 2008 年的 576 亿卢布降至 326 亿卢布。这一下降趋势在 2010 年有所好转，报刊零售收入同比也平均增加了 8%。② 尽管报业经营形势有所好转，但在新媒体的影响下，报业已经很难再回到 2008 年的市场状态了。

### (四)杂志

俄罗斯的媒体市场中，杂志仍有一定份额。受众对商业类、时尚类、休闲娱乐类杂志表现出浓厚的兴趣。俄罗斯 1990 年登记注册的期刊种数为 3681 种，2003 年期刊种数已达到 4551 种，年发行总量约为 11 亿册，其中周刊的发

---

① 陈怡：《世界传媒业国际传播的新趋势》，载《中国记者》，2011 年第 12 期。

② 王磊：《俄罗斯新媒体现状及对俄传播》，载《对外传播》，2012 年第 3 期。

行量占60%。俄罗斯主流杂志的发行量一般在10万份左右，其中还有一些是国外杂志在俄罗斯的俄文版，如《她》(法国女性杂志)、《大都会》(世界上销售量最大的年轻女性杂志，目前使用26种语言在10多个国家发行)、《男人健康》等。本土杂志发行量较大的有《历史驮运队》、《装潢设计》、《在方向盘后》、《环球》等。①

俄罗斯的新闻周刊多半是在20世纪90年代末、21世纪初创刊和发展起来的，它们很快占领了市场，拥有稳定的读者群。俄罗斯国内权威的新闻分析类杂志《综述》周刊创办于1996年，《专家》周刊是纯商业性的杂志，与美国《商业周刊》合作出版，被认为是俄罗斯高质量传媒之一，也创办于1996年。《专家》周刊的平均发行量在7万份左右，在俄罗斯全境发行，少量销往独联体国家和欧洲。《俄罗斯焦点》与英国的《经济学家》合作，垄断了《经济学家》在俄罗斯境内的独家转载。目前在俄罗斯极受欢迎的《俄罗斯新闻周刊》创办于2004年6月，由美国《新闻周刊》在俄罗斯注册出版，杂志上的多数文章出自俄罗斯采编人员之手。

### (五)通讯社

俄罗斯的国家通讯社有俄通社—塔斯社和俄罗斯新闻社。俄通社—塔斯社简称"俄塔社"，其前身是苏联时期的塔斯社及于1992年1月23日成立的俄通社，1992年1月30日正式定名为俄通社—塔斯社。目前在俄及独联体国家有74家分社，在其他59个国家有62家分社；俄罗斯新闻社简称"俄新社"，前身是创建于1941年的苏联新闻社，1993年更名为俄罗斯新闻社，成为俄罗斯的国家通讯社和信息分析机构，在俄及独联体国家有40多家分社。

近些年来，俄新社从传统的运作方式转到了多媒体运作，并且致力于向国际化大媒体方向发展，今日俄罗斯电视台就是俄新社旗下的。目前俄新社已成为一个庞大的信息平台，融合了新闻收集、情报梳理、信息辐射与社会资源整合为一体的全球资讯服务供应商。俄新社多媒体网站已成为俄语区内访问量最大的新闻资源之一，按照Google的统计，俄新社网站是俄罗斯互联网访问量最高的新闻资源。2010年的数据显示，俄新网受众总人数达到每月1500万人次。②

---

① 赵永华：《当前俄罗斯新闻周刊的发展图景与态势剖析》，载《国际新闻界》，2008年第11期。

② 胡雅娟：《俄新社：迈向国际性多媒体信息通讯社》，载《对外传播》，2011年第4期。

此外，还有私营的国际文传电讯社，成立于1989年，总部设在莫斯科。国际文传电讯社是国际文传信息服务集团的成员，专业从事有关中、东欧、巴尔干国家、俄罗斯及其他原苏联地区、高加索和亚洲地区20个新兴市场的商业、行业和金融信息报道。国际文传电讯社在全球各地有超过70家分社、记者站。①

### (六)新媒体

如今，俄罗斯已经成为欧洲最大的互联网市场，俄联邦通讯和大众传媒部部长伊戈尔·谢戈廖夫提供的数据显示，2013年有9000万俄罗斯人使用互联网。随着网民不断增加，新媒体业务也迅速发展起来，传统的报纸和电视台也都有了网站。以广告为例。2009年，传统纸媒广告下降幅度高达43%，网络广告反而上升了8%。②

2009年，用于手机阅读的《生意人》报正式出版。莫斯科最主要的报纸《共青团真理报》每天电子版的信息多于报纸60%～70%，时事类栏目阅读者最高达320万人次，同时该报还在酝酿制作广播和电视节目。根据俄罗斯官方统计，目前，俄罗斯新闻网站的访问量居各类网站之首。

2007年6月，今日俄罗斯电视台(RT)与视频网站YouTube合作，并以之为平台开设网络频道。不到半年，RT已在YouTube上积累超过300万固定用户，其收视率亦高居该网站合作电视频道的第六位。

互联网研究公司MASMI Russia(该公司拥有全俄罗斯最大的在线咨询库)的调查显示，62%的俄罗斯网民定期使用移动互联网，以网站yourpress为代表的数字阅读平台发展同样迅速。③ yourpress.ru自2010年12月1日开始测试，2011年4月1日对读者开放网站所有功能。目前，yourpress网站提供了超过50种俄罗斯最受欢迎的杂志和报纸，可以使用笔记本电脑、智能手机、便携上网设备、电子阅读器和平板设备等移动终端阅读。

---

① http://www.interfax.com/txt.asp? rbr=1

② 王磊：《俄罗斯新媒体现状及对俄传播》，载《对外传播》，2012年第3期。

③ 王磊：《俄罗斯新媒体现状及对俄传播》，载《对外传播》，2012年第3期。

## 三、国际传播的经验

### （一）成立专门机构，进行专业包装，对外塑造国际形象

为树立俄罗斯的国际形象，2009 年 5 月，俄罗斯政府成立了“国际形象委员会”，由总统办公厅主任、外交部部长等政要任委员会的领导。为了强化俄罗斯在国际上的积极、正面形象，俄罗斯政府还聘请专业的西方公关公司进行策划和包装。俄罗斯政府与比利时 GPlus Europe 公司、美国凯旋先驱公共关系顾问有限公司等国际知名公关公司进行密切合作，在国际上定制俄罗斯的形象设计。[①] 近几年，俄罗斯国家级媒体如《俄罗斯报》、俄新社、今日俄罗斯电视台和英文杂志《俄罗斯概况》等联合在《华盛顿邮报》、《每日电讯报》、《印度时报》等境外媒体上推出宣传俄罗斯“美好形象”的广告。

### （二）制定对外传播战略，支持国际传播媒体，扩大对外宣传

为了加强对外传播能力，俄罗斯斥巨资打造今日俄罗斯电视台（RT），并向俄塔社、俄新社等新闻媒体投资，加强媒体对外公关投入，支持其在俄罗斯国内和世界各地建立分社、记者站，以便在第一时间采集发布新闻，扩大国际影响。今日俄罗斯电视台与西方多家主流媒体开展合作，以西方受众能够接受的方式，传播俄罗斯观点；俄罗斯第一频道通过莫斯科—环球卫星的转播，将电视节目发射到各大洲，尤其是东、西欧及中东各国；俄罗斯之声是俄罗斯官方国际广播电台，旨在展现俄罗斯的全球形象，介绍国际社会对俄罗斯和对全球事件的意见，现在面向 160 个国家以 38 种语言广播节目。[②]

除了官方的国际传播媒体，俄罗斯的商业媒体在西方也有一定影响，尤其是在独联体地区和东欧地区。如莫斯科回声电台是典型的商业新闻台，电台现有 70 套节目，每天的听众量达到 60 万。其在俄罗斯国外也有一定影响，目前正努力向综合性和公共类型的广播发展。[③]

---

① 许华：《俄罗斯：应对国家形象困境》，载《对外传播》，2011 年第 3 期。

② 《俄罗斯之声国家广播公司简介》，http://chinese.ruvr.ru/about.html

③ 谢飞：《俄罗斯商业广播的类型化发展》，载《青年记者》，2010 年第 16 期。

## (三)积极参与国际性活动,举办国际性论坛

俄罗斯的外交部门大力支持俄学者参与全球关注的发展问题的研讨,并在联合国机构中宣传俄罗斯的观点。俄罗斯媒体也积极参与国际性的活动,举办国际化的论坛。随着俄新社向成为国际化媒体的战略转变,举办多种形式的国际化论坛成为其服从国家总体外交方向、增强自身国际影响力的有效办法。自 2006 年开始俄新社发起并连续主办了 5 届欧亚媒体论坛,该论坛目前已成为欧亚传媒界对话、意见交流以及媒体创新的平台。① 俄塔社是世界媒体峰会共同发起者,2012 年 7 月 5 日,其主办了第二届世界媒体峰会,世界媒体峰会已经成为全球多业态媒体交流和合作的重要平台。

## (四)针对重点国家和地区有针对性地进行国际传播

俄新社在对外传播中实施本土化战略,为不同国家量身定做信息服务或提供有针对性的研究工作。例如,专业化制作中文经济信息专线成为俄新社进入中国市场的敲门砖。除此之外,俄新社还针对中国发布关于中俄经贸合作的信息。

针对中国市场的快速发展,国际文传电讯社中国分社已经成为国际文传信息服务集团最大的子公司,有 6 条新闻专线,每周出版 6 种行业报告,聚焦中国大陆行业内的最新消息与动态、相关统计数据与分析,并重点报道中国最新出台的相关政策,对行业重要事件及相关企业进行深度报道和调查。

今日俄罗斯电视台(RT)也面向主要国家和地区进行有针对性的传播。今日俄罗斯电视台共有英语、俄语、阿拉伯语和西班牙语 4 个专业新闻频道,4 个频道均拥有较强的独立性和新闻采编自主权。开播于 2007 年 5 月 4 日的阿拉伯语频道(Rusiya Al－Yaum)主要新闻采编团队来自俄新社,采取与国际频道相似的运营方式,但节目设置并未仿照国际频道模式或简单将国际频道的英语新闻翻译成阿拉伯语,而是创立了一系列独具特色的节目。当前,今日俄罗斯电视台通过 13 组通讯卫星传递信号,其中 11 组为完全开路传输,理论上已覆盖全部欧亚大陆、美洲大陆、南部非洲和澳大利亚。②

---

① 王郦久:《俄罗斯公共外交及我国的策略》,载《公共外交季刊》,2010 年 9 月。

② 常江:《发达国家电视国际传播策略与经验》,载《中国记者》,2011 年第 10 期。

# 第十章

# 日本

当今世界的传播格局是由报刊、广播、通讯社、电视和互联网等多媒体组成，日本国土面积不大，但全媒体形态发达，报业、广播、电视、通讯社、无线网络等一应俱全。既有与CNN、BBC等并列为世界屈指可数的媒体巨头NHK（日本广播协会），也有国际性通讯社共同社和时事社。五大报业集团实力强劲，发行量超1400万份的《读卖新闻》长期雄踞世界报业之首，各种专业地方性的报纸也非常普及。无论是媒体资源还是每千人拥有的报纸数量，日本都位居亚洲乃至世界前列。二战后在盟军的指示下，日本广电媒体确立了公营与民营并行的体制并延续至今。除唯一的公共广电机构NHK外，还有一定程度上借助报业力量而形成的五大民营商业广电网，诸多地方性电视台也是遍地开花。总体来说，日本媒体的国际传播有其传统特点，但依托强大的技术支持，借助与无线网络、智能手机等新媒体的融合，在对外传播内容、思想、形态等方面也有不少新特点和许多值得借鉴的亮点。

## 一、不同类型媒体的传播情况

### （一）广电媒体

在全媒体形态中，国际电视和网络应该说是最为国际化的媒体。以NHK为代表的日本广电媒体的对外传播由来已久。早在1935年，NHK的前身东京广播电台就开始向海外（美国）传送广播节目。二战前NHK一直为政府控制，1946年后开始变身为公营广电机构。如今，NHK拥有庞大的广播电视系统，通过3个广播电台频道和5个电视频道服务国内受众，同时也为海外的观众和听众提供电视、无线电广播等服务。日本国际广播电台是NHK广播的主要传播手段，用包括英文、中文在内的20多种语言进行当天新闻和简明日语的广播。另外，从2011年10月开始，听众就可以网上在线收听NHK广播节目。NHK国际电视频道主要有1998年4月开播的环球电视频道(NHK World TV)，2009年2月发展成为通过卫星24小时播出的英语新闻和资讯频道，免费收看，并同时在网络上播放同样节目。此外，还有环球收费频道(NHK World Premium)，即24小时日语综合频道，付费收看。

目前，NHK在亚欧美等地都设立了电波中继站，全球大部分国家和地区都能收听、收看到NHK的广电节目。截至2010年3月，NHK的环球电视频道在全球约120个国家和地区拥有1.25亿收视家庭。根据规划，NHK要在2014年之前让其环球电视频道进入全球1.5亿个家庭。目前，NHK环球电视频道的节目主要包括新闻、时事、纪录片、商务、文化科技以及生活艺术和音乐旅游等。①

NHK新闻节目的一大特点是快速、准确，特别是在类似地震、海啸等突发性灾害报道中更是首屈一指，这是其在国际传播竞争中的一大特点和优势。当然，这与日本《广播法》的规定也有一定关系，该法规定NHK有义务在重大灾难或危机发生时以最快速度向公众发布预警信息。日本是个地震频发的国家，只要一有风吹草动，NHK的电视几乎是以同步的时间(约1分钟内)发出预警，并不断更新地震相关信息。人们一有地震感觉，都会习惯性地收看NHK的电视，马上就能获悉相应的地震信息。当然，日本其他电视台也多半会有字幕形式的地震速报，但通常观众还是习惯性地将NHK作为最为权威的信息发表媒体平台。

发生重大新闻事件往往是国际媒体崛起、飞跃的重要契机。2011年3月11日日本大地震是当时全球最重要的热点新闻，NHK就利用其独有的优势不断以最快速度发布地震信息并配以震撼人心的电视画面，在整个"3·11"地震报道中大出风头，包括中国中央电视台在内的其他各大国际媒体大都纷纷采用NHK的画面和新闻。NHK的国际影响力也由此得到大幅提升。

### (二)通讯社

日本两大通讯社共同社和时事社，主要面向国内报刊、广播、电视客户，同时也为海外的日语媒介提供稿件。共同社成立于1945年，是一家非营利性合

---

① 李宇：《日本NHK国际传播的"文化战略"及启示》，载《传媒》，2010年第12期。

作通讯社，代表日本的国际性通讯社，独立于政府。共同社每天报道世界各地发生的各种新闻，并提供给日本所有报社、电视台及网站等新闻机构，同时也通过英语、中文、朝鲜语等将日本的动态提供给世界上其他的新闻机构。2010年共同社转变为一般社团法人。为加强国际传播能力，共同社除了在日本国内主要46个城市有分社和分局，还在纽约、华盛顿、伦敦、北京、首尔、巴黎、莫斯科、曼谷、开罗等世界41个主要城市设有总局或分局。[①] 2006年共同社在日本媒体中率先在朝鲜平壤也设立了分局。截至2011年12月，日本国内有56家报社加盟共同社，同时共同社为大约70家海外日系报纸、日语广播电台等提供稿件。

共同社不仅与日本国内媒体，也与包括新华社在内的世界50多家通讯社还有平面媒体和广播电视及其他媒体交换新闻，大大提升了自身的国际传播能力和影响力。共同社还为日本国外报社、通讯社、广播电台及政府国家机构等150家受众提供英文稿件。

为应对新技术新媒体的挑战，共同社也实施了结构改革，在其新闻中心中增加了不仅针对报纸，而且还对音视频多媒体及多语言外语新闻进行统一协调的功能。

### （三）报业

作为日本报业老大，发行量雄踞世界首位的《读卖新闻》日益做大，读卖集团已经发展成为一个集报纸、杂志（中央公论社）、电视台（读卖电视台、日本电视台）为一体的庞大的媒体帝国，涉足传媒、体育（读卖巨人军）、文化教育（读卖日本交响乐团、大学）、服务业等方面。

《读卖新闻》在海外设有华盛顿、伦敦、曼谷和北京4个海外总局，海外总局、支局总数多达35个，在全球很多地方都活跃着《读卖新闻》的记者和其他工作人员。[②]

早在1955年4月1日《读卖新闻》就开始刊发有英文版，1986年后开始在纽约发行卫星版。目前每天除早晚报外还发行四五万份英文版报纸。

朝日新闻社是日本第二大报社，其发行的《朝日新闻》2011年早报发行量

① 《日本共同通讯社（共同社）》，http://news.xinhuanet.com/ziliao/2009－09/22/content_12098130.htm

② 李立军：《报业寒冬下〈读卖新闻〉的对策》，载《中国记者》，2012年第2期。

为770万份，[①]仅次于《读卖新闻》，也是日本乃至世界知名报刊，其海外总局包括华盛顿、伦敦、开罗、曼谷及北京等，30多个驻外站点构成了《朝日新闻》的全球报道网络。《朝日新闻》的国际版在比利时、纽约、洛杉矶以及亚洲的新加坡和香港都有印刷点。

## 二、对外传播的特点

由于历史原因，国际媒体格局呈现"西强东弱"的态势，尤其是在广播电视领域。不过，近些年来这种格局有所改变，日本广电媒体依托技术优势，通过与新媒体的融合发展，在国际传播及影响力方面也逐渐脱颖而出，并在传播内容、形式等方面有着自己独到的特点。

### （一）传播技术先进

日本是世界上第一个开通3G商用服务的国家，网络融合为日本媒体尤其是电视台与网络之间的内容整合创造了技术条件，同时也为电视内容的多元传播构建了丰富的渠道。目前日本NTTdocomo公司的4G网络已经进行了商业运行，WIFI近年来在日本也获得了迅速发展，智能手机则在日本尤其是年轻群体中大行其道，所有这些都为日本多媒体广播电视的发展奠定了强大的网络基础。手机数字电视、电视互联网融合的IPTV以及网络电视免费点播等都是NHK等日本电视媒体推出的新媒体业务。网民可以非常自由地选择丰富的广播电视节目，这无疑拉近了海内外广大受众与广电媒体的距离，加强了日本媒体的国际传播能力和影响。此外，NHK在研发高清电视方面已有40多年的经验，为世界数字多媒体功能电视的研制作出了巨大贡献。2012年5月1日，日本松下与NHK联合发布了尺寸达145英寸的超级高清晰电视，这是全球首款高清晰度电视采用等离子显示屏，该款新产品就展示在NHK位于东京的广播技术研究所，成为NHK雄厚技术实力最好的见证。

日本手机普及率很高，目前在网手机及终端数已经超过日本的总人口。据日本总务省统计，截至2011年12月末，日本移动电话和个人手持式电话系统(PHS)的签约数约达1.3亿，超过日本总人口数。[②] 这也意味着日本手机

① 《日本已成"无纸化"国家 纸媒百年信任化为灰烬》，载《瞭望东方周刊》，2011年10月17日。

② http://www.chinadaily.com.cn/hqcj/xfly/2012－02－23/content_5227085.html

和移动式电话系统的普及率首次超过人手一台的程度。手机普及率的提高以及智能手机的火爆实现了更为通畅的上网条件，也对日本媒体的传播起到助推作用。

借助智能手机的快速普及，日本媒体都可以借助智能手机实时在线，为日本媒体快速对外传播创造了条件。主流媒体如NHK、共同社以及五大报业集团的新闻报道能在手机上直接阅读。一些地方性报纸和周刊杂志等如《东京新闻》、《冲绳时报》、《琉球新报》、《日刊体育》、《东洋经济》，也“登陆”智能手机。还有一些周刊、杂志等也都提供“网上有名”。例如，从2011年3月起，共同社就面向iPhone用户开始提供新闻服务。该服务通过由多家地方报纸和专业报纸等网站加盟的手机新闻服务“NEWSmart”实施。配套软件可在苹果公司网站免费下载。通过该软件可以阅读全部加盟网站的新闻标题和正文开头段落。新闻内容广泛，涉及当地热点和专业信息等。如果读者希望进一步阅读详细内容，可以按月购读相关网站的新闻。

## (二)重视文化软实力

在媒体进行国际传播的动机中，文化传播是除政治、经济外的最大因素，许多国家的媒体都很注意传播本国文化，提升他国民众对本国文化的认知认同，在国际媒体竞争中以“文化战略”来为自己赢得一席之地。日本也不例外，NHK一位高层曾经在访谈中表示，外国人对日本感兴趣的地方实际上主要集中在两个层面上，一是日本在世界上比较领先的技术、经济和高科技，另外一个就是日本典型有特色的文化。在经历近20年的经济低迷之后，第一个层面的因素有所弱化，而相比之下，日本的文化传统和最新动态始终是外国人对日本感兴趣的地方。为了满足外国观众对日本文化的兴趣，向世界传递日本的声音，包括NHK在内的日本各大电视台的广义文化类节目制作时其实是有所侧重的，所占的时长和栏目比例也越来越高。例如NHK的《日本樱花》着重介绍日本著名的樱花景点，《日本厨房》则是推介日本饮食文化的节目，《轻松学日语》则是语言文化类节目，《日本生活》则是关于日本文化细节和日本人审美和价值观的节目。此外，在新闻类节目中，日本电视媒体也会注意报道日本的文化动态和展示日本在世界上独树一帜的传统文化，以另一种方式为日本在国际社会争夺话语权。

## (三)在对外传播内容上重视中国

近年来，随着以中国为首的亚洲新兴国家和地区的地位日益提高，日本在一定程度上出现了“入亚求存”(共同网专门有一个栏目就叫《入亚求存》)的思想转变，在此背景下，日本媒体的对外传播的内容及媒体语言上都有了明显的重视亚洲的趋势。中国及朝鲜都是日本媒体对外传播的主要对象。一个典型的例子就是共同社于2001年2月开设的在线新闻服务网站——共同网。

共同网是日本大型媒体中最早的综合性中文新闻网站，多年来作为了解日本最新消息的窗口广受好评。为此，2005年4月，共同社增设了国际局中文新闻室，加强了报道实力。2011年2月又推出全新改版的中文网站，进一步增强服务功能，与刚起步的韩朝语网站、创办时间较长的英语网站一起承担共同社向外发布新闻的重任。

2011年2月外务省亚洲大洋洲局审议官北野充在共同网开办10周年庆祝宴会上表示，“日本媒体向对方国家发出信息是非常重要的。我在阅读中国报道时发现共同社的报道被大量引用，觉得很高兴”。2010年夏天，共同网还开设了“地方频道”作为传播日本地方新闻的平台。

不仅是共同社，其他日本媒体也纷纷仿效。2012年4月16日，日本朝日新闻社开设了简体中文信息网站“朝日新闻中文网”，向中国等世界各地的汉语读者发布以日本为主的最新资讯。在全球汉语读者非常关注日本信息的背景下，朝日新闻社开设了朝日新闻中文网。该网站的内容涵盖政治、经济、文化和旅游等领域，除刊登《朝日新闻》早报、晚报的中文译稿外，还提供独家报道资讯，包括名人访谈、旅游景点介绍和重要事件快报等。针对智能手机越来越普及的情况，朝日新闻中文网还特别设计了智能手机版阅读模式，便于手机用户轻松阅读。

中国经济分量和地位日益提高也吸引了日本财经类媒体的关注。发行量300万份、日本发行量最大的财经报纸《日本经济新闻》所属的日本经济新闻社也在2012年3月15日开设了汉语财经信息网站“日经中文网”，这是日本全国性报社首个推出的汉语网站。

日经中文网除报道经济、产业、金融和新产品等日本和世界各国国家的财经信息之外，还将传递日本的文化、时尚和旅游等文娱信息，开辟《日经精选》、《中国》、《政经观察》、《产业聚焦》、《穿梭日本》等栏目，以要闻、专栏、解说和分析等形式报道财经信息。

目前，中日两国的经济活动日趋一体化，中国已成为日本最大的贸易伙伴。日本经济新闻社表示，在中日邦交正常化40周年之际，开设日经中文网旨在加强两国的财经信息交流，促进两国在经济、文化等领域的交往，进而全面推动中日关系向前发展。

### (四)公关助力媒体传播

日本媒体还擅长使用公关手腕推动国际传播,也就是长期以来比较注重发展能够树立媒体本身良好形象,从事提高企业知名度的活动和工作。这方面,读卖新闻集团和 NHK 堪称表率。

读卖新闻集团是个庞大的报业集团,该集团投资创建的日本最有名的棒球队之一"读卖巨人军"为提高读卖新闻集团的知名度和国际传播能力打下了雄厚的基础,另外它还创建有自己的交响乐团(与 NHK 交响乐团并称日本两大交响乐团)。读卖新闻集团曾经有一位高层曾这样说过,交响乐团是不赚钱的,但一个国家总该有个好一点的交响乐团吧。

二战以后,NHK 成为特殊法人。因此,NHK 是彻底从政府独立的组织,是公共广播,不是国营广播。但基于历史原因,仍然有人把 NHK 视为"国营广播",把 NHK 的新闻报道视为"政府报道"。也许正是这种剪不断理还乱的特殊渊源,如今的 NHK 在一定程度上也还是担负着对外宣传和国家形象塑造的责任和使命,所以 NHK 在国际传播中还很注意开展"文化外交",即开展文化活动和国际合作。在 NHK 主办的众多文化活动中,比较有影响的有三个国际性赛事:NHK 亚洲电影节、NHK 国际电影工作者奖和日本奖等。此外,NHK 音乐节、NHK 杯国际花样滑冰锦标赛等也都是比较知名的国际文化活动。通过这些文化类赛事,大大提升了 NHK 的传播影响力和公信力。

多年来,NHK 还以开展技术合作及节目合作的形式推动国际传播。通过派遣专家和接受对象国专家人员来日研修等形式,NHK 向广大发展中国家的广播电视机构提供了技术合作。另外,NHK 还与海外许多广播电视机构和制作公司保持合作关系,通过这种国际合作的方式制作了几百部电视节目,例如曾经在中国产生很大反响的《丝绸之路》就是 NHK 与中央电视台联合摄制的大型纪录片。

# 第十一章

# 巴西

巴西是拉丁美洲最大的国家，人口(1.91 亿)和国土面积(851.49 万平方公里)均居世界第五位。

## 一、新闻业发展的四个阶段

古代巴西是印第安人居住地。1500 年 4 月 22 日，葡萄牙航海家佩德罗·卡布拉尔抵达巴西，宣布这片土地归葡萄牙所有。此后的 300 多年里，巴西一直被葡萄牙统治，这期间一直没有诞生现代新闻传播事业。基于"从零开始"的现实，巴西新闻史可分成四个阶段：

### (一)巴西现代新闻传播的出现(1807～1822 年)

1807 年，拿破仑入侵葡萄牙，葡王室迁往巴西南部的沿海城市里约热内卢。1808 年 9 月，葡王室用随船带到巴西的印刷机，出版了巴西第一份报纸《里约热内卢报》(*Gazeta do Rio de Janeir*)。巴西新闻媒介较为顺利地出现，为日后新闻业的平稳、和平发展奠定了一定基础，"但是建立在文化极为落后、缺乏民主政体实践经验基础上的新闻业，同时也面临着从零开始、走向成熟的漫长道路"。[①]

### (二)巴西的党报时期(1822～1922 年)

1822 年，葡王室迁回里斯后的第二年，葡王诺奥六世的儿子就宣布脱离

① 陈力丹:《巴西:一部从零开始的新闻史》，载《新闻与传播研究》，1999 年第 2 期。

葡萄牙独立，建立巴西帝国，称佩德罗一世。佩德罗颁布宪法确立了新闻出版自由，同时废除新闻检查制度。保守派、自由派、共和派三个党派均有自己的报纸，也不断地进行着论战，在传播政治思想过程中促进了报业的发展。这期间值得一提的是，1875 年 1 月，17 位主张共和的人士共同创办了《圣保罗州报》(*O Estado de São Paulo*)。后来，自 1889 年，巴西在经历军事政变后进入共和国时期，党报得到进一步发展。

### (三)巴西报业在政治动荡中的缓慢发展(1922～1984 年)

20 世纪 20 年代开始，巴西逐步过渡到商业报刊时期。这期间《环球报》(*O Globo*)等商业性报刊创刊起步，政府出面建立的第一家试验广播电台也在 1922 年开播，1931 年出现了巴西最早的通讯社。商业性报刊虽然保持着媒介监督政府的传统，但在 1930～1954 年的瓦加斯独裁时期、1964～1984 年的军人政权时期，新闻自由仍受到一定限制。限制最多的是对政府及其高官的批评，但新闻业的发展并没有停止，私营媒介在业务经营上取得进步。

### (四)巴西新闻业的新的发展(1984 年之后)

1984 年随着巴西民主化进程的开始，巴西的新闻业得到新的发展。巴西的首家电视台图皮电视台(Tupi)于 1950 年 9 月在圣保罗成立。20 世纪 70 年代，环球媒介集团成为巴西最大的媒介集团(最早起家于伊里内乌·马里尼奥的《环球报》及后来的环球广播电台)。1989 年，巴西第一座有线电视网“四月电视网”(TVA)开播，后来巴西环球集团亦开放了有线电视和卫星数字电视，巴西广电业进一步发展，电视成为全国最普及的媒介。1990 年，巴西通讯社(ABR)正式对外发布信息。

## 二、新闻业基本格局

### (一)印刷媒体

巴西目前有日报 500 多种，发行量在 15 万份以上的报纸主要包括《圣保罗页报》(*Folha de São Paulo*)、《圣保罗州报》、《环球报》、《号外》(*Extra*)、《零点》(*Zero Hora*)、《人民邮报》(*Correio do Povo*)等。《圣保罗州报》是巴西公认的首位综合性日报，有“拉丁美洲的《纽约时报》”之称。杂志达到 3600 余种，主要杂志有《阅读》(*Veja*)、《时代》(*Època*)、《这就是》(*IstoÈ*)等，均为周刊。《阅读》是巴西第一大新闻周刊，在世界范围内也有一定影响。

### (二)广电媒体

巴西目前有4300多家广播电台，大多为私人所有，官方电台是巴西国家广播电台(Radioagência Nacional)。巴西大型电视台(网)有7家，全国覆盖面基本接近100%，并通过卫星向美洲、欧洲主要国家和日本传送节目。电视台分公营和私营两种，公营电视台有国家文化频道(TV Cultura)和教育频道(TV Educativa)两家。剩下5家电视网均为私营，分别是环球电视网(Rede Globo)、巴西电视网(SBT)、标题电视网(TV Manchete)、旗帜电视网(Bandeirantes)和纪录电视网(TV Record)。

### (三)通讯社

巴西有多家全国性通讯社，大多由大型报社创办，借助已有的新闻采编力量开展通讯社业务，如依托于《环球报》的环球通讯社(Agéncia O Globo)、依托于《圣保罗州报》的州报通讯社(Agéncia Estado)、依托于《圣保罗页报》的页报通讯社(Agéncia Folha)等。这些通讯社与报纸相互补充，注重技术更新，但规模不是很大。目前巴西规模较大的还是巴西通讯社(Agéncia Brasil)，它是巴西的官方通讯社，每天多次播发供其他媒体使用的简明新闻，并建有相应的网站。

### (四)网络媒体

根据里约热内卢商业联盟Fecomercio RJ与市场研究公司Ipsos的联合调查，截至2011年，巴西的互联网接入率为48%，尚有一半巴西人无法接入互联网。巴西网民中，每天上网的人达47%，网民使用最多的网站与应用排名依次为社交网站、搜索引擎、电子邮件和新闻网站，有超过20%的网民有过网购经历。目前流行的门户网站有3家，分别是《圣保罗页报》的UOL.com.br、环球传媒集团的Globo.com.br和综合商业门户iG.com.br。这些网站新闻与服务并重，首页上不仅集纳有新闻资讯、专栏评论、娱乐视频，而且提供网络购物信息、股市汇率数据、天气状况、星座运势查询等各类服务。

## 三、国际传播的发展与特点

20世纪末至21世纪初，巴西位居世界前列的经济发展速度，吸引了世界各国注视的目光。与此同时，日益强大的巴西的新闻业也开始积极加快国际传播的发展、融入全球化的进程。从 2014 年世界杯主办国到 2016 年奥运会主办国，近年来，巴西越来越多地参与到国际事务中，国际影响力逐渐提升。巴西的国际传播，也成为值得关注的话题。梳理巴西走向世界的过程，主要有以下几点有价值的国际传播经验：

### （一）加大国际新闻事件的报道力度

巴西十分重视国际新闻的报道。随着巴西逐步纳入世界交往体系，巴西人渴望对国门之外的世界有更多的了解，希望知晓巴西的国际形象以及与巴西利益相关的国家情况，这些需求无形中推动了巴西国际新闻报道的繁荣。

尤其是进入 21 世纪后，为了在市场竞争中赢得更多的受众，巴西媒体越来越重视国际新闻报道。在遇到国际重大新闻事件或出现国际热点问题时，巴西各家报纸总是多方调动新闻资源，主动增加版面予以报道或解读。为了获取第一手信息，电视媒体经常派出记者直接前往国际新闻事件的发生地采访，抢先在第一时间播发现场新闻。

例如，面对 2008 年北京奥运会这一国际事件，巴西的主要媒体就纷纷派出报道团队前往北京。他们不仅报道奥运赛事，而且介绍中国的政治、经济、文化和社会情况。[①]作为拥有北京奥运会独家转播权的巴西体育电视台 ESPN，早在 2007 年年初就派摄制组到中国采访，从中国风土人情入手，围绕奥运会展开多侧面的先期拍摄。后又派出团队拍摄奥运场馆建设情况。拍摄素材被制作成专门介绍中国的节目，从 2007 年 11 月开始播放，一直持续到 2008 年奥运赛事开始前。

在奥运会期间，巴西对中国的国际报道更加多样。巴西通讯社开辟《中国 2008》专栏，报道“奥运之外的中国”，内容涉及中国老年人晨练、北京 798 艺术区等；《圣保罗州报》开辟《中国制造》专栏，介绍中国的城市化和知识产权保护情况；《瞭望》周刊也连续推出奥运专题，介绍奥运会与中国公民素养、与中国青年的关系；环球电视台推出《今日北京》，播送奥运动态，并专设时段播放特派记者走上北京街头、采访中国人生活的节目。巴西传媒在对国际大事进行报道时，都积极创新，力图通过自己的视角，近距离、全方位地观察其他国家（尤其是和巴西一样的发展中国家）的发展，为受众提供丰富、独家的国际新闻报道。

---

① 赵焱：《巴西媒体借北京奥运会全面介绍中国》，载《中华新闻报》，2008 年 8 月 22 日。

## (二)开办面向葡语世界的国际电视

葡萄牙语是巴西的官方语言，也是葡萄牙的官方语言。葡萄牙作为巴西曾经的宗主国，目前与巴西仍有着重要往来。而除巴西、葡萄牙两国民众(相加达2.1亿人口)之外，全球各大洲居住的讲葡萄牙语的人口超过500万，这同样是一个较大的收视市场。[①]因此，在巴西的国际传播中，尤其重视葡萄牙语的对外传播。为此，巴西各主要电视台(网)都建立了面向葡语世界的国际频道。

1999年6月，环球电视网就率先开办了环球国际有线电视频道(Global International Cable TV)，利用卫星或IPTV向美国、加拿大、日本和欧洲传输节目，为居住在世界不同地区的讲葡萄牙语的人们提供新闻信息和娱乐节目。这一频道每天24小时直播，节目来自整个电视网的电视剧、体育、儿童节目以及新闻，视角更具全球化，是向葡语世界观众呈现巴西的窗口，也是形成全球公民的媒介渠道。比如，每天上午就有3档配合教育计划的、面向全球公民的技能培训节目。同时，该频道也设计了多档风格不同、各具特色的新闻节目贯串了全天的节目单(见下表)，成为频道内容的亮点。

**环球电视网国际频道主要新闻节目**[②]

| 节目名称 | 节目内容、形式与时长 |
|---|---|
| Jornal Globo News | 消息快讯节目。时效显著，包含世界各地最新新闻，包含专家评论。早中晚三档，每档22分钟。 |
| Globo Rural | 农业新闻节目。呈递关于农业生产、农村政策、公共卫生、旅游及乡村音乐等内容。时长30分钟。 |
| Bom Dia Brasil | 新闻杂志型节目。环球网经典节目《早安巴西》，包含政治、经济、文化、人物访谈等多方面内容，兼顾国内与国际新闻。时长1个小时。 |
| Jornal Hoje | 服务类新闻节目。呈递文化、时尚、烹饪、流行等信息，兼有对上午新闻的简要回顾。时长30分钟。 |
| Jornal Nacional | 读报节目。选择当天世界主要报纸的新闻进行阅读和播报，强调要闻大事。时长40分钟。 |
| Jornal da Globo | 新闻与评论节目。呈递晚间新闻，回顾一天的新闻，并有主播点评和分析。时长30分钟。 |

除环球电视网这样私营的电视公司打造国际电视频道外，巴西的官方电

① 廖亮：《当代世界电视》，上海：上海交通大学出版社，2007年，第290页。

② 参见 http://tvglobointernacional.globo.com/grade.aspx

视及公共电视也开设了国际频道。官方的国际频道(International TV Brazil)于2010年5月推出,由时任巴西总统的卢拉宣布这一消息,卢拉称巴西电视巨头环球网并不能真实准确地呈现巴西政府的真实面貌,因此政府才组建了新的国际频道以传递来自官方的声音。该频道旨在宣传巴西的经济发展与社会文化,先期向非洲49个葡萄牙语国家播出,未来将逐步扩展到其他国家。[①]

### (三)电视剧全球输出传播巴西文化

巴西国产电视剧是巴西出口国外一大文化产品,以风格独特的剧情吸引了不同文化背景的人们。电视剧全球化传播的过程中,也将巴西的社会文化让全世界的人们在观影中得以体会,成为其国际传播的又一重要载体。如20世纪80年代在中国流行的《女奴》就是巴西电视剧的代表。

在巴西人眼中,巴西的电视剧其实是"电视小说"(Telenovelas),因为剧本多是改编自小说。后来,巴西的电视剧制作不断发展,形成产业化规模后,又逐渐有了连续剧、系列短剧、舞台剧、喜剧、儿童剧等多种剧目形态。

巴西电视剧篇幅很长,多数在200集以上。其之所以吸引观众,独特之处主要有三点:一是在剧情内容上,倾向于选择浪漫的爱情、悲惨的苦难和道德冲突的焦点作为主题,也敢于触及社会热点和政治话题,因此有人认为巴西电视剧在促进国家政策和时事的讨论中扮演了重要角色。[②]二是在制作方式上,往往一边生产一边播出,制作者根据观众的反应随时更改原来的计划,如果收视率很差就立即停止制作(每年约有6部电视剧因观众不认可而停拍)。[③]三是在制作成本上,电视公司往往重金聘请高水准的编剧、大牌影视明星、优秀的导演和精良的制作团队,以保证电视剧的质量,这也使得巴西电视剧的平均制作成本是拉美国家中最高的。

从20世纪70年代中后期的30年时间里,巴西电视剧从拉美走向北美,再扩展至全球。环球电视台即在130多个国家售出了300多部电视剧。为了拓展电视剧的海外市场,在新媒体技术的发展环境下,电视公司正逐渐考虑将电视剧的推广平台向网站延伸,扩大影响。如环球电视集团就建立了Globo

① 参见 http://www.brazzil.com/articles/221－june－2010/10399.htm

② Porto, M., "Telenovelas and Representations of National Identity in Brazil", Media Culture Society, Jan. 27th, 2011.

③ 陆地:《世界电视产业市场概论》,北京:中国人民大学出版社,2003年,第228页。

TV International 的英语付费网站，[①]汇聚了其出品的各类电视剧视频，供全球各地喜爱巴西电视剧的观众点播观看。

### (四)在实践中培养国际传播人才

新闻学在巴西并不是独立的学科，而是隶属于社会公共关系专业，目前巴西也没有一所高校开设专门的国际新闻传播专业。在此情况下，巴西国际传播人才只能由各个媒体自行组织培养。事实上，出于对国际新闻报道的重视，巴西的各大媒体还是很重视国际传播人才的培养的。通常做法是，媒体通过派记者或编辑到国外担任常驻记者，由有国际报道经历的资深记者在实践中向年轻记者传授经验，以类似"师傅带徒弟"的方式，在业务实践中完成教育和培训。但派驻的前提条件有两个，一是候选的记者必须熟练掌握一到两门外语，并且有国际关系或国际政治的知识储备，二是记者需有长期从事国内某个领域报道的丰富经验。

近年来，有一些学生在进入报社前、尚在学校学习时，会申请到国外留学或交换，增加国外学习生活经历，以尽早满足国际新闻报道的要求。留学经历有助于他们进入媒体后迅速熟悉国际新闻报道业务，加快个人成长。目前，巴西高校的力量正在逐渐和业界的力量融合，开始合作培养国际传播人才。如圣保罗大学和巴西利亚大学已设立了新闻和国际关系研究生班，通过传授国际关系的理论知识，使学生熟悉某个特定国家情况，为将来从事国际新闻报道打下基础。[②]

### (五)巴西政府重视网站传播和公共外交

除围绕媒介平台建设、媒介产品营销、媒介人才培养等方面推进国际传播外，巴西政府近两年来还积极推出新的举措，重视对外传播的网站建设及公共外交。

例如，巴西政府在 2010 年 3 月设立了专门负责对外传播的门户网站 Portal Brasil，供世界各地的网民了解巴西。这个网站花费 3 年筹建，全面介绍巴西的发展历史与状况，目的在于塑造一个积极阳光、蓬勃发展的巴西形象。该网站有英语、葡萄牙语、西班牙语 3 种不同语言版本。首页设有分类导航，可以直接点击访问，了解关于巴西文化、经济、教育、能源、地理、历史、环

---

① 参见 http://www.globotvinternational.com/home.asp

② 参见 http://www.qstheory.cn/dd/2011/gjcbnl/201103/t20110308_71286.htm

境、健康、旅游等方面的信息。该网站汇聚了巴西媒体与国际媒体对巴西的新闻报道，滚动呈现；以及巴西政府在环保、海防、民生、社保等方面的政策宣传短片。同时，该网站也为跨国企业公司对巴西进行投资提供了便利，在英语版本的显著位置直接链接了另一个介绍巴西产业现状与投资环境的网站 Apex Brasil。网页上包含了呈现巴西经济发展的各项指标数据，世界各国专家对巴西的评价，供投资者、游客、留学生直接点击查看，满足了不同受众多样的信息需求。

巴西在公共外交方面近年来也有出色的表现，2010 年上海世博会的巴西场馆就是一例。该展馆以“动感都市、活力巴西”为主题，设有 170 平方的城市风情隧道以及由 192 块不同尺寸的液晶显示器组成的大型液晶电视墙。这些多媒体技术和应用遍布巴西馆各个展示空间，令人目不暇接。展馆还着力推介了 2014 年巴西世界杯，通过液晶电视墙展示 2014 世界杯的 12 个主办城市，辅以每周的专题推介，表现主办城市的区域文化和风貌。在场馆及活动中，巴西利用先进的技术、精彩的视觉设计、多视角的文化展示以及环保、可持续发展的理念，在上海世博会的平台上完成了一次国家形象的宣传。

# 第十二章

# 南非

随着20世纪90年代种族隔离政策的消亡，南非进入一个新的历史发展阶段。经过近20年的发展，南非的社会经济发展水平与新闻传播能力都得到了迅速提升。南非的新闻传播格局也随着传媒技术的发展和国际合作的加强逐渐形成了规模和特点，南非成为整个非洲新闻事业最发达的国家。

## 一、新闻业发展简史

南非新闻事业的发展始于18世纪末。1795年，一位英国人带着一台简易印刷机随着英国军舰来到开普敦，开始发行《开普敦公报》，用英文和荷兰文刊登新闻，这是南非也是非洲大陆最早的报纸。从第一份报纸的创刊，到种族隔离统治前后新闻政策的变化，南非的新闻事业经历了200多年的发展，形成了每个阶段不同的特点。

### (一)第一阶段:19世纪开始至英布战争前

1806年英国人后裔与荷兰人后裔的百年冲突开始，也就是从这一时期英国人开始在南非创办报刊。一直到19世纪末20世纪初的英布战争结束，南非的新闻事业在英国模式的基础上发展起来，经历了外国人办报和自办报刊的过程，并逐渐形成自己的新闻体系。

南非主要的欧洲殖民者是荷兰人和英国人，因此，南非报纸使用的语言多是英文和南非荷兰语(Africaan，又译阿非利卡语)。1800年8月16日创刊的《开普敦报和非洲广告》(*The Cape Town Gazette and African Advertiser*)，是第一份用英文和南非荷兰语出版的小报，后更名为《好望角政府报》(*The*

*Cape of Good Hope Government Gazette*），成为官方报纸。

1816 年，英国记者格雷格在开普敦创办的《南非商报》是南非首份商业报纸。南非第一份非官方报纸是 1824 年 1 月 7 日创办的《南非商业广告》（*The South Africa Commercial Advertiser*），英文出版，同时附有南非荷兰语提要。

19 世纪下半叶，亚洲移民来到南非东南部，形成城市德班——南非报业发展的第三个中心，南非新闻事业的重心有所转移。1867 年，《爱国者》（*Di Patriot*）创刊，这是南非第一份用南非荷兰语出版的报纸，为后来南非荷兰语作为一门语言在当地发展奠定了基础。

19 世纪 80 年代后，由于在奥兰治发现钻石，在德兰士瓦发现金矿，南非的经济迅速发展，约翰内斯堡成为其第二个新闻发展中心城市，其他城市也陆续出现了报刊。

### （二）第二阶段：英布战争后至种族隔离结束前

在 1899 至 1902 年的英布战争中，英国人取得了胜利，建立了南非联邦。之后，开始了英国化统治阶段。这一时期英军对布尔人实施的暴行，南非很多媒体有过揭露性报道，唤醒了民众的良知，但由于社会发展以及政策环境等原因，新闻事业发展缓慢，而这一时期的南非传媒体制基本上是遵循英国推行的自由主义模式构建的。

这个时期值得注意的报纸是 1902 年创办于约翰内斯堡的《兰德每日邮报》（*Rand Daily Mail*），它是“南非大众新闻事业的先驱”。创办人是商人科恩与记者华莱士。该报发行初期种族主义立场鲜明，1957 年转而反对种族主义。劳伦斯·甘达尔出任主编后，发表了一系列文章，揭露南非黑人劳工所遭受的非人待遇。但由于南方广播公司发起反甘达尔的宣传，该报的发行量下降，但黑人读者数量增加，在种族主义盛行的那段时期走在了时代的前列。作为《星报》的主要竞争对手，自由派的《兰德每日邮报》也领导其他报纸组成南非报业协会，以便更有效地与卫报集团竞争。在 1985 年 4 月的国家紧急状态下，种族隔离政策对新闻实施了严厉的镇压，该报曾停刊。

除了报刊的发展，南非广播电视在这段时期也有了发展：1923 年出现广播电台；1936 年建立公营的南非广播公司；20 世纪 50 年代出现有线电视；1975 年出现无线电视。

### （三）第三阶段：种族隔离结束后

1994 年，非国大党领袖纳尔逊·曼德拉当选总统，废除了种族隔离政策，南非的传媒业格局也发生了巨大的变化。此后，政府不仅先后颁布法规，包括废除镇压反种族隔离言论的新闻法，而且采取多种措施促进传媒业的发展，实施赋予黑人多数派权力的政策，南非的新闻事业因此也进入了一个以民族和解为特征的新阶段。

这个时期创刊的报纸有 1995 年 3 月在约翰内斯堡问世的《星期日独立报》，周日出版，主要报道南非及南部非洲农村、妇女、儿童等新闻，以及南部非洲面临的主要问题。《每日太阳报》是南非第一份针对黑人工人阶级的小报，以社会新闻和广告为主，2002 年 7 月创刊后通过积极的市场营销和关注轰动新闻的手法，发行量迅速攀升，成为南方发行量最大的日报。特别是在市场营销上，借鉴 19 世纪 30 年代便士报时期的手法，在售价上每份的价格是其他报纸的一半，还通过向最佳读者来信发放奖金，以及选出向报纸邮寄照片的读者的方式吸引读者。

## 二、新闻业基本格局

南非新闻事业的发展已经形成印刷媒体、广播电视、通讯社、网络媒体的全方位基本格局。

### (一)印刷媒体

1. 报纸

根据南非媒体俱乐部(Media Club South Africa)网站的数据，南非有 23 家日报、14 家周报，[①]大部分为英语出版；一定数量的区域性和社区报纸，大部分为免费送阅；还有一些综合性和专门的新闻网站。城市日报发行量 1240 万份，而社区报纸的发行量达到 500 万份。南非的报纸基本上是在一定区域内发行的地区性报纸，没有完全意义上的全国性报纸。南非没有晚报，日报一般有早报、中午版和下午版。

南非的报刊基本上是由四大传媒集团控制所有权出版发行的，包括：媒介 24 集团(Media24)、独立报业集团(Independent News & Media (Pty) Limited)、阿伍萨报业集团(Avusa Limited)和卡克斯顿报业集团(Caxton Publishers & Printers Limited)，即所谓的主流报纸。

---

① http://www.mediaclubsouthafrica.com/index.php?option=com_content&view=article&id=73%3Apress&catid=36%3Amedia_bg&Itemid=54，2012-1-25

**南非主要周报和日报及其发行量**①

| 周报 | 发行量 | 日报 | 发行量 |
|---|---|---|---|
| 《公民报》(*Citizen*) | 176025 | 《每日太阳报》(*Daily Sun*) | 484588 |
| 《星期日时报》(*Sunday Times*) | 461433 | 《时报》(*The Times*) | 124541 |
| 《雷声足球报》(*Soccer—Laduma*) | 245704 | 《索韦托人报》(*Sowetan*) | 125902 |
| 《报道者报》(*Rapport*) | 260897 | 《映像报》(*Beeld*) | 91772 |
| 《邮卫报》(*Mail & Guardian*) | 47156 | | |
| 《星期日太阳报》(*Sunday Sun*) | 233162 | | |

种族隔离结束后,南非报刊的发展呈现出两种趋势:传统主流报纸的停滞和减少;黑人和工人阶级读者报纸的增加。传统主流报纸的读者主要是白人,但互联网的发展改变了他们的阅读习惯,他们更多的是使用互联网看新闻。低端市场读者的增加源于生活水平的提高。在这一读者市场表现突出的报纸是 2002 年创刊的《每日太阳报》,根据南非广告研究基金会(South Africa Advertising Research Foundation)的数据,该报截至 2010 年 12 月的读者数量是 500 万。该报的成功引发了南非报业小报化浪潮,随之而来的是一些小报的创刊,包括南非荷兰语的 Son 和英语的 Daily Voice。

市场化的发展,加剧了南非各媒体间的竞争。2010 年,南非各大报纸为求生存而展开了残酷的价格战。其中,卡克斯顿报业集团将《公民报》的封面广告价格降低了 33%,使其广告收入暂时出现大幅增长。而阿伍萨报业集团为增加收入,开始对旗下免费报纸《时报》和《星期日时报》实行收费。不过,该集团对两份报纸的封面广告价格进行了下调,均低于《公民报》,意在与卡克斯顿报业集团抢夺广告市场。此外,南非其他几家跨地区的报纸如《报道者报》、《城市报》、《星报》、《索韦托人报》等也都采取了或降低广告价格或降低发行价格的措施。

2. 杂志

南非主要的杂志出版商有媒介 24、卡克斯顿、乔尼克、联合杂志(Associated Magazines)等。其中,媒介 24 是南非杂志出版业的市场主导者,有 50 多种杂志,分为家庭、女性、运动、财经等主题。

① 据 http://www.info.gov.za/aboutsa/communications.htm2010 年 1 月至 6 月统计数据。

《金融周刊》(*Financial Mail*)是南非最大的英文商业周刊，是南非第一家以商业、财经、金融内容为主的杂志，兼涉时事政治。该杂志创办于1958年，总部设在约翰内斯堡，在开普敦和德班有分社，发行量3万份，读者18万人，58%在豪登省发行，扩及西开普、东开普和夸祖鲁纳塔尔省。其发行的主要对象是南非商界上层人士和大公司、银行职员等，且以英文读者居多。

## (二)广电媒体

南非的广播事业开始于20世纪20年代，到70年代才开始有电视信号，其现在的广播电视在非洲是最发达的。南非采取单一的公共广播电视体制，公营南非广播公司(South African Broadcasting Corporation，简称SABC)是南非最大的广播电视机构，除此还有其他几家广播、电视公司。

1. 广播

根据国家广播法，南非的广播电台主要分为公共电台、商业电台和社区电台。因为便宜、便捷和对读写没有要求，所以广播一直是南非最普遍的媒介形态。

1936年，南非建立了公共事业型的全国性广播电视机构——南非广播公司，组织体制仿效英国广播公司。1999年，根据南非广播条例，南非广播公司完成了所有必要的立法程序，正式开始公司化运作。公司化后的南非广播公司仍由国家控股，财政来源和收入的70%以上来自节目广告费、赞助费。南非广播公司拥有18家广播电台，既提供商业广播服务，也提供公共广播服务，分开管理。

南非的商业广播电台主要集中在约翰内斯堡、开普敦和德班三大城市中心地区。南非广播公司的商业电台包括全国性青年音乐广播5FM、面向黑人城市青年的音乐广播Metro FM和非洲频道(Channel Africa)，以及Goodhope FM，RSG和Ligwalagwala FM。非洲频道是对国外广播的电台，这家电台用英语、法语、葡萄牙语和斯瓦希里语(Kiswahili)对全非洲的听众广播。该电台的主要目的是，通过广播新闻和资讯节目建立南非和国际社会的联系，并对外塑造真正的南非形象。

2. 电视

1971年，南非广播公司设立南非广播公司电视台(SABC－TV)。之后，南非电视的发展一直是单一的国家所有制，直到1986年M－Net的创建，才结束了南非广播公司电视台的垄断局面。1991年，南非出现了第一家非官方电视台——体育电视台，到 1995 年，才出现卫星电视。目前，南非有 4 家机构提供电视服务：南非广播公司电视台、M－Net、e. tv 和 TopTV，前 3 家电视信号覆盖整个非洲。

南非广播公司电视台是最大的国营电视节目提供商，共播出 11 种语言的节目，其成年观众达 1800 万人以上，占所有收看电视的观众数的 74%。拥有 3 个国内电视频道和一个综合娱乐和公共服务的频道。SABC1 是收视率最高的频道，多种语言播出，内容包括新闻、娱乐和体育。SABC2 也是多种语言播出，包括一些南非荷兰语节目，当地制作的节目占有很大份额。SABC3 播出的多数为英语节目，包括美国和英国的电视剧。SABC Africa 曾经是新闻和娱乐频道，2008 年停播。该频道于 1998 年 11 月开始播出，是第一个报道非洲新闻的对外频道，通过卫星 24 小时播放数字电视，已有超过 84 万人次的观众观看过 SABC 的卫星数字电视。南非广播公司电视台在世界主要国家设有记者站。

1986 年 10 月，南非开始允许民营电视台的发展。南非第一家民营商业电视台——南非电子媒介电视网（Electric Media Network Limited，简称 M－net）创建，成为非洲最有影响力的收费电视频道，隶属多选公司（Multichoice）。它是南半球第一家也是世界第二家直接将卫星电视送到用户家中的付费电视网，从 1992 年起，M－net 开始向非洲各国发送节目，1995 年起向欧洲国家发送节目，包括南非在内的 40 多个非洲国家的 100 多万用户订购收看 M－Net 节目。多选公司于 1995 年开设数字卫星电视业务，中国中央电视台第 4 套和第 9 套节目通过 M－Net 在非洲落地。2008 年，多选台公司开创了高清电视业务，在非洲是第一家。

1998 年 4 月，黑人企业集团米蒂集团（Midi Group）获得南非首家私人电视台的许可证，成立了南非第一家私营免费商业电视公司、南非第二大电视台 e. tv，拥有 2 个频道，包括 1 个综合频道和 1 个新闻频道，总部设在开普敦。

### （三）通讯社

1938 年，南非新闻联合社（South Aflika Press Association，简称 SAPA）成立，为所有加入该通讯社的英语和南非荷兰语报纸的合作性通讯社，是南非第一家非政府、非营利性的全国性通讯社，也是非洲第一家国家通讯社。从 1964 年到 1981 年，南非新闻联合社在罗德西亚（后来的津巴布韦）拥有自己的子通讯社（the Inter－Africa News Agency，简称 IANA），后来被津巴布韦大众传播信托公司(The Zimbabwe Mass Media Trust)接管。①

南非新闻联合社是南非媒介市场国内新闻和全球新闻的重要提供商，提供包括广播、电视、报纸和互联网在内的各种形式的信息和图片服务，其新闻专线为南非的新闻编辑部门提供不间断的新闻信息。该社还有图片服务，以及名为链接媒体(link2media)的新闻发布服务。目前，总部设在约翰内斯堡的南非新闻联合社在比勒陀利亚、开普敦、德班、布隆方丹等地设有办事机构。②

除了南非新闻联合社，南非还有非洲眼新闻社(African Eye News)、东开普敦省的发展通讯社、马普马兰加省的非洲目击新闻社和网络电台新闻社。

### (四)网络

南非互联网用户数量居非洲大陆主导地位，南非 World Wide Worx 公司 2010 年 1 月的数据显示，南非互联网用户第一次超过 500 万，占总人口的 10%，其中三分之一为 18 至 29 岁的年轻人。无线上网已经逐渐成为南非使用互联网的主要方式，截至 2010 年年底，已有约 170 万用户通过 3G 或无线宽带上网。

随着互联网用户数量的增加，在线媒体也逐渐成为大众接受的主流媒体。根据南非网站联盟(The Website Association of South Africa)排名，南非最受欢迎的网站是信息和社交类网站，包括：News24，IOL News，MSN，Hotmail，CompleatGolfer，Webmail，The Times，Bidorbuy，Mybroadhand 和 MWEB 等。③

### (五)南非的华文媒体

南非的华文报刊占非洲地区华文报刊的大多数，有 20 多种。华文报刊发展的原因包括南非华人人口的增加以及南非华人后代受教育程度的提高等。目前，南非主要的华文报纸有三家，分别是《南非华人报》、《华侨新闻报》和《非洲时报》。④ 三家报纸的共同特点是：股权均在华人手中；订户基本固定；业务范围多局限在约翰内斯堡，在南非其他大城市也有发行；为创收开办了多种经

---

① http://en.wikipedia.org/wiki/South_African_Press_Association，2012－1－8.

② http://www.sapa.co.za/，2012－1－8.

③ 胡正荣主编：《新媒体前沿(2011)》，北京：社会科学文献出版社，2011 年，第 435 页。

④ 《三份华文报纸为 30 万南非华人服务》，载《新文化报》，2010 年 7 月 5 日。

营项目。三家华文媒体在办报理念上有很大转变，逐渐由单纯的报纸向报业集团甚至传媒集团转变。

## 三、国际传播的发展与特点

南非的新闻事业是在英国模式的基础上发展起来的，从第一份英国人在南非创办的报刊开始，经历了国内经济变化与民主政治发展的进程，逐渐形成了自己的新闻传播特点。梳理南非国际传播的发展，主要有以下几点值得借鉴的国际传播经验：

### （一）不断提升媒介集团国际传播能力

在市场化发展与加强国际合作的过程中，南非媒体实现了集团化发展，并且在激烈竞争中不断开拓多元化、全方位的经营发展模式。南非形成了五大媒介集团：独立报业集团、时代媒介集团、纳斯派斯集团、卡克斯顿集团和新非洲投资集团。[①] 为了生存，各集团不断创新，除在报道内容上增加与百姓生活息息相关的报道外，还适应市场化的需要发展多种经营，例如约翰内斯堡媒体集团和索韦托报业集团都实现了既拥有占主要地位的日报，也办有地方性报纸，还有少数民族语言的报纸，有的还创办电视台、广播电台。同时，各媒介集团还发挥自身优势，积极参与拓展国际业务。

以纳斯派斯集团为例。该集团不断加强海外并购、吸引外资，提升经营管理水平，在互联网服务方面，已有10多年的投资经历，不仅为非洲提供服务，而且还在亚洲和欧洲部分国家开展业务，包括中国和俄罗斯。从2010年7月开始，该集团与近30个潜在收购对象进行初步谈判，以继续扩大该公司的互联网和电子商务业务。在付费电视方面，由于非洲电视业务市场发展迅速，该集团在非洲市场继续加大对电视业务的投入，在南非、亚洲、欧洲和美洲拥有自己的付费电视网络。2010财年该集团已新增97.7万付费电视用户，推动该公司的用户总数达到490万，总市值已达到1499亿兰特（约合218亿美元）。[②] 该集团在中国、俄罗斯、印度、巴西、泰国、中东地区和东欧也有一定的投资。

① 陈力丹：《世界新闻传播史（第二版）》，上海：上海交通大学出版社，2007年，第402～403页。

② 《南非媒体集团 Naspers 加大海外并购步伐》，http://za.mofcom.gov.cn/aartide/jmxw/201107/2011070764123/.html，2012－2－14.

## (二)重视新技术和新媒体的发展

新媒体的发展推动了南非产业经济的发展和产业技术的升级，人们的生活越来越依赖互联网，无论是使用社交媒体、电子邮件、网上银行在线购物，还是在线阅读、网上求职、网上娱乐等都离不开互联网。社交网络对南非的影响直接在新闻编辑部门体现。例如，《邮卫报》开发了允许 Facebook 用户在其资料中添加新闻标题的服务。

南非的传媒集团在海外并购方面也注重新媒体并购，如纳斯派斯集团 2010 年 7 月以 3.88 亿美元买入了俄罗斯数字天空技术公司(DST)28.7%的股份，还将其 39.3%的俄罗斯互联网公司 Mail.ru 股份出售给了数字天空技术公司。[①] 2007 年 11 月，该集团以 10.9 亿美元收购了总部在伦敦、专门从事互联网拍卖的塔多思公司，以便向欧洲中部以及东欧开展业务。在拉美市场，纳斯派斯集团 2010 年斥资 1.44 亿美元获得了分类广告公司 OLX.com 近 68%的股份。此外，该集团持有中国腾讯公司 34.25%的股份。

## (三)加大国际重大事件的报道力度

在近年来的国际重大新闻事件中，南非媒体的投入与参与越来越多。北京奥运会期间，南非媒体以大量篇幅大规模报道了奥运赛事。四年一届的世界杯不仅仅是球迷的节日，更是世界各大媒体树立认可度与权威性的契机。南非世界杯是国际足联(FIFA)第一次向互联网开放世界杯的全程直播，是考察南非新媒体实力的最好机会，同时也重新引发了人们对于传统媒体的担忧。作为 2010 年世界杯南非官方合作电视台，南非广播公司显示了强大的技术阵容——4 辆高清转播车，转播车上包括 15 台高清摄像机(24 讯道)和 3 台超级慢动作摄像机。同时，南非广播公司已建立起遍及全国的新闻采编网络，由公司的编委会、新闻主管、编辑共同负责重大新闻和日常新闻报道。

南非唯一的 24 小时英文电视频道 e.tv 在节目制作、技术引进和员工培训等方面均得益于华纳集团，它与加纳广播公司、肯尼亚广播公司、澳大利亚广播公司及美国的 PBS 公司都有业务合作关系。在 2001 年的“9·11”事件的报道中，e.tv 更为迅速、及时地播出了相关消息及画面，也为其后来开通 24 小时新闻频道 e.news 奠定了基础。

---

① 《南非传媒集团持股俄罗斯互联网集团》，载《中国新闻出版报》，2010 年 7 月 30 日，第 3 版。

### (四)加强国际交流合作

南非传媒市场也在不断努力面向全球、加强国际传媒间的交流合作。以南非电视业的发展为例。南非电视业呈现出了新的发展趋势，例如电视技术的现代化促进了电视产业的国际化，收费电视和卫星电视的发展加速。同时，电视节目也呈现出多样化和精彩化的特点。同时，南非也在加强与非洲其他国家以及非洲以外国家之间的交流与合作，并且加入了一些国际组织，如非洲国家广播电视联盟、南部非洲媒体协会、非洲电视网等。[①]

### (五)加强与中国的交流合作

1998 年 1 月 1 日，南非与中国建交。随着双边经贸的发展，南非成为中国在非洲第二大贸易伙伴，同时，两国在文化交流方面签有文化合作协定及其执行计划，发展了多层次、多渠道的文化交流与合作。

在商业项目合作方面，两国传媒集团不断加大合作力度、拓宽合作领域。南非 MIH 传媒集团与包括中国在内的 50 多个国家和地区的媒体开展业务合作，已经与北青传媒、腾讯公司等中国企业进行了多项富有成效的合作。2007 年 3 月，安徽日报报业集团与南非 MIH 传媒集团在北京签署合作协议，2007 年 9 月 16 日，联合组建的新安传媒有限公司正式成立，主要经营广告、发行、印刷等业务。这是安徽媒体首次引进境外资本项目，也是目前全国首家经国家批准的党报集团中外合作项目。[②] 2011 年，新闻出版总署与包括南非 MIH 集团在内的几家国际集团签署一批战略合作协议。[③]

---

① http://www.cctv.com/stxmt/cmjg/index.shtml，2012－1－12.

② 《安徽日报与南非 MIH 集团“跨国联姻”》，载《新闻实践》，2008 年第 10 期。

③ 《来自新闻出版业的报告·“走出去”篇：传播中华文化的馨香》，载《光明日报》，2011 年 10 月 14 日。

# 第十三章

# 印度

同为迅速崛起的巨型发展中国家，印度的国际舆论环境要好于中国，它被很多西方舆论奉为“世界上最大的民主国家”和“后来居上的软实力超级大国”。究其原因，除不断发展的经济、民主制度与西方契合、外交政策向西方靠拢、战略地位可为西方所用以牵制周边大国等因素外，印度传媒，尤其是电影的全球传播能力，不可小觑。

## 一、传统文化和传媒体制构成了印度软实力重要基础

伴随社交媒体的发展和公民社会的成长，以文化影响力为核心的软实力在越来越多地影响国家的经济发展和国际政治影响力。而历史也不断证明，经济实力的增长，不仅会促使国家加大对军事力量的追求，也会促使国家追求软实力，通过吸引而非强制来达到国家目标。

曾经在很长时间内，印度给人的印象是乱糟糟、不平等、低效率，人民每天都要生活在对“恐怖主义和贫困的恐惧之中”。近些年来，印度经济快速增长，耀眼程度仅次于中国。而且，一些机构预测，印度经济高速增长的持续时间，有望超过任何一个亚洲国家。受此刺激，印度对“有声有色大国”的追求更加坚定。其中，软实力的建设更是被提升至国家战略层次。作为千年文明古国的印度，决心通过发挥本国的历史、经济和文化优势，把一个积极正面、值得信赖的印度推向世界。

印度文化底蕴深厚、兼容并蓄并博采众长，印度社会具有开放性、多样性的特征，各种文化可以兼容，这是一种强大的软实力，非常有利于进行有效的国际传播，减少甚至避免因文化差异导致的误解和偏见。近些年来，印度流行

文化越来越受到世界的欢迎，对印度文化的国际传播起到了积极的作用。

印度传媒制度是其进入国际舆论市场的通行证。在印度，政府对媒体不具有约束作用，媒体是相对独立的行为主体。通常，任何机构都难以强迫媒体发表它所不想发表的新闻言论，也难以强迫媒体不去报道某一新闻。政府部门只能通过公关方式争取媒体的配合，譬如印度外交部就设有专门的公关机构负责媒体对外交政策的报道。这样的管理体制，使得印度传媒的国际传播内容在西方获得了较高的信任度。因为，在秉持自由主义的西方社会，人们非常反感政府主导的传播，认为站在政府、统治集团或者是社会精英的角度对本国进行推介的媒体缺乏可信度。媒体的编辑独立性一旦受到质疑，传播效果就要受影响。立场受到质疑的媒体，受众都很稀少，比如受政府资助、负有外宣职能的美国之音，无论是本土还是海外，受众都不多；与之相反，市场化的《纽约时报》，可信度就很高。

印度走向世界的决心与行动得到了西方的正面回应。西方政治力量和社会舆论，把印度当成了自家人，奉其为“世界上最大的民主国家”和“后来居上的软实力超级大国”。

在这些因素的综合影响下，印度在外交和经济等方面收获了许多实际利益，印度这个在硬实力上差强人意的国家，凭借软实力的保驾护航，在国际舞台上发挥着大于自己实力的影响，它在现有秩序中的崛起，遭遇的阻力微乎其微。

尝到甜头的印度，也倍加注意国家形象的塑造。目前，印度正为争取2020年奥运会在新德里的主办权而努力，以期用其高速发展的经济实力和软实力来吸引世界的注意力。同时，印度也向全球推出了“闪耀的印度”(Shining India)和“惊人的印度”(Incredible India)等国家广告，并努力打造“世界办公室”的国家品牌。另外，印度计划在2012年底，在全球建立40个文化中心，强化在国际上推介印度电影的努力，让更多国家的民众通过电影了解印度文化。[①] 另外，这些文化中心还传授印度音乐、舞蹈和印地语等。

借助于这些内外条件，在整个世界“文化光谱”里，印度的“能见度”正在稳步提高，创立软实力概念的哈佛大学教授约瑟夫·奈甚至认为，印度的软实力强于中国。

① 《2009年印度：稳步走向世界》，载《人民日报》，2009年12月28日，第14版。

## 二、电影与电视剧的国际影响力较强，强化了印度的对外形象

印度电影与电视剧是印度提升国际传播能力最重要的武器。2009 年 7 月，在访问孟买和新德里期间，美国国务卿希拉里对此给出了一种生动的注解："亚洲其他国家的人民在看印度电影时会认为所有印度人长得都很好看，过着丰富多彩的美满生活。"这可能是溢美之词——此行她为美国公司拿到了价值高达 400 亿美元的防务与核能合同，对东道主夸奖两句在情理之中。她还说："我认为印度不仅是一个地区大国，而且是一个全球大国。"[①]不过，印度电影与电视剧的国际影响力是毋庸置疑的。约瑟夫·奈曾说，印度电影观众遍布亚洲、中东和非洲，是该国软实力的利刃。

印度是世界上年产电影最多的国家，有上千部之多。宝莱坞本来是位于印度孟买电影基地的印地语电影产业的别称，该基地是世界上最大的电影生产基地之一。现在，宝莱坞已被用来指代所有的印度电影。宝莱坞电影不仅在印度所在的南亚次大陆攻城略地，而且在中东地区、非洲、俄罗斯、中国、北美、欧洲等地也有不俗业绩。

宝莱坞这种不俗的发展态势和不断提升的影响力，正日益冲击着好莱坞的霸主地位。在全球发行方面，宝莱坞仅次于好莱坞，屈居亚军，而在印度，好莱坞电影的市场占有率只有 5%到 8%，[②]印度音乐家和导演正在西方娱乐世界树立自己的地位。英美娱乐界对印度音乐和印度文化赞赏有加，并直接影响到他们的作品和粉丝，直接促成了一种喜欢印度文化的社会氛围。英国 BBC 电视网做过一次民意调查，以确认谁是世界上最著名的明星，结果出人意料：印度宝莱坞影星阿米塔巴赫·巴克坎名列榜首，得票超过劳伦斯·奥利弗和玛丽莲·梦露。由此，海外观众对印度电影的接触、熟悉、认知的程度可见一斑。

宝莱坞电影带给全世界的绝不仅是画面、舞蹈和音乐，它还以非凡的感染力把印度的价值观传递到了缅甸和孟加拉国等地，秘密穿过荷枪实弹的边界进入巴基斯坦普通家庭——尽管存在政治分歧和政府禁令，但巴基斯坦的每个村镇都在放映印度电影……随着宝莱坞电影在这些大多保守的国家受到普

---

① 《印度的真正实力何在?》，载《新快报》，2009 年 7 月 27 日。

② 张婷婷、王岗：《印度宝莱坞电影年产千部 超美居世界第一》，载《法制晚报》，2011 年 12 月 23 日。

遍欢迎，印度正被视为世界上第一个软实力超级大国。

阿富汗对于印度具有重要的战略价值，是印度软实力的重要对象国。在2011年之前的塔利班时期，阿富汗禁止娱乐活动，以电影、电视肥皂剧为代表的印度流行文化自然难以在阿富汗登堂入室。塔利班被赶出喀布尔后，卡尔扎伊领导的新政府重新开放国内市场，允许印度影视剧登陆，印度影视剧迅速在阿富汗掀起旋风般的冲击。[①] 有报道称，为了收看印度电视剧，阿富汗民众不惜影响重要的宗教活动。为了照顾一些收看印度电视剧的内阁成员，阿富汗政府内阁会议有时甚至因此而延后。印度高官认为，这是因为印度电视剧"彻底抓住了阿富汗公众的想象力，以至于在这样一个常常把家庭问题藏在面纱背后的极端保守的伊斯兰国家，居然会由一部印度电视剧主宰对家庭问题的公众讨论"。印度电视《每个婆婆都当过儿媳》在阿富汗播放时，甚至造成万人空巷的场面。路透社报道称，当地时间晚上8点半时盗窃率明显上升，因为守门人都在心无旁骛地看电视。

在中国，印度影视剧也很受欢迎。很多人都喜欢《大篷车》，对里面的歌曲和经典台词耳熟能详、津津乐道。2004年的电视剧《阴谋与婚礼》在中国播出时，广受好评——作为不二法门，这些聚焦于家长里短，尤其是婆媳关系的连续剧，在普通人中间很有市场。

## 三、媒体在国际上缺乏议程设置能力

英语是印度的官方语言，这使它在向国际社会发布信息、传达观点时少了一大障碍。但是，作为西方媒体话语垄断下的受压迫者，印度在媒体资讯传播方面乏善可陈，在国际上缺乏议程设置能力。

印度最大的通讯社是印度报业托拉斯PTI，海外分支机构只建在主要国家的主要大城市，驻外记者人数较少，实力很不突出。西方媒体采用的PTI稿件，大多都是社会新闻，如棉农喝农药自杀、政治变动、社会动荡等不正常的反社会事件，正面的报道很少。这直接削弱了印度的软实力，约瑟夫·奈说："印度的软实力被持续的社会冲突和骚乱报道所破坏，例如古吉拉特邦的动荡局面和比哈尔的反政府武装。"[②]

---

① ShashiTharoor, "Hooray for Bollywood India's Softpower", Taipei Times, January 7, 2008.

② "Making the most of India's Soft Power", The Times of India, January 28, 2007.

目前，印度境内有近500家电视台、5亿多国内观众，但在国外影响不大。1991年经济自由化之前，全印度只有多尔达山一家国营电视台。1992年开放私人卫星电视台后，ZTV电视台拔得头筹，当年开台。该电视台与默多克合作，开办戏剧、电影、综艺等节目，十分成功。1995年起，他们开始走出印度，进攻英、美、中东、非洲，后来打进国外市场的主流频道，已在纽约、伦敦、迪拜等地设立14个联系处，成为印度在海外最受欢迎的电视台。2500万居住海外的印度人是印度电视台海外观众的主体，烹饪节目最受欢迎。

印度有2700家报社，比较有名的报纸有《印度时报》和《印度斯坦时报》等，《印度时报》是全球发行量、网络阅读量最大的英文报纸，2010年发行量达到388万份。[①] 然而，这些受众和阅读多来自印度国内，在国际上影响不彰。印度所有的报纸均为私营，是以消费主义和市场导向为原则的。为了吸引眼球，有时会无中生有。这些报道尽管是面对国内，但经过二度传播，会影响其在海外的形象和观感。

因为历史恩怨和现实矛盾，印度媒体总是喜欢拿中国说事。近年来，印度媒体接二连三地发表关于“中国威胁印度”的各种虚假报道，英国广播公司甚至用“歇斯底里”这个词来评价这一现象。澳大利亚悉尼麦考瑞大学内忍·奇蒂教授曾转引印度官员的话说，完全独立的印度媒体有时故意夸大其词、哗众取宠，印度电视节目随心所欲地丑化中国，误导了印度青年人，致使他们对中国形成了根深蒂固的负面印象。当然，印象是相互的。印度媒体对华报道的肆无忌惮和虚假新闻铺天盖地，通过中国媒体的报道，直接影响了中国民众的观感和情绪。值得庆幸的是，印度对中国肆无忌惮的批评主要出现在英文媒体中，读者和观众人数均超过英语媒体的印地语媒体并未对中国表现出相同兴趣，也不像英语媒体那样对中国如此猜忌。

西方是中国之外印度媒体关注的另一个重点。在意识形态上，印度媒体与西方贴得比较近。印度媒体上对西方的不满主要有：美国因反恐需要而与印度死敌巴基斯坦关系密切、西方媒体过度宣传印度落后的一面，另外还有市场份额、利益分割等问题。

无疑，印度的哲学与文化是世界的一朵奇葩，很吸引人，但是，仅靠电影和电视剧是不可能影响人们的思想和行为选择的。印度要想成为“有声有色”的大国，其新闻传媒还要继续提升国际传播能力。

---

① 陈中原：《迎接世界报业大变革的时代》，载《新闻记者》，2012年第10期。

# 下编：外国主要媒体国际传播特色

# 第十四章

# 美联社

美联社是最大的世界性通讯社之一，在全球新闻信息流动中占据重要位置，是全球许多媒体的国际新闻信息来源。

## 一、发展简史

美联社前身为“港口新闻联合社”。1848 年，为了节省开支，纽约的 7 家报纸经过协商，决定成立一个联合体，统一派出“新闻艇”，各报共同支付费用。这个联合体名叫港口新闻联合社，这就是美联社的前身。1850 年，这 7 家报纸又成立了“电讯与一般新闻新闻社”，共同分担使用电报发送稿的高昂费用。1857 年，上述两个机构合并，组成“纽约新闻联合社”。在此期间，美国其他地区也先后出现了一些类似的新闻合作组织，取名也叫新闻联合社。1900 年，美国各地区的新闻联合社合并组成全国性的美国新闻联合社，简称“美联社”。

美联社是美国早期新闻业发展的引领者，如美联社记者获悉林肯遇刺后，写出了世界上最早出现的导语之一：“华盛顿，1865 年 4 月 14 日，星期五——总统今晚在剧院遭枪击，可能已受致命伤。”1889 年，美联社记者约翰·唐宁写出了第一条要素齐备的真正意义上的导语。[①] 新闻导语的产生，直接促成了由导语、主体、背景等构成的倒金字塔新闻文体结构的诞生，并逐渐形成了以消息、特稿、评论构成的基本新闻文体格局。

1900 年美联社改组时确定了报道方针为“报道事实，不报道意见”。这是

---

① 王毅：《新闻五要素：取舍与改革》，载《军事记者》，2009 年第 8 期。

在反对“党派报刊的黑暗年代”的历史背景下出现的。随后，由于社会责任论的盛行和读者需求的变化，美联社转向提示“新闻背后的新闻”，即解释报道时期。

美联社最初稿件只供给本社成员报纸，美联社的真正崛起，在一战前后。一战爆发时，美联社的订户仅有100来家。一战之后，三大通讯社垄断局面名存实亡，美联社随星条旗向海外拓展，到1940年用户高达1400家，1945年以后开始向非成员报纸和电台供稿。

美联社于1979年开始提供电视新闻服务，20世纪90年代是美联社电视业务突飞猛进的10年。美联社编辑部门有总编室、国际部、对外部、经济新闻部、体育新闻部、图片新闻部、特稿部、广播新闻部。1994年，美联社增设电视部(APTV)，工作中心在伦敦，通过亚洲、拉美、北美和全球服务四条专线，向全世界电视订户提供电视新闻，用6种文字发稿。

1995年美联社开始发展网络业务，1996年10月，美联社推出了为其成员服务的新闻网站“连线”(The Wire)。其内容包括所有美联社报道、照片、图表、音频和视频新闻、股票报价等，是美联社的多媒体新闻网站。它不仅能随时在网上发布全球最新消息并实现24小时更新，还可以使美联社的所有成员把该网站改为自己的网站：就是在该网站上打上自己报纸或广播电台的名称并加入自己所在地的广告，实现该网站与其他网页的链接。“连线”被视为美联社网络业务的基石产品。

2000年3月28日，美联社宣布成立一个名叫“美联数字”的新部门，专门向网络媒体提供多媒体产品。它提供的产品和服务有：文字、图片、音频、视频和图表，其具体内容有：美国新闻、国际新闻、时事政治、体育、娱乐、重大事件、饮食与减肥饮食、健康、技术、金融、股票报价、商业、生活格调、州和地方新闻、天气及天气预报、华盛顿新闻等。2004年美联社创建成功一个多媒体数据库，用于存储文字、图片、图表、音频和视频信息。

2005年底，美联社向会员报纸、广播电台、电视台提供全套技术解决方案，帮助他们在自己的网站推出在线视频。2006年，美联社开通了在线视频网(AP Online Video Network)。

进入新世纪以后，由于经济不景气和传统媒体的衰退，美联社在经营上受到很大影响，几度压缩非英语新闻线路。2007年9月，美联社将荷兰语专线卖给荷兰Novum通讯社。根据收购协议，Novum收购美联社荷兰语新闻线路后，将继续为荷兰的报纸、网站以及其他商业客户翻译美联社的国际新闻报道。

美联社的西班牙语服务开始于2004年，主要是提供基于互联网的西班牙语新闻服务。2008年3月21日，美联社宣布成立西班牙语部，合并、重组美联社的西班牙语人才，之前的西班牙语在线新闻部和翻译部都并入新的部门。资源集中共享使美联社有能力提供更加快速、全面的西班牙语新闻。

2009年12月，美联社将德语新闻线路出售给德通社(DDP)，德通社同时获得为期15年的美联社英文产品代理权。根据收购协议，原美联社德语新闻专线的110名记者编辑全部划归DDP，生产流程和内部组织结构不变。

新媒体崛起改变了传统的传媒生态，也改变了通讯社与媒体的关系。顺应这种变化，美联社董事会于2009年1月起正式执行新的新闻供稿与收费调整计划，该计划使得美联社成员报纸的成本降低约600万美元。

## 二、基本情况

### (一)采集网络

美联社在国内外共有分支机构243家，分布于全球97个国家和地区。其中国内分支机构134家，包括6家总分社、100多家分社和记者站。[①]

### (二)人力资源

美联社员工总数约为4200人，其中采编人员3000多人，约占员工总数的70%。有外籍雇员1500名，其中，100名左右在美国国内工作，其他人分散在全球各地。外籍雇员占全部工作人员的36%左右。美联社已经在全球范围内形成“自派首席记者与外籍雇员相结合”的工作模式。以美联社伦敦分社为例。该分社有70多名工作人员，但真正从美国本土派出的只有5人，其他均为英国当地全职雇员。雇员包括记者、编辑、摄影师、多媒体编辑、营销经理和行政人员等。

### (三)技术水平

美联社一直非常重视并积极采用先进的通讯技术。在应用互联网技术和数字化转型方面，美联社走在了世界各大通讯社的前列。美联社每年在技术

---

① 此节内容参考了唐润华、吴长伟、文建：《传播能力再造：新媒体时代的世界性通讯社》，合肥：安徽大学出版社，2012年。

上的投入是3500万美元。在技术革新方面，美联社自称有10余项技术在世界范围内“先走一步”，包括1875年第一个租借永久性的新闻电报线路，1980年第一个用卫星发送新闻，1994年第一个用数码相机武装自己的摄影记者等等。

美联社建设了一个基于互联网的、集美联社所有内容于一体的互动式的多媒体数据库。此外，美联社在1997年创建了一个电子新闻制作系统ENPS。这个系统具备脚本编写、节目裁减、设计、新闻线路管理、制作设备控制、集成的搜索引擎以及外地工作人员的脱机与远程访问等性能。目前，全球51个国家将近600家电视台、无线电台和网络电台的新闻编辑室都应用了这个系统。

### (四)产品与服务

美联社使用英、德、法、西、荷兰语和瑞典语6种语言供稿。平均每天播发新闻和经济信息约300万字(各条线路重稿未重复计算)，平均每天有超过1000张图片。

美联社的主要产品包括：

AP Financial Tools：金融及市场信息，包括报价、图表、个人投资组合等。

AP广播新闻：以灵活、用户方便使用的形式向用户广播新闻及信息。

AP NEWS TICKER：直接向电视及电脑提供实时的硬新闻及娱乐信息。

AP音像服务：内容涵盖美国及海外政治、娱乐、经济新闻，此外还有一分钟的全球新闻及金融市场概述。

AP财经新闻：内容涵盖美国公司及世界市场新闻、季度收益公报、高管人事变动、购并、新产品开发等。

APTN每日娱乐新闻：提供全球的热门娱乐新闻。

APTN广播服务：提供全球发生的现场新闻音像报道。

AP图片档案：内容包括AP图片数据库的图片、图表，每日更新。目前拥有50万张图片。

AP全球图片：向用户提供AP图片服务。

AP数字：向网站、无线运营商、信息提供商等提供多媒体产品服务。内容包括：文本、图片、图表、音频、视频，用英语、西班牙语、法语、荷兰语和德语播发。

### (五)用户及受众

美联社为世界121个国家和地区的1万多家新闻媒介供稿，其中包括美国国内的1700家报纸用户、5000多家电台、电视台用户以及1000家AP广播网附属台用户、550家国际性广播机构。美联社宣称世界上有一半人口能够看到来自美联社的新闻。根据新华社新闻研究所2005年进行的调查统计，在28个国家的83家主流报纸中，美联社的用户覆盖率达到了78.31%。美联社电视新闻用户在全球主流电视媒体的覆盖率则达到了87%。

### (六)市场经营

美联社是一家报联社，其主要收入来自成员单位的会员费，每年的会员费根据物价的波动而波动，因此收入比较稳定。

2003年美联社的总收入为5.93亿美元，亏损2400万美元；2004年总收入为6亿美元(当时约合50亿元人民币)，亏损500万美元。2005年以来的总收入具体数字不得而知，估计也在6亿美元左右；但有报道说，美联社2006年有了1330万美元的盈利，2007年的利润增长到了2400万美元。2008年总收入7.47亿美元，净利润2510万美元；2009年总收入降为6.76亿美元，利润为880万美元。

近年来，美联社加大了国外市场和新兴业务的开拓，非会费收入的比重越来越大，大约已占总收入的40%。

### (七)知名度

在2011年度"世界品牌500强"排行榜中，美联社排名第78位。在2012年度"世界品牌500强"排行榜中，美联社排名第74位。[①] 有评价认为美联社不断改革报道方式与传播手段，适应受众不断变化的口味与兴趣，使得美联社在传媒领域赢得了极高的权威。

---

① 参见世界品牌实验室网站，http://www.worldbrandlab.com/

## 三、特点与经验

### (一)首倡客观性法则并引领新闻标准

一般认为，客观性法则是由美联社最先提出，并大力倡导的。1848年，港口新闻联合社(美联社前身)成立，为适应政治立场迥异的各报，使它们长期订购其电讯稿，该社遂以超党派和中立的方式报道新闻事件，要求记者在新闻报道中只报道事实和细节，不作任何评论，保持不偏不倚的态度。美联社在1900年后所确立的“直观、中立、实事”的报道风格，对向其订购稿件的报纸的报道准则形成了深远的影响。1938年，美联社负责人奥利弗在其著作《美联社:新闻的历史》一书中，详述了“客观性”这一概念。曾任美联社总经理长达20余年的肯特·库珀，一直致力于宣传客观性法则。他把客观性法则解释成“真正公平”的新闻报道，还称客观性法则“作为一种至善至新的道德观念，发展于美国，奉献于世界”。① 由于美联社的大力倡导，客观性法则在西方被奉为职业理念。美联社第一任社长斯通，更是将客观性法则具体化为“5W1H”的导语格式和倒金字塔的新闻结构，而这些都成为新闻写作的标准模式，被各国新闻界视为圭臬。

### (二)适应变化，不断进行以新技术为支撑的业务创新

美联社负责人在各种场合多次提到其新闻报道业务的全球战略重点:进一步扩大新闻报道范围，特别是增加多媒体形态的娱乐、体育和财经新闻，通过加强新闻采集、技术和营销来提升美联社在全球范围内的品牌知名度。

美联社以新媒体建设为契机，大胆进行以新技术为支撑的业务创新。近年来，美联社先后尝试推出的新媒体业务就包括在线视频、ASAP、新闻博客、移动新闻网、“问美联”等数十种。ASAP等一些创新性业务运行一段时间后被市场所淘汰，但在线视频、新闻博客、移动新闻网等许多新业务发展良好，成为美联社在新媒体时代的盈利支撑点。

---

① 胡兴荣:《客观报道理论依据及其实践》，人民网，http://www.people.com.cn/BIG5/14677/22100/40528/40529/2986269.html

### (三)推行“电子美联”计划,进行通讯社转型

美联社社长兼首席执行官汤姆·柯里在2003年上任后不久就推出一项名为“电子美联”的计划(EAP)。该计划的核心是建设一个基于互联网的、集美联社所有内容于一体的、互动式的多媒体数据库。“电子美联”是针对传统通讯社运营模式存在问题的解决方案。

“电子美联”对于传统运营模式的另一重要意义是为通讯社销售模式由批发向零售兼批发提供了可行的低成本的技术平台。通讯社目前使用卫星和专线技术传输不但成本非常高,而且不适用于零售的供稿方式,而EAP则建立在互联网的技术平台,在支持低成本传送的同时,也在技术上提供了零售销售方式的可能性。

遵循这一计划,2004年美联社创建了多媒体数据库。2007年,美联社又顺应潮流,将会员报纸的图片和新闻报道放入数据库中,会员不仅可以共享报纸内容,而且网站相互链接,通过点击文章标题、作者或检索关键词等方式,用户可获得关于某一新闻主题的大量报道。

借助“电子美联”工程,美联社逐渐告别了传统通讯社的运营模式,向一个面向互联网时代需求的多媒体通讯社全面转型。

### (四)发展多媒体业务

1994年,美联社在英国伦敦成立电视部(APTV),推出国际新闻视频服务。为了快速拓展国际视频业务,它于1998年购买了国际电视新闻视频公司(WTN)。该公司的母公司为美国ABC电视台(ABC News)、英国独立电视新闻(ITN)、澳大利亚第9频道。与此同时,美联社电视部更名为电视新闻部(APTN)。这次并购极大地增强了美联社的视频制作实力,迅速奠定了其作为世界领先视频通讯社的基础。

2005年以来,美联社在电视新闻之外,还大力发展在线视频网(AP Online Video Network)。2007年,美联社又对在线视频网络进行重新调整,推出一个新版在线视频平台,允许其会员上传视频、加注标签以及在视频上售卖本地广告。经过10多年的探索和发展,美联社多媒体和在线视频业务已日臻成熟,并成为新的收入增长点。

到2004年年底,美联社通过海外80多家分社和全球卫星网络,向世界各地的550多家电台、电视台、网站、门户网、宽带和手机用户提供国际新闻视频直播、体育新闻视频直播以及娱乐新闻视频直播节目。

### (五)进军移动媒体,建立移动新闻网

2008年,美联社首席执行官汤姆·柯里宣布成立手机新闻平台——移动新闻网,为包括苹果公司手机 iPhone 在内的智能手机用户提供新闻报道。其内容主要是美联社成员报纸的地方新闻集纳,以及美联社自行采集的全国新闻和世界新闻。

移动新闻网的成立使得美联社各成员报社有机会在快速发展的移动媒体市场争得一席之地。成员报纸可以通过提供本地新闻的方式加入到移动新闻网当中,他们的 LOGO 将随其提供的新闻一起出现在用户的手机上。重要的是,该产品也为各成员报纸提供了一个新的广告发布平台,通过这一平台,他们可以方便地把本地广告售卖给移动终端用户。

移动新闻网是美联社全数字平台数字合作的第一项产品,目的是为美联社的成员报纸寻找进入新媒体发展空间的通道。近年来,美国报业市场低迷,广告收入持续下滑,许多报纸不得不通过裁员等方式来压缩成本,减轻压力。美联社的这一新平台无疑为他们在困境中的发展提供了新的机会。同时,这也为广告商提供了一个接触全国受众的机会,特别是接触到喜爱使用新媒体产品的年轻一代受众。

# 第十五章

# 《纽约时报》

《纽约时报》是在全世界发行、有国际影响力的一份美国日报，多年来，作为美国高级报纸的代表，其拥有良好的权威性和公信力。

## 一、发展简史

《纽约时报》于 1851 年 9 月 18 日创办，创始人是亨利·雷蒙德和乔治·琼斯，最初叫《纽约每日时报》，1859 年更名为《纽约时报》。《纽约时报》以“按照本来的面目反映这个世界”为宗旨，力求公正客观报道社会大事，很快就赢得了读者的喜爱。

19 世纪末，《纽约时报》因雷蒙德去世后出现的经营问题而濒临倒闭，1896 年阿道夫·奥茨收购了濒于破产的《纽约时报》，提出“刊登应该刊登的新闻”的口号。奥茨提出了“本报不会污染早餐桌布”的承诺，不靠带有冲击性的标题和图片吸引读者，确立了《纽约时报》庄重稳健的版式风格，同时加大了信息量，扩充了商业和财经新闻，使《纽约时报》成为报道纽约商情的最出色的报纸。奥茨还认识到周末版吸引读者的重要作用，恢复了一度中断的周末版。另一个重要举措是开辟了读者专栏，让不同意见参加争论，但要求署以真名，以明文责，并“以良好社会中慎重有礼的语言”来阐述观点，拒绝辱骂和诽谤。读者专栏架起了报纸与读者之间相互沟通的桥梁，满足了读者发表意见、参与社会活动的需要，大大提高了《纽约时报》的声誉。

在奥茨的管理下，《纽约时报》通过增刊扩版，大量增加国际新闻内容，确立了自己的新闻风格和权威性，1901 年，发行量超过了 10 万份，成为面向主流阶层的严肃大报。1912 年，《纽约时报》因独家报道了“泰坦尼克号”事件而引起轰动。《纽约时报》内容详尽、态度严肃，对国内外新闻都给予充分报道，并常全文刊登重要演说和政府文件，自 1913 年起还定期编印曾刊登过的全部文章的索引，故有“档案记录报”之称。1918 年因全面而准确地报道第一次世界大战而获普利策奖。

1935 年奥茨去世后，其女婿苏兹伯格接任《纽约时报》的发行人，在他任内 20 多年，《纽约时报》的新闻报道范围进一步扩大，赢得了国际声誉。

1935 年年初《纽约时报》的社论版应运而生，每天都刊出 3～5 篇社论，选题极为广泛。1970 年 9 月，《纽约时报》又创立了社论版对页，它与社论版相邻并相对，其文章的观点与社论版相对立，是社论版的延伸。这个版面大获成功，各大报纸竞相模仿。

从 20 世纪 70 年代开始，《纽约时报》开始扩版，在保持高品位的同时，朝大众化和通俗化方面发展。1976 年，《纽约时报》提出“比新闻更多的东西”的口号，开辟了生活、体育、家庭、科学等特刊。

《纽约时报》第四代发行人是苏兹伯格的独子——阿瑟·奥茨·苏兹伯格，他在任 30 年，其间《纽约时报》完成了由家族式经营向市场式经营的转型，实现了多元化经营。1963 年《纽约时报》的总收入为 1 亿美元，到 1991 年，纽约时报总公司的收入已达 17 亿美元。①

1969 年起纽约时报公司从家族企业变为股份公司，成为拥有多家美国报纸、杂志、电视台、广播电台和国外联合企业的大报团。

1992 年，小阿瑟·奥茨·苏兹伯格任《纽约时报》发行人。他在客观、公正的原则下对该报进行重新定位，使报纸的内容足以适合大都会年轻人和广大读者的需要和兴趣，对体育新闻版、都会版面、财经新闻版等进行扩增或改进，增加报纸的趣味性，增加了新的“流行时尚”新闻版等。《纽约时报》在“9·11”及伊拉克战争报道中独树一帜，其新闻的领导作用之大，以至于许多其他报纸都以是否跟上了《纽约时报》的头版为是否成功地抓住了选题的标准。②

小阿瑟·奥茨·苏兹伯格上台后的重要改革就是重视市场和技术。小阿瑟抓住了网络媒体崛起的机遇，1996 年《纽约时报》率先进军互联网，后一直名列“全美十大最受欢迎的新闻网站”，创办第一年就开始盈利。1997 年 9 月，《纽约时报》再次大改版，不仅内容更加充实和全面，还大量采用彩版，一改“灰色贵妇”的形象。

① 刘笑盈：《档案记录报：〈纽约时报〉》，载《对外传播》，2009 年第 4 期。

② 刘笑盈：《论国际一流媒体的新闻战略》，载《电视研究》，2011 年第 6 期。

2003年4月,《纽约时报》黑人记者布莱尔炮制假新闻的事件东窗事发,导致报纸总编辑和执行主任辞职。2004年5月,《纽约时报》再次承认在它的新闻报道中发生了错误,在伊拉克战争爆发前促进了公众相信伊拉克拥有大规模杀伤性武器,同时还列出29篇存在误导性文字的文章,并标明了文章的作者和刊登日期。通过对自身报道失误和错误的坦白,《纽约时报》体现了对读者负责的精神。

2005年9月,《纽约时报》启动了一项名为"Times Select"的订阅服务,在网上对许多以往免费的专栏进行收费。但由于收费受到抵制,效果并不好,因此2007年9月17日,《纽约时报》宣布停止对部分网站内容的收费。而随着网络环境与读者消费方式的变化,2011年3月28日,《纽约时报》又开始对网络版进行收费,这次收费可能是《纽约时报》160多年历史上最大的转型,具体效果仍有待观察。

## 二、基本情况

### (一)采集网络

《纽约时报》在美国有35家分社,在国外有28家分社、50个记者站,其中有3个分别设在北京、上海和香港。①

### (二)人力资源

《纽约时报》有一个庞大的编辑记者队伍,全报有5000人,其中编辑记者1200人,有60名普利策新闻奖获得者。在美国,就报纸员工的人数而言,《纽约时报》是数一数二的。②

作为一家著名报纸,《纽约时报》以高薪制网罗优秀的新闻人才。据报道,《纽约时报》的员工待遇在美国各报中排在前列。

### (三)技术水平

《纽约时报》大力研究开发新技术,2006年专门设置了研究开发中心。研究开发中心与微软公司合作,试图在计算机上创造出一种标注页码、表现形态

---

① http://www.zjol.com.cn/05cjr/system/2006/07/04/007719563.shtml

② 刘笑盈:《档案记录报:〈纽约时报〉》,载《对外传播》,2009年第4期。

类似报纸、特别适合于手提电脑阅读的媒介产品——时报阅读器(Times Reader)。研究开发中心还在研究开发移动阅读器技术。

### (四)产品与服务

纽约时报公司旗下有《纽约时报》、《波士顿环球报》、《国际先驱论坛报》等主要报纸。

目前《纽约时报》可以说是美国乃至世界上内容最为丰富的报纸，平日刊均超过 100 页，是其他报纸的一倍以上，星期刊又是平时刊的一倍以上，一般的读者甚至难以读完。

### (五)用户和受众

《纽约时报》2010 年工作日和周末版的发行量分别为 90.61 万份和 135.68万份，较 2009 年均下降 5 万份左右。[①] 高质量的内容吸引了大量高学历、高收入、有影响力的读者，而这些读者正是广告商所青睐的。

到 2011 年 3 月，《纽约时报》网站每月的美国独立用户访问量约为 3200 万，全球约为 4500 万。2011 年 10 月初，数字版《纽约时报》的订户已经超过 32 万。2011 年《纽约时报》在 iPhone、BlackBerry 手机等移动网络方面每月有 7500 万的浏览量；在 Twitter 上有 200 万追随者，在 FaceBook 上有 50 万读者；在亚马逊 Kindle 的浏览方面，该报是大报中名列前茅的佼佼者。[②]

### (六)市场经营

《纽约时报》广告部有 400 多人，他们主要与广告代理商打交道，《纽约时报》全国性的品牌广告约占 70%。“9·11”以后，美国报业广告收入突降，发行也面临着同样的情况。与此同时，报纸的制作成本却在增加。2008 年以来，纽约时报媒体集团(The New York Times Media Group)的广告和发行营收持续下降，广告收入的三年走势(2008、2009、2010 年)为 10.68 亿美元、7.97 亿美元和 7.8 亿美元，发行收入为 6.681 亿美元、6.834 亿美元和 6.837 亿

① 盛媛：《〈纽约时报〉纠结转型之路：公司计划再瘦身》，载《第一财经日报》，2011 年 12 月 21 日。

② 申玲玲：《〈纽约时报〉：最早向新媒体转型》，载《军事记者》，2011 年第 9 期。

美元。[1] 针对这种情况，《纽约时报》在传统领域采取了一系列措施，一是开发新广告门类，尽可能多地增加广告量；二是面对发行量下降，推出新的订阅模式，不再实行特价或平价政策。2010 年的数据显示，《纽约时报》每年在新闻编辑方面的支出大约为 2 亿美元，而在线业务营收大约为 1.5 亿美元。

纽约时报公司目前的经营都与主业密切相关，如合资一家造纸厂和 5 家体育公司，入股报刊亭和出版社。随着纸媒发展的衰落，《纽约时报》的发展也遭遇了困境，影响力也在不断下降。《纽约时报》2011 年 12 月 20 日表示，将出售旗下 16 张地区性报纸，将业务集中于《纽约时报》主报及网站。《纽约时报》已将其网站作为长期盈利的主要来源，网站付费订户正不断增加。2011 年 10 月，纽约时报公司称，《纽约时报》网站拥有 32.4 万付费用户，这给该公司带来了 5800 万美元的年收入。[2] 因为报纸广告收入不断滑坡，纽约时报公司已经出售了一些非核心资产，将精力集中于《纽约时报》、《波士顿环球报》、《国际先驱论坛报》三张报纸。

2010 年，整个纽约时报公司的收入为 24 亿美元，其中数字化营收接近 4 亿美元，较 2009 年增长 15%，对公司全部收入的贡献率为 16%。[3] 在网络广告方面，《纽约时报》推出了时段广告、长视频广告，与《华尔街日报》合作推出网络广告连播等新的网络广告形式，被认为是经济尤其是广告业低迷以来，最有雄心壮志要在网络广告形式上大有作为的试验者和最早的行动者之一。

### (七)知名度

2000 年 10 月《纽约时报》被美国《财富》杂志评选为“全球最受尊敬的 15 家印刷传媒集团公司”第一名、“全球最佳产品及服务类企业”第一名以及“全球社会和环境最有责任企业”第二名。纽约时报网站(NYTimes.com)已经成为全球最大的网上报纸品牌。在 2012 年度“世界品牌 500 强”排行榜中，《纽约时报》排名第 57 位。[4]

---

① 盛媛:《〈纽约时报〉纠结转型之路:公司计划再瘦身》,载《第一财经日报》,2011 年 12 月 21 日。

② 盛媛:《〈纽约时报〉纠结转型之路:公司计划再瘦身》,载《第一财经日报》,2011 年 12 月 21 日。

③ 数据来源:纽约时报公司网站,http://www.nytco.com/company/index.html

④ 参见世界品牌实验室网站,http://www.worldbrandlab.com/

## 三、特点与经验

### (一)内容丰富、新闻客观,形成强大影响力

《纽约时报》可以说是美国乃至世界上内容最为丰富的报纸。除内容丰富的超长新闻外,该报在覆盖各类新闻时还尽量做到了客观公正。新闻与评论的严格区分也是《纽约时报》的历史传统,可以说《纽约时报》是最早坚持评论立报的典范。社论部是《纽约时报》一个独立的部门,不归总编辑领导而直接对发行人负责。《纽约时报》的社论相当尖锐,往往就一些刚刚发生的新闻事件作出尖刻评价,从而吸引了许多希望看到鲜明观点的读者。

另外,在新闻报道中《纽约时报》特别重视头版头条的选择,以至于《纽约时报》的头版头条成了其重要商标和资产。在《纽约时报》身上,最大限度地体现着西方主流传媒的职业精神和专业主义理想。许多美国人也养成了这样的习惯,每逢大事发生就购买《纽约时报》。

### (二)跨国发展,扩大经营空间

《纽约时报》在小阿瑟·奥茨·苏兹伯格上台后一直积极地扩大经营空间,试图从一张纽约的报纸扩展为一张全国乃至全球性的报纸,2002 年,《纽约时报》还收购了总部在法国巴黎的《国际先驱论坛报》50%的股份。2003 年,纽约时报公司买下了《华盛顿邮报》所有的《国际先驱论坛报》另一半股份,独资拥有该报,此举被认为是纽约时报公司提升在全球影响力的重要举措。

《国际先驱论坛报》于 1887 年在法国巴黎创办,读者主要集中在欧洲,在全球 22 个地区印刷,于 180 个国家发行。这份国际性报纸刊载世界各地新闻快讯,评价全球范围内的新兴潮流和当代事务,号称对全世界舆论领袖和决策者都有重要影响。[①]

《纽约时报》曾经考虑将《国际先驱论坛报》改造为《纽约时报》的国外版,但最终还是决定保留《国际先驱论坛报》独立的国际定位。一向严肃的《国际先驱论坛报》也借鉴了《纽约时报》的经验,增加了版面、彩色插图,并在悉尼、科威特、圣保罗开始发行。

网络版打破了地域之限,目前《纽约时报》网络版 80%的用户来自纽约以

① 储信艳:《纽约时报公司的经营策略》,载《中国记者》,2005 年第 7 期。

外，20%为国外用户。《纽约时报》还在法国《世界报》上设有版面，在欧洲、拉美等地区的报纸上也有版面，并向墨西哥及中美洲报纸提供西班牙语版。①

### (三)进行多媒体发展探索

在多媒体时代，纽约时报公司还加大了对网络新闻和电视新闻的投入，创建了一支专业的电视节目摄制队伍，这个团队与许多报业记者携手合作，为Frontline、Nova和其他电视台录制了许多精彩的节目。2003年，纽约时报公司的电视业务从录制转向发行，其与探索通讯公司合作，投资了数字电视频道——“探索时代(Discovery Times)”。“探索时代”虽然进入了3500万家庭，但是收视率微乎其微。

由于新世纪以来传统媒体受到新媒体冲击，以及经济形势的影响，纽约时报公司早在2001年就把与报纸主业关系不大的期刊公司出售，并在2007年又将旗下的包含9家电视台的广电集团出售，以整合资源，全力办好报纸。

### (四)重视新媒体，率先进军互联网

纽约时报公司一直将数字化作为一项未来发展战略，坚持“网络是成功的平台”的理念，从1996年开始经营网络。《纽约时报》网站最初上线时采取对国内用户免费、对国外用户收费的策略，但这一举措的实施，大大削弱了《纽约时报》在国际上的地位和影响力，因此在一年半后纽约时报公司就匆匆宣布网站对全球用户全部免费。《纽约时报》网站(NYTimes. com)已经成为全球最大的网上报纸品牌，以固定的用户形式(会员制)盈利，点击率一直居美国报纸网站之首，多次被评为“全美最佳报纸网络版”。

1999年，《纽约时报》网络版从编辑部分立，所有的互联网部门合并成一个独立公司“数字纽约时报”(New York Times Digital)。数字纽约时报拥有独立的管理层和采编队伍，专门负责《纽约时报》及网络版的产品开发和营销，按照网络新闻自身的规律运营，在核心目标和价值观上与整个公司保持一致。数字版的《纽约时报》在创办当年就已开始盈利。《纽约时报》网站的点击率和广告收入在不断攀升，这些措施正在发挥作用，维持着《纽约时报》的媒体影响力。

2005年3月，公司用4.1亿美元收购了About.com网站，这是一个百科全书式的门户网站，是美国最受欢迎的十大站点之一，它的加入为公司总收入

① 陈昌凤:《纽约时报公司的经营模式探析》，载《国际新闻界》，2003年第6期。

的增长作出了突出贡献。

《纽约时报》还积极与其他网站合作，将主报新闻打包出售，是谷歌最大的内容提供商之一。《纽约时报》网络版在网站上增加了导读性栏目，并利用自己的优势提高信息质量，为未来的《纽约时报》网络化转型积累经验和实力。2006年，纽约时报公司专门设立一个研发中心，其主要任务是研究在新技术环境下，读者的行为方式有何变化，《纽约时报》应如何应对这些变化。2007年，《纽约时报》与微软合作，为Windows操作系统研发了"New York Times Reader"(时报阅读器)软件。

# 第十六章

# 美国有线电视新闻网(CNN)

CNN是美国有线电视新闻网(Cable News Network)的英文缩写,这是全世界第一家全天24小时不间断播报新闻的频道,通过卫星向全球的有线电视网和卫星电视用户提供全天候的新闻节目。

## 一、发展简史

CNN由特纳广播公司(TBS)董事长特德·特纳于1980年6月创办于美国东南部城市亚特兰大。CNN在诞生之初,就因为其独特的新闻报道理念和运作方式而广受美国新闻界甚至世界新闻界关注。但是当时新闻界对待CNN的态度大都为冷嘲热讽。因为当时美国电视节目以娱乐性的节目为主打,纯新闻节目被认为是“亏本生意”。许多人甚至讥笑CNN是“鸡肉面条网”(Chicken Noodle Network)。

但是CNN坚持走自己的路。CNN成功的动力就是新闻:第一,24小时不间断地报道新闻;第二,实施全球性战略:CNN国际频道会从世界上任何一个角落向全球报道新闻;第三,坚持新闻报道的现场化:CNN会在新闻事件发生时而不是发生之后报道新闻。CNN以一种不同于美国传统三大电视网的“差异化”报道方式来供给新闻,从而形成独具特色的新闻产品。它展示的是未经加工的、活生生的事件,而且在观众收看的时候不断追踪事件的最新发展和动向。

1985年,CNN国际频道(CNN International)开始面向欧洲24小时播出,这是CNN迈向国际化的重要一步。这年成为CNN的第一个盈利年。此后,CNN国际频道通过国际化与本地化“两条腿走路”的方式,开始了它“覆盖全球、报道世界”的历程。1987 年它建立了北京记者站，随后又设立了马尼拉、汉城(2005 年改称为“首尔”)、曼谷、香港等记者站。1988 年，CNN 国际频道开办了西班牙语节目。

1990 年，CNN 提出了“建立全球电视信息网”的概念，随后在全球几十个国家设立驻外记者站，并与 150 多家电视机构建立合作关系。这些合作电视机构按 CNN 的电视新闻理念、节目类别和制作长度，免费提供新闻。

从创办开始，CNN 就积极拓展电视传播覆盖范围，不惜重金在美国本土以及海外建立自己的分站和信号接收点。1992 年 11 月，CNN 仅仅在德国的一个频道落地就花费了 2000 万美元。① 1996 年，CNN 将自己的预算增加了一倍，同时扩展西班牙、日本的国际市场。而在全球范围内向旅馆推广卫星接收器也是一笔不小的开销。

1995 年，CNN 在香港设立了亚洲地区制作中心。在 CNN 亚洲版当中，本地新闻的增加，吸引了大量的本地观众。1997 年，CNN 在西班牙语节目的基础上开办了 24 小时西班牙语频道。这也体现了 CNN 国际频道通过吸引特定人群而扩大国际市场影响的策略。

30 多年来经过多次重大的世界性新闻报道，CNN 在全球范围内获得了巨大声誉。在新闻理念方面，有人认为 CNN 的报道“改写了新闻的传统定义”，其国际化的新闻报道视野极大开拓了美国新闻业的发展道路，也给世界其他各国的媒介国际化树立了榜样；在新闻业务方面，CNN 国际新闻报道(也包括其他方面的报道)创造了一系列史无前例的东西，“24 小时滚动新闻”、“直播”、“热线电话”、“卫星传送”、“直播间”等。可以说，CNN 大胆创新，甚至在世界范围内引领了媒介潮流。

## 二、基本情况

### (一)采集网络

CNN 国际新闻报道高效运作得益于其建立了一套科学、完善的国际新闻采集网络。2010 年 CNN 有驻外中心站 3 个、驻外记者站 37 个、国内记者站

① 王朋进:《国际一流电视媒体的硬实力、软实力与巧实力——以 BBC、CNN 等为例》，载《中国电视》，2011 年第 7 期。

12个，形成了多层次的全球新闻采集网络。[①]

CNN的3个中心站为欧洲总部、亚太总部、中东总部。从驻外记者站的分布情况来看，美国、欧洲、东亚是国际主要媒体的重点采集区域，CNN的驻外中心站及多数记者站都分布在这三大地区。同时CNN更重视中东地区的新闻采集，在阿联酋阿布扎比设立了中东总部。CNN驻外记者站的布点原则是热点地区设站，兼顾周边地区，一旦发生重大新闻事件，CNN记者能够在2小时之内到达现场。

CNN驻外记者站的职能主要就是新闻采编，强调在全球实现"第一时间、第一现场"的新闻采编理念。为了获得各类新闻资源，CNN除高度依靠路透社、APTV、WTN等国际通讯社提供画面外，还与全世界许多地方电视台(广播网附属台)签署互惠协议，交换国内和国际新闻，获得其他电视台重要的国内和地方报道。

### (二)人力资源

CNN共有4000多人，记者为800人，其中出镜记者170人。[②] CNN驻外记者400人，根据各地区新闻资源的多寡，派驻记者人数也不一样。[③]

在用人倾向上，CNN原则上人员派遣仍以英语国家人才为主，虽然在尝试采取本土化做法遴选当地人才，但数量有限。为了提升驻外记者的本土化水平，CNN在考察外派记者时，不仅要经过正规、严格的专业化培训，而且还有一个重要标准，就是对驻在国及驻在国媒体的了解，能否像对本国及本国媒体的了解那样多。CNN依靠自身记者的专业化、本土化水平提升在全球各地的新闻采编水平。[④]

### (三)技术水平

CNN从创立起就高度重视先进技术的应用。为了打进国际电视传播市场，CNN可谓投入巨大，装备了当时最先进的电视新闻采制设备，包括：电子

---

① 任永雷：《BBC与CNN的驻外记者站发展特色及趋势分析》，载《电视研究》，2011年第12期。

② 方芳：《CNN的运作模式》，载《新闻传播》，2003年第10期。

③ 任永雷：《BBC与CNN的驻外记者站发展特色及趋势分析》，载《电视研究》，2011年第12期。

④ 任永雷：《BBC与CNN的驻外记者站发展特色及趋势分析》，载《电视研究》，2011年第12期。

新闻采集设备(ENG)、无线采访设备、小型微波电视转播车和移动式卫星地面接收站。经过10年的建设，到了20世纪90年代，CNN在硬件方面已经不逊于当时的BBC。

本世纪以来，CNN在传播技术的投入方面不惜重金。CNN曾向英国一家公司特别定制一批卫星可视电话设备——Voice phone卫星传输器，这种便携式的可视电话和卫星联机设备一台要花8000英镑，但它却能使记者获取其他没有该设备的电视媒体记者采访不到的画面。CNN正是利用这种设备拍摄到阿富汗塔利班政权领导人的专访画面的。此外，CNN还通过租用10颗通信卫星上的转发器，组成了全球电视转播网。[①] 另外，CNN技术投资还包括完成全球系统数字化升级。

### (四)产品与服务

CNN旗下拥有15个有线和卫星电视电视频道网络、11个网站、2个地方性电视网络和2个广播网络，此外在全球还拥有多个外语频道。

CNN对美国国内播出的节目，全天24小时向美国全境播放。

CNN国际频道(CNNI)是CNN第一套节目精华部分的国际版，提供每周7天、每天24小时的全球直播新闻报道。

CNN简明新闻频道。这是一个结构紧凑、快速提供新闻节目的频道，在全球拥有6700万用户。该频道主要报道美国新闻与国际新闻，以及气象、最新金融信息、体育赛事等。

CNN金融频道(CNNfn)。其传播对象是美国国内公众，向他们报道世界各地的股票、证券信息和国家商务消息。

CNN体育频道(CNN/SI)。主要报道体育新闻。

CNN机场电视网(CNN Airport Network)。专为美国各飞机场简要报道当天的新闻，每天播出21小时。

CNN西班牙语节目(CNN en Espanol)。该频道面向拉丁美洲，创办于1997年。

CNN交互电视(CNN Interactive)是一套双向网络电视节目，它的网页上兼有文字、图片、声音和图像，有重要新闻站点、快速新闻站点、全政治新闻网页，并提供用户新闻网页(Custom News)。

CNN国际频道在内容上分为8个版本：亚太版、南亚版、欧洲版、中东版、

---

① 闵大洪：《传播科技纵横》，北京：警官教育出版社，1998年。

日本版、非洲版、拉美版、北美版。不同版本在主要新闻栏目上并没有太大差别，但是在本地新闻方面会注重凸显当地特色。它们提供国际新闻和地区性新闻，一旦发生重大事件或突发事件，CNN 广播电视网就联合行动，全力以赴，甚至借用其他电视机构的人力资源为自己服务。[①]

在播出语言上，上述 CNN 国际频道的节目虽然都是用英语播送的，但在它们同各国当地的媒体合办的频道中，则更多的用当地语言播送节目。如西班牙的"CNN＋(plus)"用西班牙语，土耳其的"CNN 土耳其"用土耳其语，而在日本和韩国播放的一部分节目则是完全翻译成当地语言后播放的。播出语言的本土化，也是 CNN 国际新闻区域化和本土化战略的一个重要方面。

2008 年，CNN 推出"CNN 通讯社"，开始与财务吃紧的美国报纸合作，低价抢攻新闻通讯社市场。

### (五)用户及受众

CNN 通过 16 颗卫星和数不清的有线电视系统向全世界超过 210 个国家和地区播放，覆盖人口超过 10 亿，[②]其国际新闻报道方面的影响力遍及全球。

### (六)市场经营

CNN 属于完全商业化的私营媒体，收入来自于订户和广告。CNN 国际频道的节目包括一般新闻、新闻杂志、专题讨论等，也有专门的金融和体育报道，但基本上没有纯娱乐节目。在这些节目播出过程中，众多广告(包括自身节目预告)不停穿插其中，每小时的广告时间大约为 10 分钟，也就是占实际播映时间的六分之一左右。CNN 频道丰厚的广告收入为其新闻报道的正常运作提供了坚实基础。CNN 开播当年，即使在其总部所在地亚特兰大，也只有 12 万订户，国际受众更是尚未形成。但是 CNN 通过成功的商业经营，实力不断壮大，1985 年 CNN 国际频道开播后，CNN 即开始盈利。1995 年，CNN 在国外的收入为 4.45 亿美元；2000 年，CNN 收入已经达到 14 亿美元。从 2003 年以来，CNN 年均利润增长率达到 10%。2009 年在黄金时段收视率不断下

① 任永雷：《BBC 与 CNN 的驻外记者站发展特色及趋势分析》，载《电视研究》，2011 年第 12 期。

② 刘笑盈：《国际电视的开创者：美国有线新闻网(CNN)》，载《对外传播》，2009 年第 7 期。

降的情况下，仍然实现了5亿美元的盈利。[1] 由此可见，CNN的商业经营确实盈利丰厚。CNN非常注重将利润用于提升基础设施水平。以2004年为例，CNN在基础设施建设上花费了5.5亿美元。[2]

另一方面，CNN还通过降低新闻节目制作成本的方式来压缩支出。CNN驻外记者站将同一新闻故事分别用于10个不同的频道，用不同的方式把消息传播出去。根据观众的需要，制片们从“故事菜单”里为各自的频道挑选素材，以此大幅度降低新闻节目的制作成本。

### （七）知名度

从新闻报道的影响力来看，在国际事件中，CNN国际频道的报道一直以来都是较受认可的，政治家从未敢忽视CNN潜在的影响和力量。1991年海湾战争期间，当时的美国总统布什曾对外国政要说：“我从CNN了解的东西甚至比从中央情报局了解到的还要多。”[3]许多国际政要都承认CNN“国际新闻霸主”的地位，而在国际事件中，新闻媒介能够对政府政策构成影响的案例，会被称为“CNN效应”。

CNN在2011年度（第八届）“世界品牌500强”排行榜上排名第460位，在2012年度“世界品牌500强”排行榜上排名第453位。[4]

## 三、特点与经验

### （一）第一时间、第一现场的新闻理念

CNN创始人特纳曾说，CNN之所以能在电视新闻的激烈角逐中脱颖而出，根本原因在于CNN秉持和彰显了先进的新闻理念，有独到的新闻报道风格和特点——尽可能地贴近新闻现场，并在第一现场、第一时间内向观众提供连续不断的、全方位的新闻报道。CNN的新闻做到了新颖、迅速、全面和详尽，常使观众感到见所未见、闻所未闻。CNN特别善于对新闻事件做同步式

---

① 王朋进：《国际一流电视媒体的硬实力、软实力与巧实力——以BBC、CNN等为例》，载《中国电视》，2011年第7期。

② 朱羽君、付晓光：《创新与现代媒体的核心竞争力》，载《现代传播》，2009年第2期。

③ 《美国电视新闻三巨头》，http://news.xinhuanet.com/zgjx/2010－08/16/c_13446945.htm

④ 参见世界品牌实验室网站，http://www.worldbrandlab.com/

的现场报道、善于推出石破天惊式的独家新闻报道、善于对重大新闻作全景式的详尽报道。“抢到独家新闻，我们就能击溃任何一家广播公司”——这是CNN的口号。[①]

CNN国际频道坚守了“严肃新闻”之路，几乎没有纯娱乐性的节目，这确保了CNN国际新闻频道的品质。“9·11事件”后，CNN国际频道体会到秉持严肃性的重要，立即把握机会全力以赴，寻求第二次发展机遇。CNN也认识到，在新闻面临激烈竞争的时代，CNN长年累积的国际新闻报道经验仍具有优势。

### （二）国际新闻的区域化与本土化

CNN国际频道的观众绝大多数是将英语作为第二或第三语言的，但是为满足世界范围内不同观众的不同需求、改善新闻传播效果，CNN采取了国际新闻区域化和本土化的策略。1996年，CNN国际频道的节目60%～70%来自CNN国内台，但到2000年，大部分节目都是在北美以外制作的本地化了的节目。CNN国际频道90%的节目是做给国外观众看的，而不是给美国国内观众看的，只有10%的节目既在CNN美国频道播出，也在CNN国际频道播出。此外，CNN国际频道将自己的节目分为6个不同的版本，更进一步地提高了传播的针对性，体现了CNN国际新闻传播的区域化和本土化策略，有效增加了CNN国际新闻与本土受众的新闻接近性。

为了有效实现本土化播出，CNN还赋予了驻外中心站独立用人的权力。例如，CNN亚太中心大多选用亚裔主持人主持节目，并在亚洲地区的黄金时段集中播出亚太地区新闻，以提升本土化水平。

### （三）新闻报道的品牌化

CNN国际频道除《世界报道》（World Report）这样的动态新闻节目外，大部分都是新闻杂志、新闻台专题类的节目。而在新闻杂志节目与新闻专题节目的策划策略上，明显体现了“品牌化”的特点。

这种品牌化策略体现在两方面：一是打造品牌节目。CNN国际频道的品牌节目有不少，如新闻杂志类的《多棱镜》（Prism）、《国际视界》（International Desk）等等。其中最著名的节目当属每晚的《拉里·金现场》（Larry King

① 孙铭欣：《透视CNN电视新闻频道的国际新闻影响力》，载《广告大观·媒介版》，2009年第1期。

Live)，该节目是CNN收视率最高的节目。该节目开播于1985年，播出不久，就成为CNN收视率最高的节目之一。此外，《国际形势播报室》、《非洲透视》、《世界速览》等节目，也都是CNN国际频道的著名节目。二是引进和培养品牌主持人。CNN国际频道有着许多世界级的著名主持人，如主持《拉里·金现场》的拉里·金，他是CNN一手打造出来的第一个在世界范围内享有盛誉的脱口秀节目主持人。主持《安德森·库珀360》的安德森·库珀，也是一位非常著名的主持人。这些在世界范围内已经"品牌化"的主持人，给CNN国际频道的新闻传播带来了巨大的无形收益。

### (四)紧抓重大事件，提升新闻影响力

从目前情况来看，CNN国际频道在报道世界范围内的重大新闻事件上往往是"重拳出击"。因为重大新闻事件最具有重大影响力，这是CNN国际频道保持和提升自身国际影响力的重要途径。

在CNN国际新闻报道的发展过程中，据统计，从2001年到2007年，在全球关注的100件大事中，CNN参与报道是最多的，达90件，也是首发报道最多的，达29件。[①] 1991年海湾战争中CNN大出风头，迅速、及时、详尽地报道了多国部队在伊拉克的"沙漠风暴"行动，成了各国首脑和舆论界了解实际战况的主要渠道，从此奠定了其作为世界性电视新闻网的地位，为国际社会所瞩目，亦成为一些国家首脑了解重大新闻事件的窗口。2001年美国"9·11"事件以及随后的反恐战争，更使一度跌入低谷的CNN找到了"救命草"。

① 刘笑盈：《国际电视的开创者：美国有线电视新闻网》，载《对外传播》，2009年第7期。

# 第十七章

# 路透社

路透社是最大的世界性通讯社之一，其90%的收入来源于金融服务。2008年4月，路透集团与加拿大汤姆森集团合并为"汤姆森一路透集团"，成为在电子信息服务、金融资讯服务和新闻传媒领域全球领先的传媒集团。

## 一、发展简史

路透社由英国人保罗·朱利叶斯·路透(Paul Julius Reuter)于1850年在德国亚琛创办，次年迁往英国伦敦。1865年，路透把他的私人通讯社扩展成为一家大公司，1916年改组为路透有限公司，其以快速的新闻报道被世界各地报刊广为采用而闻名于世。

1849年，出生于德国卡塞尔的保罗·朱利斯·路透开始用信鸽在德国亚琛与比利时布鲁塞尔之间传递股价信息，一年之后，由于新的电报线完工，讯息改由电报传送，同时路透也利用新开通的柏林—阿亨电报线在这两个城市之间传递讯息。

1851年10月，路透社在英国成立海底电报线办公室，与伦敦证券交易所签下一纸合约，提供欧洲大陆的股市行情，以换取获得英国股市资讯的权利。同年11月，英国多佛与法国加莱之间的海底电缆铺设完成，路透社便通过海底电缆提供英国股市的数据给法国巴黎的交易员。

路透社的知名度逐渐提升，特别是在1865年首先于欧洲报道亚伯拉罕·林肯被刺杀的新闻之后。路透社所提供的服务内容也逐渐增加，除财经新闻外也包括全球的一般新闻，并于1923年开创使用无线电于国际间传播新闻的先例。

为了确保路透社新闻在世界市场上已占有的地位，特别是为了保证使它获得高额利润的经济新闻在任何情况下都能及时发出，路透社于1979年年底在伦敦建成启用了一个技术中心。这个中心通过60台电子计算机和5000条线路，向世界各地订户输送各种新闻。另一个同样规模的技术中心设在日内瓦。路透社把它的所有通讯设备都改成双套装置，这样即使一套设备发生故障，另一套设备也能自动启用。

20世纪80年代路透社开始快速成长，不断开拓产品范围。1984年，路透社在伦敦证券交易所和纳斯达克挂牌上市，成为公开上市公司，并展开一系列的并购，包括1985年的Visnews（后改名为路透电视）、1986年的Instinet、1994年的TIBCO（后改为Teknekron）和Quotron。

20世纪80年代末，路透社的管理出现混乱局面，信息服务经常延误。为此，路透社从1992年初起开始改进信息服务。旧的计算机系统被经专门设计、适应新程序的更新式系统取代，为路透社重新赢得了声誉。

1995年，路透社成立温室基金，对美国境内刚成立的科技公司进行小额投资。路透社并持有1999年7月在纳斯达克首次公开上市的TIBCO软件和2001年5月同样在纳斯达克首次公开上市的Instinet的多数股份。

1999年5月17日，路透社与美国道·琼斯公司决定组建道·琼斯—路透交互式商业公司，用20多种语言提供来自《华尔街日报》、道·琼斯公司和路透社新闻网以及全球7000多个商业消息和信息来源的重要信息。

1999年7月，路透社成立了“路透新媒体国际公司”(Reuters New Media International)。该机构是路透社对新媒体业务的一次扩张，主要负责把路透社的内容售卖给网站和其他的新媒体。主要服务内容包括：路透社网络商业报告、路透社科技报告以及路透社世界新闻。

2001年10月，路透社完成其历史上最大的并购案，买下Bridge资讯系统的多数资产。

2004年汤姆·格罗瑟任路透社总裁后，极力倡导新媒体技术的运用，带领路透社在发展战略上做出了一系列调整。2005年3月2日在伦敦举行的网络出版商协会大会上，汤姆·格罗瑟介绍了路透社在数字媒体时代利用新媒体为自身发展服务的主要战略。他说，“传统媒体必须意识到小网站、博客及其他新内容提供者等新媒体的巨大影响，对这些事物保护主义行不通，完全举手投降也不行。作为媒体机构，我们现在面临丰富的资源，不要将所有这些具有巨大潜力的新媒体拒之门外，而要理解它们，利用它们”。

2005年2月，路透社同微软公司合作，在英国开播路透网络电视新闻频道。2005 年年底，路透社与著名的网络视频运营商 Brightcove 达成合作。从运营模式来看，Brightcove 可谓 Youtube 的专业版，由包括路透社、《纽约时报》、探索频道等在内的传统媒体制作网络视频内容。为了实现网络视频更大的商业价值，Brightcove 还同时将路透的网络视频通过第三方网站发布和零售两个渠道实现增值。

2006 年 11 月，路透集团向美国一家从事博客业务的公司布拉克(Pluck)投资 700 万美元，并表示将把在全球范围内推广博客新闻和评论作为其新媒体战略的重要一步。

2007 年 5 月 15 日，加拿大汤姆森集团和路透集团发表声明，就合并事宜达成一致。汤姆森与路透集团的合并于 2008 年 4 月 18 日正式完成，新公司的股票在伦敦、多伦多和纽约市场挂牌交易。汤姆森以现金加股票的方式作价约 160 亿美元收购路透集团，合并后的公司总部位于纽约。并购前的数据显示，在国际金融信息的终端市场，彭博的份额达到 33%，路透为 23%，汤姆森为 11%。① 仅从数据上来看，汤姆森和路透合并之后，新集团在这一领域的份额将扩大至 34%，从而超过彭博成为全球金融信息服务的领头羊。凭借市场"第一"的位置，新路透集团在制定行业标准、决定产品定价权等方面可拥有更多的话语权。

合并之后，新集团分成路透财经和汤姆森—路透专业出版两大集团。路透财经集团资产价值达 200 亿美元，业务包括金融资讯服务、银行投资及管理服务、企业服务和媒体四个板块；汤姆森—路透专业出版集团资产价值达 330 亿美元，由法律出版、科研出版、卫生保健出版、税务与财会资讯及出版四个部分构成。

路透集团 2006 年收入为 25.7 亿英镑，其中 54%来自欧洲市场，28%来自美国市场。而汤姆森公司 2006 年收入中，近 81%来自美国市场，只有 14%来自欧洲市场。② 合并之后，新集团的营销渠道分布将更加合理，市场覆盖更加广泛而全面，有利于取得更多的用户和收入。

① 《路透与汤姆森一拍即合 世纪收购难以垄断市场》，载《中国经营报》，2008 年 2 月 25 日。

② 聂晶：《"大鱼吃小鱼" 国际传媒业涌起跨国"并购潮"》，载《经济参考报》，2007 年 5 月 11 日。

## 二、基本情况

### (一)采集网络

路透社在94个国家和地区设有199家分支机构。其中包括3个地区编辑中心，分别是：设在新加坡的“亚洲编辑中心”，下辖日本、中国大陆及中国台港澳、东南亚、印巴和澳新5家总分社；设在伦敦的“欧洲编辑中心”，下辖非洲、中东、俄罗斯、北欧、法国、德国和英国7家总分社；设在纽约的“美洲编辑中心”，下辖北美、拉美和加拿大3家总分社。①

### (二)人力资源

路透社员工总数约为17800人，其中新闻采编人员(包括编辑、记者、摄影记者、摄像师等)2400人，另外还有1000人从事与股市指数相关的信息采编工作。这2400人中，亚洲编辑中心共有采编人员488人，欧洲编辑中心共有采编人员760人，美洲编辑中心共有采编人员473人。此外，路透集团的图片、电视、网络以及体育采编人员为总部所属，在全球调配使用。其中图片采编人员221人、电视采编人员300人、网络采编人员109人、体育采编人员33人。

路透社的雇员来自世界上89个国家。其中，19%英国人、14%美国人、11%印度人、7%泰国人、5%法国人。此外，路透社在异地使用外籍雇员方面也积累了一定经验。比如，路透社在南亚的印度和巴基斯坦等国除派驻英国人外，还聘用了加拿大、澳大利亚、美国等国家的外籍雇员。当驻在国所在地区发生重大新闻事件时，这些第三国的外籍雇员同样可以发挥机动灵活的优势，及时进行报道。

路透社有营销人员4572人，约占集团总人数的30%。

路透社技术人员的队伍相当庞大，超过总人数的30%。在全球有40多个技术研发中心，仅在亚洲就有5个，而这5个中心每个至少有300人。

---

① 此节内容参考了唐润华、吴长伟、文建：《传播能力再造：新媒体时代的世界性通讯社》，合肥：安徽大学出版社，2012年。

### (三)技术水平

路透社目前在全球有40多个技术研发中心,仅在亚洲就有5个,分别设在中国大陆、印度、曼谷、东京和中国香港,每个研发中心至少有300人。

路透社的数据库非常庞大。路透社客户群可以获得96万种来自全球242家交易所的证券、债券及衍生性金融商品的信息及实时报价。市场价格、新闻及资料每秒更新8000次以上,并且在更新时同步发布出去。路透社也同时提供4万家公司的历史资料。路透社数据库提供的内容包括实时金融信息、交易功能、分析工具、风险及交易管理系统、历史数据库以及面向世界媒体机构提供的文字、图片、图表、视频等。

三大通讯社中,路透社在进入新媒体领域方面动作最大,成效最为明显。它在很短的时间内就介入了几乎所有新媒体领域,包括博客、播客、手机电视、网络电视、即时信息,甚至网络游戏等等。路透社新媒体发展战略的基本思路可以概括为:路透社的产品要力争出现在所有可能的新媒体平台上,路透社新媒体业务的受众群将从媒体用户向个体消费者倾斜。

### (四)产品与服务

路透社使用20种语言发稿,平均每天播发文字稿件约800万字、图片1700张、视频250条(包括原装的视频节目和经过加工打包的视频产品)。

路透社的主要产品包括三大类:

财经产品:①路透社Xtra家族产品。这类产品主要在销售、贸易和集团管理领域应用,针对的是最复杂的终端用户。②路透商人家族产品。这类产品主要针对销售人员和商人。③路透知识家族产品。这类产品主要针对研究和咨询商业(包括投资银行家和分析家)、集团经理和其他的一些公司和工业研究机构。④路透财富经营者家族产品。这类产品主要针对私人客户顾问和零售经纪人。

企业产品:①数据包产品。②市场数据系统。③企业信息产品。④风险管理产品。

媒介产品:①电视视频产品(包括原装的视频节目和经过加工打包的视频产品),每月提供7500条。②新闻线路(包括综合全面的多种文字新闻),每天用19种语言向全球209个国家和地区播发实时新闻。③新闻图片(实时新闻图片和档案新闻图片)。④新闻图表(对每日新闻的图表图解分析)。⑤网络在线服务(网络的多媒体新闻)。

### (五)用户及受众

全世界共有 37 万个接收路透社新闻信息的终端(相当于新华社所称的产品用户),分布在世界 209 个国家和地区。其中大约 35 万个终端的使用者是金融领域的专业人士,其余用户包括世界各国主要媒体。路透社自称世界上每天有 10 亿人可以看到路透社的新闻信息。

路透电视在全球主流电视媒体的覆盖率估计接近 90%。

### (六)市场经营

汤森路透集团 2009 年收入为 129.97 亿美元,其中电子媒介服务收入占 90%,印刷品收入占 10%;美国市场贡献了收入的 59%,欧洲、非洲和中东合计 30%,亚洲市场收入占 11%;来自媒体的收入为 3.31 亿美元,仅占集团收入的 2.55%。而此前 2008 年的媒体收入为 3.79 亿美元,2007 年为 3.58 亿美元。[①]

### (七)知名度

路透社的新闻信息产品及金融信息服务在全球享有极高声誉。2011 年度"世界品牌 500 强"排行榜上,路透社排名第 66 位;在 2012 年度"世界品牌 500 强"排行榜上,路透社排名第 54 位。[②]

## 三、特点与经验

### (一)大力发展新媒体业务,实现新媒体战略

新世纪以来,路透社高度重视新媒体发展战略,目标是其产品要出现在所有可能的新媒体平台上,使用户能利用手中的任何网络接入工具,如台式机、手提电脑、掌上电脑、移动电话以及诸如此类的所有新产品,获取路透的新闻信息服务以及更多的新型服务。

路透网诞生于 1996 年,如今已经发展成为其新媒体业务的核心。在新媒体业务发展的初期,为了抢占网络市场,路透社把自己的新闻信息全部提供给

① 参见《2010 ANNUAL REPORT》,http://ar.thomsonreuters.com/home.html

② 参见世界品牌实验室网站,http://www.worldbrandlab.com/

了各大网站。但从2004年起，路透社开始减少让雅虎等第三方公司在网络上刊登路透社财经新闻的授权，限制在结盟网站上登出的路透社新闻篇幅，不再允许全文刊出，以便把完整的财经信息服务保留给付费订阅的企业客户和自己的网站路透网。同时，路透社大力宣传自家网站提供的一般新闻与视频新闻。这一系列措施为路透网站争取到了更多的广告收入。

路透新媒体国际公司是路透集团“路透社创投公司”的一部分，该创投公司主要致力于互联网和电子商务领域的业务，以拓展其欧洲、亚洲和拉丁美洲的互联网出版业务为主要目标。路透的网络用户几乎囊括了所有大型网站，如雅虎、纽约时报网等1400多家网站。

路透社建立了实验室，为新媒体业务发展铺平道路。路透实验室是路透社新媒体业务的试验田，在路透社的新媒体战略进程中有着举足轻重的作用。路透社的网站上有路透实验室的链接，通过路透实验室，路透社向用户展示其最新的新媒体业务和产品，特别是无线领域的新业务。用户可以通过这一平台试用、评价这些新业务，并提出自己的意见和建议，以便路透社做出进一步的改进。

### （二）与具有优势的公司合作，资源互补

2005年12月20日，路透社与网络视频运营商Brightcove合作，运行“网络视频联盟”项目，允许加盟的报纸、杂志、金融网站、博客及其他新闻网站在自己的主页上播放路透社视频新闻。路透社推出“网络视频联盟”主要是为了占领两个目标市场：个人网站，尤其是众多的博客网站；报纸、杂志、金融网站及其他新闻网站。这两个群体都有相当数量的观众，但缺乏视频新闻制作能力（特别是全球视频新闻的制作能力），都希望用路透社的节目充实自己的网站。

2006年，路透社投资美国的博客业务公司布拉克(Pluck)，路透集团媒体部门主管柯里斯·阿亨说：“参股布拉克公司的目的，就是要将全球博客上发生的新闻事件和新闻评论加以提炼和编辑，并为我所用。”根据路透社的规划，Blogburst的博客业务还将要陆续推广到它分布在全球数以千计的媒体用户中。同路透社的规划一致的是，布拉克公司也打算充分利用路透社的资助，首先大力扩展欧洲市场的业务，然后将在亚洲市场拓展。除与布拉克公司结盟之外，路透社还与“全球之声”(Global Voices)这样的国际性博客评论网站合作。除美国和欧洲地区的博客之外，“全球之声”网站还聚集了一批来自欠发达国家的博客，这在路透社看来是个重要的信息源。

### (三)针对不同国家和地区，朝“差异化”方向发展

针对不同国家和地区的用户对象，路透社的终端传播内容也在朝着“差异化”的方向建设。2007 年 2 月，路透社建成了专门的非洲新闻网站。随后还在建设非洲、亚太、拉美等 10 个针对不同地区的版本。路透社非洲新闻网站具有非常强烈的针对性，它以国别为基本单位组织新闻。通过网站主页上的互动式非洲地图，访客只需点击选中的国家，就可以进入聚合该国新闻的页面。路透社称，这个网站提供来自非洲的突发事件新闻、深度报道以及经济信息。路透社网站称，除战争、骚乱等突发事件报道之外，经济新闻信息是路透非洲网站的重要内容。非洲地区的股票信息、公司新闻，以及矿产、能源、石油和农产品等重要商品信息都被包括在其中。

在路透社非洲新闻网站的页面上，除路透社自采的新闻之外，还有关于该非洲国家的新闻博客链接。这些链接主要来自博客聚合网站“全球之声”(Global Voice)。

2007 年，路透社在印度开通一个新闻网站 reuters. co. in。这是一个有广告支持的英文网站，同时也是可为手机提供信息的移动信息发布平台。该网站的内容主要包括印度本地的财经和体育新闻、国际新闻，特别是涵盖整个南亚地区的财经信息，包括尼泊尔、巴基斯坦、斯里兰卡等国。网站内容包括文字信息和视频内容。其中，视频内容主要来自于与路透社有合作关系的印度电视机构 Times Now。路透集团于 2005 年收购了印度时报集团旗下广播子公司 26%的股权，这是路透集团为进军印度快速增长的电视市场所作出的努力。另外，该网站也有部分内容来自路透社遍布世界各地的分社。此外，网站上的博客内容则主要来自路透社的博客内容合作伙伴布拉克公司。

中国新闻信息一直是路透社关注和深耕的市场。早在 1871 年，路透社就开始了在华信息业务。2012 年 5 月，汤森路透集团成为首家获得国务院新闻办批准的外商独资金融信息服务企业，在上海成立汤森路透金融信息服务(中国)有限公司，在中国拥有 1700 多名雇员，在北京、上海和深圳均设有分支机构。[①] 路透社声称全球有超过 50 万的金融市场专业人士在使用其产品，2012 年在中国推出的中文界面的汤森路透 Eikon 平台，是一款新型信息交易终端产品。

---

① 《金融信息行业领头羊的本土化路径——专访汤森路透中国区董事总经理马西姆》，载《浦东时报》，2012 年 11 月 22 日。

### (四)受众群从媒体用户向个体消费者倾斜

2005 年 3 月 7 日，汤姆·格罗瑟在伦敦《金融时报》举办的“新媒体与广播研讨会”上发表演讲，格罗瑟将消费者媒体市场视为路透社未来增长的重要的助推器。他说：“我们立志今后在开展直接面向终端消费者的业务方面有更多的作为。”

1998 年路透社就启动了其移动网络业务计划，通过网络或其他无线设备为用户提供 24 小时更新的新闻信息和金融数据。2005 年年初，路透社开通了一项向英国和美国的手机用户提供免费新闻的服务。70 多款手机的用户每天可以接收到路透社发布的 10 条新闻，每条新闻都配有现场图片。该业务已在英国、法国和美国开展。目前，路透社的手机业务已经囊括了手机短信、手机广播、手机电视等形式。

路透社的博客业务主要包括两个大的方面：一是在路透的网站上开设博客频道；二是与博客网站或专业公司合作拓展博客业务。在自建博客平台方面，路透社博客主要讲述新闻背后的故事，鼓励记者、编辑、策划人员与受众之间的交流与互动。路透社还建设公众投稿系统，接受受众自制内容。路透社的公共投稿系统从 2006 年 12 月 5 日起开通，在其网站上展示由公众提供的新闻图片和新闻视频。路透的公共投稿系统是和雅虎联合推出的，雅虎负责建设投稿系统以及接收公众稿件，路透社则负责编辑公众投递的稿件并向用户推荐。

路透社的网络视频新闻业务开展得比较早。2004 年 10 月 12 日，路透社首先在美国开通了网络电视新闻频道。使用微软多媒体电脑的上网用户，可以接收到路透社提供的全球突发事件电视新闻素材，还可以接收来自主要金融中心城市最新的商务和市场信息。此外，这一频道还提供娱乐、时尚、社会新闻。用户不但可以看到最新的报道，还可以调阅最近 7 天的所有新闻。2005 年 2 月，路透集团又宣布同微软公司合作，在英国开播路透网络电视新闻频道。

# 第十八章

# 《泰晤士报》

英国《泰晤士报》，即 *the Times*，它是世界上第一份以“Times(时报)”命名的报纸，此后至今，世界上有诸多起名为“Times”的报纸，如美国就有《纽约时报》、《洛杉矶时报》两大名报。或因此，在北美，人们习惯上称《泰晤士报》为“伦敦《泰晤士报》”，*the Times of London*。

《泰晤士报》自 1785 年诞生，在过去的 200 多年里，随时代变迁不断调整自我，长久地保持着世界主流报纸的影响力。

现在，《泰晤士报》要面对的是一个数字新时代，这一次挑战空前：互联网带来传媒业的重新洗牌，印刷媒体的生存危机已经隐然可见。在传媒大亨默多克领导下，《泰晤士报》正在探索网上付费订阅的新模式“Paywall(付费墙)”，期望在新的时代续写往日辉煌。无论这一模式成败如何，都将成为传统媒体数字化转型的一个样本。

## 一、发展简史

早在 19 世纪的维多利亚时代，《泰晤士报》就已成为英国最著名的报纸，究其原因，一是赶上了工业革命后报业发展的黄金时代；二是英国乃当时世界头号强国，《泰晤士报》因大英帝国的扩张而影响遍及世界；三是创办者沃尔特家族几代都是有作为的老板，又遇上能干的总编辑。天时、地利、人和，共同缔造了这份报纸的辉煌。

《泰晤士报》能够成为世界闻名的新闻纸，恐怕是其创办人始料未及的。1785 年元旦，约翰·沃尔特(John Walter)为推广一项新式排字机专利，创办了《每日环球记事报》(*Daily Universal Register*)。3 年后，这份报纸改名为后来广为人知的《泰晤士报》(*the Times*)。因为这样的身世,《泰晤士报》头版持续许多年都是广告,直到 1966 年,才开始在头版刊登新闻报道。

改名为《泰晤士报》后,这份报纸时来运转。1789 年法国大革命爆发,《泰晤士报》刊登了大量由该报驻法记者撰写的一手报道,声名渐闻。1803 年,创办人的儿子沃尔特二世接掌报纸,《泰晤士报》不再接受政府津贴,成为一份独立报纸。1805 年,该报首次出版号外,报道奥地利军队向拿破仑投降的消息。沃尔特二世于 1817 年确立总编辑制度,任命托马斯·巴恩斯(Thomas Barnes)为总编辑。这种由所有者主管经营、另聘专业人员担任总编辑的制度为《泰晤士报》首创,在报业史上有重要意义。沃尔特二世还最先采用以蒸汽机为动力的新式印刷机,这标志着报纸生产进入工业化时代。

沃尔特二世及其同时代的先后两位总编辑托马斯·巴恩斯和约翰·德兰恩(John Delane),共同奠定了《泰晤士报》在英国的领导地位和世界影响。巴恩斯主持编务 25 年,使《泰晤士报》变成 19 世纪英国改革的主要推动者。德兰恩在沃尔特二世逝世后担任总编辑 30 年,使《泰晤士报》成为公共舆论的领导者。

《泰晤士报》据称是第一张派驻战地记者的报纸,它对克里米亚战争、美国内战和普法战争等进行了一系列及时而丰富的报道,令自己声誉日隆。尤其在克里米亚战争中,《泰晤士报》揭露了英国政府和军队领导人的官僚主义致数万伤病员死亡的事实,从而促使当时内阁的垮台、远征军总司令的撤职和红十字会的诞生。到 1847 年沃尔特二世去世时,《泰晤士报》的发行量已达 3 万多份,超过了伦敦其他大报发行量的总和。

传媒学者、中国人民大学教授陈力丹认为,《泰晤士报》的成功还有赖于英国对世界扩张造成的强大政治、经济影响。英国从 17 世纪起的 200 年内持续在全球扩张领土,因而英国最大报纸《泰晤士报》的文化影响,也就到达世界各地。在这个意义上,世界新闻传播史上的 19 世纪,一定程度上是《泰晤士报》的世纪,其他报纸的影响力远没有该报大。[①]

19 世纪中叶,英国废除"知识税",即针对出版物所征收的印花税、纸张税等,于是,有"便士报"(the penny press)之称的廉价报纸兴起,《泰晤士报》在报业市场的主导地位逐渐失去,加之其他麻烦,1908 年,英国第一位报团业主哈姆斯沃思(Alfred Harmsworth)购得《泰晤士报》的主要股份,至此,创办并

① 陈力丹:《世界报纸的老大——〈泰晤士报〉》,中华传媒网,http://academic.mediachina.net/article.php? id=4488

掌握《泰晤士报》123年的沃尔特家族时代结束。1922年，泰晤士报主要股权转至阿斯特（Astor）家族；1966年，又转至加拿大汤姆森公司（the Thomson Corporation）手中。其间，《泰晤士报》虽历经波折，但仍然保持了受尊敬的主流报纸的地位。不过，20世纪30年代该报支持"绥靖政策"，纵容德国的侵略活动，写下不光彩的一笔。

20世纪60年代，汤姆森公司将本为两份独立报纸的《泰晤士报》和《星期日泰晤士报》整合为泰晤士报业有限公司（Times Newspapers Limited）。20世纪70年代末，汤姆森家族掌握下的《泰晤士报》深受财务危机和罢工事件困扰，甚至停刊一年。其时，这家有近200年历史的老报陷入风雨飘摇的困境之中，49岁的默多克（Rupert Murdoch）抓住机会，于1981年2月以1200万英镑的价格购得《泰晤士报》和《星期日泰晤士报》。从那以后，《泰晤士报》成为新闻集团旗下报纸。

默多克接手《泰晤士报》时，正是电脑排版和激光照排印刷技术兴起的时代，出版业告别铅与火已是大势所趋。1986年1月26日，默多克经过此前数年的精心筹划，于一夜之间将其属下的《泰晤士报》等报纸从舰队街（Fleet Street）搬至东伦敦的沃坪（Wapping），用全新电子技术和印刷设备生产报纸，并成功瓦解了原舰队街印厂工人的罢工活动。随后，各大报业主纷纷撤离位于伦敦中心城区的舰队街，到地价、成本较低的伦敦周围地区另觅场所，大力采用新的报纸生产技术。英国报业的这一巨变史称"沃坪革命"。

拥有《太阳报》（*the Sun*）的默多克提出收购《泰晤士报》之初，英国社会表达了对这份严肃大报会失去独立和走向低俗化的担忧。不过，默多克明确表示不会改变《泰晤士报》的传统特色。在被收购后，该报还引入写作协会和独立主管制度，以维持编辑工作的独立性。评论者认为，尽管《泰晤士报》在报纸管理、市场营销等方面不无默多克传媒经营手法的痕迹，但传统风格变化不大，仍是一份主流严肃报纸。在政治倾向上，《泰晤士报》通常被视为中间偏右。

在以对开大报（Broad Sheet）印刷219年后，2004年，《泰晤士报》开始以四开小报（Tabloid）版式印刷，以吸引年轻人和方便读者在公共交通工具上阅读，在激烈的报业竞争中变革图存。

传统上，英国报纸以版式尺寸划分为大报和小报两类，前者通常是严肃报纸，而后者则是以猎奇为主的娱乐报纸。《泰晤士报》打破印刷尺寸的做法再次引起人们对这份报纸格调的担心。时任总编辑罗伯特·汤姆森（Robert Thomson）不愿将改版后的《泰晤士报》称为"Tabloid"（小报），而称其为

"compact"——一种紧凑版式，仍然保持高雅格调，但更方便阅读，版面语言更加活泼，因而可读性更高。数据显示，"瘦身"后的《泰晤士报》发行量有所上升，也受到英国其他报纸的效仿。

随着数字时代的加速发展，传统报业受到越来越大的冲击，发行量持续下降，广告不断减少，面临真正的生存危机。在此背景下，《泰晤士报》和《星期日泰晤士报》又开始对网络版进行收费，这一模式被称为"Paywall"（付费墙）。

2010年7月，默多克新闻集团旗下的新闻国际公司正式对《泰晤士报》和《星期日泰晤士报》网络版进行收费，这是新闻集团首次对新闻类报纸的网络版内容收费。根据新闻国际公司的声明，这两家报纸网站的收费标准为每日1英镑或每周2英镑，长期使用这两家网站的注册用户可支付1英镑的价格试用30天，印刷版报纸的订阅者自动获得免费访问网站的权限。

默多克解释，优秀的新闻内容值得付费。新闻集团表示，他们正在领导传媒行业开创新模式以确保内容获得公平收益。这意味着新闻集团将改变单纯依靠广告收入的模式，并把用户订费作为收入模式的组成部分。新闻集团相信，这是传统新闻业在数字世界得以繁荣的唯一道路，整个媒体行业已开始向这个方向转变。

在此之前，新闻集团旗下的《华尔街日报》和英国的《金融时报》已在网站收费阅读方面取得令人鼓舞的成绩，但它们均为专业性财经报纸，读者愿意付费在意料之中。而《泰晤士报》提供的是一般性新闻报道，类似内容在英国有许多其他媒体免费提供，如英国广播公司（BBC）和《每日邮报》网站，因此其收费策略前途如何令人怀疑。

目前，有越来越多的传统媒体网站开始尝试对部分或全部内容进行收费，或可统称为"付费墙"策略。另外，媒体发布应用软件（APP）供读者在平板电脑或其他电子设备上付费阅读的模式更是蔚然成风。

就"付费墙"而言，分析人士认为已形成三种模式：一是美国《华尔街日报》和英国《金融时报》的"内容创造价值"模式，由于这两家媒体的报道主要集中于金融领域，内容本身具有高附加值，因此订阅收入稳定增长不难解释；二是英国《泰晤士报》的"读者精英化"模式，有消息称该报在实施了严格的"收费墙"后失掉了90%的网络读者，但该报相信留下的都是精英读者；三是《纽约时报》的"尝试阅读"模式，即提供部分篇目免费阅读文章，对其他文章进行阅读收费。

在实行"付费墙"之后，《泰晤士报》和《星期日泰晤士报》已将他们的内容严格地圈起来，没有文章的预览，他们最流行的内容在搜索引擎中也搜不到。

其业务数据和统计信息被作为商业秘密严格地保护起来，只对目标广告主开放。“我们更感兴趣的是向我们的忠实订户提供有效的广告信息，使得忠实的广告主和忠实的读者能够对接，”新闻国际公司的广告战略主管纽柏莉说。

英国报刊发行稽核局（Audit Bureau of Circulations）2011 年 9 月份的数据显示，《泰晤士报》的发行量近 43 万份，《星期日泰晤士报》的发行量近 98.5 万份，加上 11 万多数字订阅者，现在《泰晤士报》有付费读者 54 万多，《星期日泰晤士报》有付费读者近 110 万。

新闻国际首席执行官汤姆·摩克里奇（Tom Mockridge）称，上述数字令人鼓舞，和报业发行量下降的趋势正相反，《泰晤士报》和《星期日泰晤士报》的表现说明，它们有能力让不断增加的读者为数字新闻付费。从此以后，新闻国际将每月公布数字订阅者数量，向商业伙伴和客户提供透明度。[①]

到 2011 年年底，《泰晤士报》和《星期日泰晤士报》实行“付费墙”策略已经 18 个月，但在观察者看来，其商业前景仍不明朗。

英国《经济学人》杂志首席执行官安德鲁·拉什巴斯（Andrew Rashbass）以及三一镜报公司（Trinity Mirror）数字媒体主管克里斯·艾里斯（Chris Ellis）等认为，报纸网站对那些价值高且读者难以从其他渠道获得的内容进行收费是有机会的，但设置“付费墙”对所有内容都收费是不大可能成功的，因为读者可以在 BBC 等其他新闻网站获得免费的在线新闻。还有业内人士预计，新闻国际将会校正其“付费墙”策略，转而采取计量收费或其他降低收费门槛的方式。[②]

根据“终结者”（Enders）公司媒体分析师的观点，《泰晤士报》和《星期日泰晤士报》“付费墙”策略面临的难题是，如果没有一个达到规模数量级的订户模型，它们就不能获得足够的现金流。《泰晤士报》数字订户在 18 个月内能够达到 11 万多，这是一个不错的表现，但长期看还是难以持续的。

也有媒体业内人士对《泰晤士报》的收费策略表示较为乐观，理由是高端广告客户可能喜欢《泰晤士报》这种旨在留住忠实读者的数字订阅模式，他们愿意付钱以更好地针对目标读者群。同时，消费者已经越来越习惯于付费获

---

① Trend Report：Are paywalls the only way forward for online publishers? MediaWeek. co. uk，2011，http://www. mediaweek. co. uk/news/1109126/Trend－Report－paywalls－forward－online－publishers/Media news

② Trend Report：Are paywalls the only way forward for online publishers? MediaWeek. co. uk，2011，http://www. mediaweek. co. uk/news/1109126/Trend－Report－paywalls－forward－online－publishers/Media news

得有质量的内容，而且付费阅读在平板电脑上本来就不是一个问题。不过，新闻国际还需要一大笔钱来使这种付费模式获得财务回报，然后他们可以进行“捆绑”，拓展更大的广告市场。

要指出的是，所谓“付费墙”，是评论者对《泰晤士报》收费模式的概括，不无贬义。新闻国际并不接受这个词，称自己正在进行的收费计划更加复杂，不能简单地称之为“付费墙”，因为他们正在超越“付费墙”。

一个佐证是，新闻国际旗下发行量最大的日报《太阳报》已经表示不会采取“付费墙”模式。纽柏莉强调，新闻国际正在寻求多样化的模型向读者提供通向本公司新闻内容的入口，比如通过社交媒体。对《太阳报》来说，包括足球游戏、“太阳梦想队”等在内的社交游戏组合将是其新的现金流的来源。

“开始就预测一个人是否做对了那并不现实，”针对外界对《泰晤士报》“付费墙”的种种议论，纽柏莉说，“这是一条复杂但我们保证会走下去的路。”如果《泰晤士报》的探索能够成功，那么它将创造一个驱动数字报纸和线上内容进入 21 世纪的经典案例。

## 二、基本情况

### (一)采集网络

《泰晤士报》依托新闻集团，拥有全球的采集网络，在世界主要国家的首都都有记者，在英国报纸中有最多的驻外记者。

### (二)人力资源

2012 年伦敦奥运会，《泰晤士报》一共有 50 多名记者参加报道，此外还有十几名摄影记者，分布在各个赛场。除这些一线记者之外，《泰晤士报》还投入了几十名编辑和技术支持人员，奥运报道的整体规模达到上百人。[①]

### (三)技术水平

《泰晤士报》是报业技术领先者，20 世纪 80 年代即采用了电脑排版和激光照排技术，2010 年又推出数字版“付费墙”模式，探索在数字时代的生存之道。

---

① 《泰晤士报 奥运总动员》，载《每日新报》，2012 年 8 月 7 日。

### （四）产品与服务

《泰晤士报》现为四开小报，除了有纸质版的，还有网站、手机、平板电脑等多种阅读方式。

### （五）用户和受众

自从《泰晤士报》设置“收费墙”以来，网站用户从220万降低到15万，但这15万都算是《泰晤士报》的长期用户，会反复订阅。

### （六）市场经营

2010年7月，《泰晤士报》和《星期日泰晤士报》网络版开始收费，收费标准为每日1英镑或每周2英镑，印刷版报纸的订阅者自动获得免费访问网站的权限。

### （七）知名度

《泰晤士报》已走过228年历程，是世界上历史最悠久的报纸之一，在维多利亚时代就已成为英国的第一大报，有“历史记录报”的美誉，这可能是报业所能期许的最高褒奖之一。有传媒研究者认为，世界新闻传播史上的19世纪，一定程度上是《泰晤士报》的世纪。在2012年度“世界品牌500强”排行榜中，《泰晤士报》排名第425位。

## 三、特点与经验

《泰晤士报》在19世纪达到其影响力的巅峰。其时，大英帝国如日中天，报业独领风骚，《泰晤士报》在几任能干的老板和总编辑治下，积极介入国际国内事务，大量应用新技术，成为世界上最有影响力的报纸之一。进入20世纪，受老板更迭和广电媒体及互联网崛起的挑战，《泰晤士报》的影响已大不如昔，甚至濒于倒闭的边缘，但仍被视为英国最有代表性的报纸。综观《泰晤士报》200多年历史，其成功经验大略如下：

### （一）关注国际国内重大事件，强调客观独立，赢得“历史记录报”声誉

《泰晤士报》在18、19世纪对一系列重大国际国内事件，如法国大革命、克里米亚战争、美国内战等，进行了客观独立的报道，成为公共舆论的领导者，在

相当程度上影响了政治进程，确立了其主流大报的地位。今天，《泰晤士报》仍然珍视“历史记录报”的传统，和政治倾向鲜明的英国其他大报相比，它更强调站在中间立场进行客观报道，继续做时代的忠实记录者。

### （二）创新报业管理和采编业务，作趋势的领导者

《泰晤士报》的历史，可视为全球报业发展史的一个缩影，因为其在诸多方面引领了报业管理和采编业务的创新潮流。《泰晤士报》首先实行由所有者主管经营、另聘专业人员担任总编辑的制度，沃尔特家族及几任总编辑共同奠定了《泰晤士报》在英国的领导地位和世界影响。《泰晤士报》还是首先派遣驻外记者和战地记者的报纸，反映出其全球视野和对世界局势的关注。

### （三）因应新技术机遇和挑战，提高报纸生产效率，探索新盈利模式

技术进步与传媒业发展史密切相关。19 世纪初，《泰晤士报》最先采用以蒸汽机为动力的新式印刷机，反映了其对新技术的敏感。20 世纪 80 年代，默多克旗下的《泰晤士报》又采用电脑排版和激光照排技术，显著地节省了报业出版成本。近年来，面对互联网给报业盈利模式和受众阅读习惯带来的巨大变化，《泰晤士报》先是缩小版式，又推出颇受争议的“付费墙”模式，力图依托其优质内容，探索在数字时代的生存之道。

# 第十九章

# 英国广播公司(BBC)

英国广播公司(British Broadcasting Company,简称 BBC),是英国最大的新闻广播机构,也是世界最大的新闻广播机构之一。BBC 虽然是接受英国政府财政资助的公营媒体,但其管理却是由一个独立于政府以外的 12 人监管委员会负责,并且通过皇家宪章保障其独立性。监管委员以公众利益的信托人的身份管理 BBC,他们都是社会上有名望的人士,包括苏格兰、威尔士、北爱尔兰和英格兰的首长,由英国首相提名、英女皇委任。

监管委员会下辖执行委员会,由 16 个不同部门主管组成,负责 BBC 日常营运工作,委员会主席为行政总裁,并兼任总编辑。BBC 用 43 种语言向全球广播。

## 一、发展简史

BBC 成立于 1922 年,当年 11 月 14 日,BBC 的第一家电台——2LO 以中波在伦敦开始广播。次日,5IT 从伯明翰、2ZY 从曼彻斯特也开始了广播。

1927 年 BBC 获得皇家特许状(Royal Charter of Incorporation),由理事会负责公司的运作,理事会成员由政府任命,每人任期 4 年,公司日常工作则由理事会任命的总裁负责。

1932 年 BBC 帝国服务(BBC Empire Service)开播,这是 BBC 第一个向英国本土以外地区广播的电台频道。1938 年,BBC 阿拉伯语电台开播,这是 BBC 的第一个外语频道。到二战结束时,BBC 已经以英语、阿拉伯语、法语、德语、意大利语、葡萄牙语和西班牙语 7 种语言向全世界广播。这是 BBC 全球服务(BBC World Service)的前身。

1967 年 9 月 30 日 BBC 开始了 BBC Radio 1 电台服务，以播送流行音乐为主。从那时起 BBC 开始采用目前的命名方式：BBC Radio 2 播送轻音乐、乡村音乐、爵士乐和娱乐节目，BBC Radio 4 则是之前的国内服务（home service）。1990 年 8 月 27 日，BBC Radio 5 开播，后又更名为 BBC Radio 5 Live（BBC Radio 5 直播）。

如今 BBC 拥有 10 个电台频道，面对不同的听众。针对不同的地区，BBC 也有不同的节目选择。BBC 全球服务对全球广播，此外，BBC 的一些短波频道也可以在英国以外地区收听到。这些频道大多以新闻为主，一部分经费来自英国外交部。现在 BBC 所有的电台节目都可以从互联网上免费下载。

BBC ONE 是世界上第一家电视台，它在 1936 年 11 月 2 日就开始提供电视节目，当时叫作"BBC 电视服务"（BBC Television Service）。电视广播在二战期间曾经中断，1946 年重新开播。1964 年 BBC TWO 开播，BBC 电视服务改为现在的名称。BBC ONE 的节目十分大众化，包括纪录片、游戏等，经常是英国收视率最高的电视频道。BBC 的主要新闻节目也在 BBC ONE 播出。

1967 年 12 月，BBC TWO 成为欧洲第一个彩色电视频道。BBC TWO 并没有肥皂剧或新闻节目，其节目以娱乐为主，类型多样（但若某一节目收视率较高，一般都会转移到 BBC ONE）。

1997 年 BBC 设立了 BBC 新闻频道（BBC News Channel），这是一个 24 小时滚动播出的专业新闻频道。1998 年，BBC 以从联艺有线电视网（United Artists Cable）收购来的频道成立了 BBC 议会频道（BBC Parliament）。1998 年 8 月，BBC 的国内频道开始采用卫星播送。

BBC 积极创建全球性传播机构。1932 年 BBC 帝国服务（BBC Empire Service）是其国际传播的开端；1991 年 10 月，BBC 将欧洲电视台改为世界服务频道（BBC World Service Television），开始向亚洲及中东播出电视节目。1992 年 12 月，这个频道的覆盖范围扩展到了非洲。BBC 同时加快驻外记者站建设，电视节目开始向全球市场扩张。

1994 年，BBC 环球公司（BBC Worldwide）成立，负责 BBC 世界服务频道的业务及其他一些有关的商业活动。

1995 年 1 月，BBC 世界服务频道进行重组，被分拆为两个频道——英国广播公司主频道（BBC Prime，加密并需要付费收看）和英国广播公司世界频道（BBC World，免费频道），进一步覆盖了欧洲地区。2001 年，BBC 世界服务频道完成全球覆盖。BBC 世界服务频道提供高品质的新闻节目，同时经常播放一些在英国国内广受好评的纪录片等。

2002年4月，BBC合并了世界电台、世界电视频道、驻外记者站以及英国广播公司在线（对外部分）业务，建立一家新的集编辑方针、市场营销、受众研究于一体的全球性新闻机构。BBC新闻中心仍为这几个部门采集新闻，提供英语新闻和时事节目，这样做整合了原有的资源，利用BBC的品牌优势进一步加强了BBC在世界市场的竞争能力。

2004年起，BBC世界服务频道的口号由“需要一个更广阔的视野”(Demand A Broader View)变为“新闻第一”(Putting News First)。2008年4月21日BBC世界服务频道改为BBC世界新闻频道(BBC World News)。该频道是24小时向全球除英国本土以外播出的卫星及广播频道。与BBC全球电台服务不同的是，BBC世界新闻频道是商业电视台，通过广告营利，这也意味着该频道不能在英国本土播出。

BBC中文部成立于1941年5月，由BBC中文部运作的BBC中文网成立于2006年1月，是一家中文新闻时事网站，以普通话及粤语进行广播。

2011年3月25日，BBC正式结束其长达70年的普通话广播。一方面是由于金融危机，BBC为了削减开支；另一方面，短波广播在中国大陆的覆盖面越来越狭窄，听众群不断减少。普通话短波广播停止之后，BBC通过BBC中文网继续进行普通话广播。

## 二、基本情况

### （一）采集网络

2010年，BBC有驻外中心站2个、驻外记者站42个、国内记者站4个。从驻外记者站的分布情况来看，BBC的驻外中心站及多数记者站分布在美国、欧洲、东亚地区，2个驻外中心站为北美总社、东亚总社。[①]

### （二）人力资源

BBC有近2000名记者，其中驻外记者450人，另有约1500名编导驻守伦

---

① 任永雷：《BBC与CNN的驻外记者站发展特色及趋势分析》，载《电视研究》，2011年第12期。

敦总部。[①] BBC 世界新闻频道的主播和海外驻地通讯员年龄都相对偏大，他们丰富的新闻从业经历，保证了新闻的真实可信，无形中也为 BBC 乃至英国树立了良好的形象。

BBC 在选拔驻外记者方面既采用选派本国的记者驻外，也采用选拔所驻国的人员作为本台记者的方式。同时，积极依靠当地资源获得国际新闻，即在当地雇记者，请他们以本土视角对所在地新闻事件进行报道，既能实现更透彻的解析，又能节约费用。现在驻外记者站的当地人数量已经超过 BBC 派出的专业记者数量。

### （三）技术水平

BBC 世界新闻频道在技术设备投入上资金充裕，采用最为先进的技术与方式传输信号。目前，通过 Astra 19.2°E、Hot Bird 和 Thor 三组通讯卫星，该频道信号在理论上可被世界上任何电视天线接收。[②]

BBC 重视新媒体传播，加大了技术投入。1996 年，BBC 开始筹划世界上最大的多媒体网。1997 年 12 月，BBC 在线网站正式启动，快速成为全球最大的新闻网站之一。2006 年，BBC 提出了“创意未来”的 6 年改革发展计划，力图超越传统广播电视模式，将自身改造成根据用户需求提供视听节目和视听信息服务为主的新型传播媒体。

从 2009 年到 2011 年，BBC 的新媒体业务支出年均增长 27%，达到每年 1.45 亿英镑。[③]

### （四）产品与服务

BBC 电视台包括：

英国的 BBC 第一频道（BBC ONE）、BBC 第二频道（BBC TWO）、BBC 第三频道（BBC THREE，原名 BBC Choice）、BBC 第四频道（BBC FOUR，原名 BBC Knowledge）、BBC 国会频道（BBC Parliament）、BBC 新闻频道（BBC News）、CBBC（8 岁以上的儿童节目频道）、CBeebies（8 岁以下的幼儿节目频

---

① 参见 BBC 官方网站，http://news.bbc.co.uk/newswatch/ukfs/hi/newsid_3970000/newsid_3975900/3975913.stm

② 常江：《发达国家电视国际传播策略与经验——以 BBC、RT、NHK 为例》，载《中国记者》，2011 年第 10 期。

③ 任永雷：《BBC 与 CNN 的驻外记者站发展特色及趋势分析》，载《电视研究》，2011 年第 12 期。

道）、BBC 盖尔语频道（苏格兰）等。

面向国外的 BBC 娱乐台（BBC Entertainment）（前 BBC 主频道（BBC Prime））（亚洲地区）、BBC 美国频道、BBC 加拿大频道、BBC 食物频道（南非与北欧）、BBC 儿童频道（加拿大）、BBC World News（全世界）等。

BBC 电台包括：

英国的 BBC Radio 1（当代流行音乐）、BBC Radio 2（轻音乐与喜剧）、BBC Radio 3（爵士乐、古典音乐和非西方的音乐）、BBC Radio 4（非音乐娱乐节目、新闻、纪实节目）、BBC Radio Five Live（新闻、体育综合与评论）等。

面向全球的 BBC 全球服务。

BBCi（即 BBC 互动）包括所有 BBC 的互动服务，包括数字电视和互联网。BBCi 网络服务（原名 BBC 在线）包含了新闻和节目档案。BBC 的许多节目都可以在 BBC 网站上找到，用户可以自由下载收看、收听。目前 BBCi 是访问量最大的英语网站之一。

BBC Worldwide 是 BBC 音像、书籍等产品的国际销售商，向世界各国或是直接出售关于 BBC 的各种商品，或是同相关国家就 BBC 音像、书籍等制品的使用版权进行交易。

### （五）用户及受众

BBC 覆盖 223 个国家和地区，[①]BBC 世界新闻频道每周观众达到 7400 万，这是 BBC 规模最大的电视频道，覆盖近 3 亿家庭和 180 万 PE 宾馆。[②]BBC 世界新闻频道提供丰富、权威的新闻资讯和纪录片，是 BBC 致力全球传播的核心。BBC 国际广播每周受众人数为 2.41 亿人次（2009～2010 年）。[③]

BBC 环球公布的年报显示，BBC 官方网站的用户量达到 5 亿，其中 57% 的用户来自海外，网络新媒体已经成为 BBC 国际传播的一条重要渠道。[④]

---

① 任永雷：《BBC 与 CNN 的驻外记者站发展特色及趋势分析》，载《电视研究》，2011 年第 12 期。

② 任永雷：《中外媒体境外落地特点比较及对策研究》，载《对外传播》，2012 年第 5 期。

③ 李文：《国际广播业的发展和挑战》，http://news.21cn.com/domestic/yaowen/2010/07/29/7696707.shtml

④ 任永雷：《BBC 与 CNN 的驻外记者站发展特色及趋势分析》，载《电视研究》，2011 年第 12 期。

## （六）市场经营

BBC 在英国国内为非营利性的公共广播电视机构，用户的电视执照费是 BBC 的主要经费来源。英国的每个家庭（除了老年人和少数低收入人群，他们的费用由英国文化、媒体与体育部承担）或企业都必须购买一年限的电视执照，以确保 BBC 能够拥有足够的资金以"教育、通告和娱乐"大众。费用标准由政府设定。正是由于这种特殊的经费来源，BBC 不包含任何商业广告。多年来，BBC 还获得来自英国政府的特别拨款，如 BBC 全球服务的部分经费就来自英国外交部。近年来，BBC 也通过商业行为赚钱，如出售曾经播出过的节目等。

BBC 世界新闻频道是由投资并商业化运作的国际性新闻和信息频道，BBC 环球公司负责 BBC 世界新闻频道的经营业务，其中包括向海外出售节目。2009～2010 年度，BBC 环球公司的销售额超过 10 亿英镑，盈利达 1.45 亿英镑。① 不过，BBC 世界新闻频道尚未实现收支平衡。

另外，BBC 驻外记者站通过多种方式压缩成本支出。BBC 严格控制国外专业记者的数量，尽可能地以低成本使用当地雇员，减少人员成本支出。同时，安排驻外人员参与商业活动，扩大海外收入来源。目前，BBC 的驻外机构不仅早已自给自足，并且实现盈利。②

## （七）知名度

BBC 积极参与重大社会议题的报道与转播，不但在西方世界积累了大量观众，更因迅速、准确和比较公正的新闻报道方针建立起良好的公信力。即使在因"情报门"事件而遭到严厉抨击的 2002 年，仍有民调显示超过 75％的英国民众"信赖 BBC 报道的公正性"。③

BBC 世界新闻频道目前可算是世界上最具影响力的两个国际新闻频道之一，在受众规模和国际影响力上，唯有美国有线新闻网（CNN）可与之比肩。

2011 年度"世界品牌 500 强"排行榜上，BBC 排名第 217 位；2012 年度"世

① 《专访 BBC 环球执行董事：与新媒体合作是转型关键》，http://news.xinhuanet.com/zgjx/2010－08/26/c_13463806.htm

② 任永雷：《BBC 与 CNN 的驻外记者站发展特色及趋势分析》，载《电视研究》，2011 年第 12 期。

③ 廖亮：《当代世界电视》，上海：上海交通大学出版社，第 155 页。

界品牌500强”排行榜上，BBC排名第220位。[①] BBC利用自己的品牌不仅扩展了电视传播网络，还销售了大量其他商品。

## 三、特点与经验

### (一)坚持新闻立台战略

BBC坚持将新闻节目作为立台之基。综观BBC的总体频道架构，不难发现新闻类节目的受重视程度。在频道设置上，除1、2、3、4四个综合频道各有相应的新闻节目外，BBC还有新闻频道、议会频道、世界新闻频道三个24小时滚动播出的专业新闻频道。

BBC的新闻立台战略，还体现在组织机构层面。早在诞生初期，BBC就成立专门的“新闻部”，负责总体整个电视网全部新闻节目的采集工作。目前，BBC新闻部已是世界上规模最大的电视新闻采集机构，在44个国家设有办事处，每天可制作完成长达120小时的广播电视新闻节目。[②]

专业化、集中化的新闻生产机制，既大大提升了信息采集和编辑效率，又使BBC记者在最大限度上避免受频道和栏目等非新闻专业因素制约。不过，各频道、栏目由于无独立新闻采编权而缺乏个性，因此品牌效应不显著。对于世界观众来说，BBC更多是作为一个整体形象存在的。

### (二)新闻报道客观严肃

BBC一贯秉承的新闻态度是严谨的，在一些重大新闻事件上第一时间传递新闻信息、表明态度。BBC世界新闻频道处理突发新闻的能力极强，所有的新闻节目，对当天的重点新闻都会使用直播连线的方式。

针对重大国际事件，BBC新闻资讯类节目从采访对象、采访问题、采访角度上都注意平衡，尽可能让事件每方都发出声音，把这些声音都带给观众，让观众有自己的结论。新闻节目中，访谈嘉宾往往能够对重要的新闻背景和一些相关信息进行权威阐述，并代表不同意见展开激烈讨论。

---

① 参见世界品牌实验室网站，http://www.worldbrandlab.com/

② 参见BBC官方网站，http://news.bbc.co.uk/newswatch/ukfs/hi/newsid_3970000/newsid_3975900/3975913.stm

### (三)驻外记者站采取灵活的运作方式

BBC 在国内外都采用了地方分台的形式。BBC 在国内设立了北爱尔兰、英格兰、苏格兰、威尔士等 4 个地方分台。从 20 世纪 90 年代开始,BBC 尝试在其他国家寻找合作者,目前在美国、加拿大等多个国家和地区设立或参股、控股了 40 多个地方台及频道。这样既可以节约制作成本,又可以拓展海外市场。作为公营电视台的 BBC,其驻外记者站不仅担负着新闻采访的任务,还承担着商业、信息收集、外交等多种任务。为了对观众负责,BBC 记者站会对本区域做直接和间接的舆情评估,同时,还会建立一个关于当地政要的信息库。

如 BBC 美洲中心站不仅具备独立的采编播功能,同时也具备相对独立的财务收支体系,在当地直接建设地方台,或与美国、加拿大等国家和地区的多家电视台合作,建立合资台,直接针对当地进行本土化播出。在北美地区,受众可以收看到两个 BBC 频道,分别是 BBC 美洲(BBC America)和 BBC 世界新闻(BBC World News),其中 BBC 美洲主要面向北美地区受众,以播出电视剧、生活和文艺类节目为主,BBC 世界新闻每天 24 小时向全球播发国际资讯。相较而言,前者在北美地区的受众数量超过后者。在加拿大,BBC 美洲中心站通过商业模式开通了“娱乐频道”和“儿童频道”,并在这两个频道各占 50% 的股份。[①]

### (四)建立适应全媒体时代的大编辑部制[②]

BBC 将原先独立的电视、广播和网络新闻运营平台整合成一个跨平台多媒体新闻中心,实行大编辑部体制,又称“360 全平台”采编。以前不同平台各自为战的新闻采编部门的编辑记者现在都在这个大编辑平台办公,以新闻主题和类别为线索开展合作,而不是按照平台来划分。因此,一种新闻资源可以按照不同受众的需求与传播途径的差异进行调整,使其适合在电视、网络、手机、互动电视等多个平台上、不同节目中播发,从而节约了新闻成本。与这种大编辑部体制相对应,驻外记者在新闻报道中也是多种报道形式并举,不仅要会使用各种新闻设备,还要对各类新闻的特点了然于心。如时事新闻的记者

① 任永雷:《BBC 与 CNN 的驻外记者站发展特色及趋势分析》,载《电视研究》,2011 年第 12 期。

② 唐荦:《“三网融合”背景下解读 BBC》,载《中国记者》,2011 年第 4 期。

甚至可能为儿童节目作报道。他们出去采访不仅要带摄像机、录音机、电脑，还得带上数码相机，为网上新闻提供图片。

# 第二十章

# 法新社

法国新闻社(Agence France－Presse),简称法新社,成立于1944年,前身是由夏尔·哈瓦斯于1835年创建的“哈瓦斯通讯社”。法新社是西方通讯社中资格最老的一家。

## 一、发展简史

法新社前身是哈瓦斯社,哈瓦斯社的创始人是法国人夏尔·哈瓦斯。1835年,哈瓦斯收购了另一家供应新闻资料的机构,并于当年10月25日将自己的“哈瓦斯办公室”改名为“哈瓦斯通讯社”。这一天后来被认为是世界上第一家通讯社的诞生日。哈瓦斯通讯社每日出一份新闻稿供给报刊、使馆、政府机关和银行,其自称是“报纸的报纸”,它的新闻供稿原则是“迅速和优质”。

哈瓦斯社通讯成立后,逐渐将业务重点转移到为新闻机构提供新闻服务上来。它不断改进新闻传递方法,以便及时地把新闻传给报纸。1837年,该社采用了法国官方的腕木信号站线路(一种类似旗语的用3块黑漆木板拼出字母的方法)来传送新闻;1840年又用信鸽从伦敦、布鲁塞尔向巴黎传送新闻;1845年使用法国新建的第一条巴黎和里昂之间的电报线路发送新闻;1851年,使用电报向法国各地及欧洲其他城市的报纸供稿。英国路透社创办人朱利叶斯·路透、德国沃尔夫通讯社创办人伯恩哈德·沃尔夫,都曾在该通讯社工作过并加以仿效创办了自己的通讯社。

1870年,哈瓦斯社与英国路透社、德国沃尔夫社和美联社签订了一个著名的三边四社协定,又叫“联环同盟”,从而建立了对世界新闻市场的瓜分垄断体系。在当时,哈瓦斯社的势力范围包括法国、瑞士、意大利、西班牙、葡萄牙、埃及(与路透社共享)、中美洲、南美洲。

第一次世界大战期间,哈瓦斯社的业务迅速发展,仅在巴黎就有工作人员300多人。但到20世纪20年代末,受当时资本主义世界经济危机的影响,哈瓦斯社发生了严重的财政困难。从1929年起,其经费由法国外交部提供,该社实际上被法国政府所控制。第二次世界大战期间,巴黎沦陷,但哈瓦斯社并未停止工作。1944年8月,巴黎解放,法国几家参加了抵抗运动的通讯社接管了哈瓦斯社,同年9月30日在戴高乐临时政府的指导下组成了法国新闻社,简称法新社(AFP),其经费继续由政府提供,社长也由政府任命。

1957年1月10日,法国国民议会通过法新社改组章程,规定该社为"独立的公共企业",社长不再由政府任命,经费依靠向订户出售新闻,从而在形式上取得了独立地位。章程还规定,法新社应准确、迅速、清晰并完全独立地向全世界各地发布消息,报道分别用法、英、西、德、阿、葡文供稿。此后,法新社进入了稳定的发展阶段。

法新社领导机构包括3个组织:管理委员会是法新社最高领导机构,委员任期3年,管委会由社长兼总经理主持;高级委员会负责监督法新社章程的实施;财务委员会负责监督预算的执行和财务管理。

法新社在业务部门设置上分三大部:新闻部、总务部、技术部。摄影部较小,从属于新闻部。总社每天通过各条线路用6种文字编发新闻稿。法新社在经济上仍然得到政府的大力支持,只不过政府将直接补贴改为由各级政府机构、国营部门及驻外机构订购法新社的新闻。

法新社从2001年开始提供视频新闻服务AFPTV,主要为电视媒体、互联网和手机用户提供视频新闻服务。2005年之前,法新社电视新闻的报道内容只局限于巴黎地区的时事新闻,用户为国内的法语电视台、网站及手机运营商;2005年之后,开始向海外拓展,逐步建立起全球性的生产和销售体系,目前已经在全球40家分支机构配备了视频节目采集人员,包括世界上最为热点的地区阿富汗、伊拉克、巴基斯坦、加沙地区等,以及华盛顿、伦敦、莫斯科、柏林、马德里等重要城市。

## 二、基本情况

### (一)采集网络

法新社在110个国家和地区共设有分支机构123家。设有5家总分社,分别是位于华盛顿的北美总分社，管辖 9 家分社；位于蒙德维迪亚的拉美总分社，管辖 21 家分社；位于香港的亚太总分社，管辖 25 家分社；位于巴黎的欧洲和非洲总分社，管辖 36 家欧洲地区分社和 16 家非洲地区分社；位于尼科西亚的中东总分社，管辖 9 家分社。[①]

法新社国内分社共有 7 家，分别位于波尔多、里尔、里昂、马赛、雷恩、斯特拉斯堡和图鲁兹，总社有专门一个部门负责管理和协调国内分社的运作。

### （二）人力资源

法新社员工总数约为 4000 人，其中正式员工约 2000 人。专职采编人员 1250 人（从事文字工作的 1100 人，从事摄影工作的 150 人），另外在全球共有自由撰稿人、信息员 2000 人。法新社的雇员来自世界上 81 个国家和地区。

法新社从 1999 年开始招聘营销人员。2005 年，法新社营销队伍达到全球 150 人（不包括海外营销雇员），其中 60 多人专门负责营销，其他是营销管理人员，包括财务人员等。此外，法新社还在各地大量招聘懂当地语言、法律等的营销雇员。法新社有技术人员 300 人，约占总人数的 15%。

### （三）技术水平

早在 1840 年，哈瓦斯社就开始训练信鸽来传递消息，1845 年开始使用电报，随后开始使用海底电缆。法新社成立后，对新技术的追求也始终不遗余力。目前法新社具有完善的全球新闻发布网，有 5 颗通讯卫星及全球各地的 2000 个卫星地面站。

法新社的数据库名称为 Agora，包括法新社综合新闻、经济信息、国际新闻、体育新闻、资料以及英文世界新闻。用户登录法新社推出的网站 www.pressed.com 也能查阅 Agora 内的信息，这个网站已经实现了网上信用卡支付功能。目前法新社正在完善多媒体供稿平台，目标是将法新社文字、图片、图表、视频等产品全部放在上面。

法新社内容丰富的多媒体产品依托其先进的传输技术已经从传统媒体扩展到多种新媒体传播平台，已全面进入互联网、SMS/MMS、WAP、PDA、3G 移动电话等领域，在户外大屏幕广告和网络教育等领域法新社也有所涉及。

近年来，法新社开始重点拓展移动新闻业务，例如，与技术公司 Creative

---

① 此节内容参考了唐润华、吴长伟、文建：《传播能力再造：新媒体时代的世界性通讯社》，合肥：安徽大学出版社，2012 年。

Link 合作，通过该公司向日本三大移动运营商提供新闻和图片。2008 年 2 月 13 日，法新社宣布与 MobileScope 公司合作提供移动即时新闻服务。2008 年 2 月 5 日，法新社宣布加入 MINDS International（Mobile Information and News Data Services for 3G）联盟，MINDS 项目下的一些产品已经投入市场，均适用于通用移动通信系统，例如为报纸提供新闻发布平台、为报纸提供与读者互动平台、移动博客服务、多媒体手机杂志服务、新闻提醒以及图铃下载等服务。

## （四）产品与服务

法新社使用法、英、西、德、阿、葡文 6 种语言供稿。同时，通过与其他通讯社合作，也可发中文、日文和俄文稿件。其中法文稿 11 条线路，占文字发稿量的 60%；英文稿 3 条线路，占文字发稿量的 15%。英、西、德文稿在总社编译，阿文稿由开罗中东社代为译发，葡文稿在里斯本和圣保罗翻译。法新社每天的文字发稿量在 40 万至 60 万字之间（各条线路重稿未重复计算），每天播发原创图片超过 1200 幅，另外，还播发包括盖蒂图片社在内的 21 家合作伙伴的图片。每天播发图表 80 张。并通过其合作伙伴，以中、日、俄和意大利文发布每日新闻快报。法新社电视服务 AFPTV 每月制作大约 200 条视频新闻。

法新社的主要产品包括：

文字产品：①综合新闻。涵盖政治、经济、外交、社会、体育、赛马、人物、科学和趣闻等方面。②财经信息。包括以下几项产品服务：多种文字财经新闻线路；法文 SEF 线路；法文金融线路；法文原材料信息线路；法文财经信息网上个性推送 FINWEB；英文 AFX 线路，即法新社和其在英国的子公司 AFX 公司合作推出的英文财经信息等。③体育新闻。有英文、法文、德文、阿拉伯文、葡萄牙文、西班牙文 6 种文字。

网上产品服务：①杂志供稿网站（Magazine Forum）。②欧洲足球联赛新闻。③F1 方程式赛车新闻（Formule 1）。④因特网新闻联播（Le Journal Internet），内容涵盖全球各类新闻，同时还有图片、视频、动画和图表新闻。可以根据用户需要设计不同的接收环境。⑤信息通道（Canal Infos），主要是针对有大型集会场所的企业，可以根据用户需要，将有关新闻直接推送给企业。⑥菜单服务（AFP a la Carte），具体运作方式就是媒体、企业、政府机构提出它们需要新闻信息的关键字，法新社向它们的电子邮箱每天自动推送相关内容。这项服务的新闻信息文种包括法文、英文、西班牙文、阿拉伯文、葡萄牙文和德文。⑦连通法新社（AFP Direct），用户通过登录法新社网站输入密码直接接收各类新闻，并能进入法新社的资料库进行查询。法新社还能根据用户需要，使用“自动通知系统”每天向用户的电子信箱推送用户需要的相关新闻。

电视产品：法新社电视已经能够使用 7 种语言发稿，包括法语、英语、西班牙语、德语、葡萄牙语、阿拉伯语和波兰语。

短信服务：法新社和法国 Bouygues 和 Orange 电信公司合作，通过它们向手机用户传送短信新闻。

图片：①综合新闻图片专线。②文化和娱乐图片专线。③体育图片专线。④图片网络销售平台(Image Forun)，法新社从 1999 年推出的图片销售网站，收录法新社每天播发的所有图片，以及法新社在全球 13 家合作图片伙伴的供稿图片，目前已存有 180 万张数码图片；⑤幻灯图片，内容主要包括重大体育赛事、时装、电影节活动等。幻灯图片的文字说明有英文、法文、德文和西班牙文。

图表：法新社图表新闻覆盖全球政治、经济、体育和科学热点信息，图表新闻的文字说明有英文、法文、德文、西班牙文和阿拉伯文。

视频：①视频新闻。法新社的视频新闻包括素材带，带有评论的报道和电视杂志 3 种。②时尚节目。法新社和巴黎时尚杂志联合推出时尚视频产品。目前有英文和法文两种语言解说。

### (五)用户及受众

法新社的全球用户高达 13000 多家，其中平面媒体约 7600 家，电台 2500 家，电视台 400 家，通讯社 100 家，国际组织 1500 家，还有许多政府和企业订户。[①] 媒体用户中，欧洲地区用户数占 30%，亚太占 15%，北美占 10%。

### (六)市场经营

法新社是一家名义上独立的半官方通讯社，法国政府每年以新闻订费(国家为所有政府机构及驻外机构订购法新社电讯)的形式予以一定的经济补贴，补贴最多时曾占法新社总收入的 70%左右，后逐渐减少，目前占 45%左右。

法新社 2004 年的总收入为 2.5 亿欧元。2005 年以来法新社每年总收入的具体数字无法获知，但据报道，2005 年其亏损 300 万欧元，2006 年扭亏为盈，实现利润 320 万欧元，2007 年的利润达到了 460 万欧元。法新社的收入

① 刘笑盈：《历史最为悠久的世界级通讯社：法新社》，载《对外传播》，2009 年第 9 期。

中，文字新闻收入占 60%，图片收入占 12%，多媒体产品（主要是电视节目）收入占 10%，经济信息收入占 0.08%，其他（主要是短信、数据库等）收入占 18%。

### （七）知名度

2006 年度“世界品牌 500 强”排行榜上，法新社名列第 57 位；2011 年度“世界品牌 500 强”排行榜上，法新社排名第 111 位；2012 年度“世界品牌 500 强”排行榜上，法新社排名第 101 位。[①]

## 三、特点与经验

### （一）半官方背景，在法语新闻市场地位稳定

作为传统的国际新闻通讯社，法新社在业务扩展方面与法国传统的势力范围十分吻合，在欧洲、非洲、南美和中东拥有很大的影响。可以说，法新社在法语新闻市场上的地位是无可动摇的，在全球新闻市场上的地位也是非常稳定的。

在保证新闻相对独立的前提下，法新社的“半官方背景”也可以使其获得更加稳固的法律地位和后盾，使其不太受经济问题的困扰。法新社的管理也很有特色，法新社的记者编辑有级别无职称，纪律严明，条例清楚。例如对于新兴的网络，法新社有专门的内部规定，禁止将某些网络消息作为消息源。此外，法新社在世界各地的编外报道员制度也有利于提高效率，降低成本。[②]

法新社的新闻报道也值得称道。在长期的报道实践中，法新社注重“迅速和优质”的一线报道，发出了许多重大的新闻。例如法新社记者在 1972 年最早抢发了德国慕尼黑奥运会上以色列代表团被袭击的消息，在 1984 年最早抢发了印度总理英迪拉·甘地被刺的新闻，在 1995 年俄罗斯的军队攻占车臣首府格罗兹尼时，也只有法新社一家的记者发出了现场报道。出色的新闻报道能力和独特的报道角度，也是法新社的稿件采用率高的关键。

---

① 参见世界品牌实验室网站，http://www.worldbrandlab.com/

② 刘笑盈：《历史最为悠久的世界级通讯社：法新社》，载《对外传播》，2009 年第 9 期。

## （二）大力发展视频业务，借助合作伙伴销售产品

法新社电视在近年来的长足发展使之成为该社最为抢眼的业务。一方面，法新社在全球分支机构配备视频节目采集人员；另一方面，也通过购买的方式丰富视频内容，并通过与网站合作的方式来销售视频产品。从 2005 年起，法新社开始在国外直接购买一些视频产品以充实自己的视频供稿。而在 2007 年，法新社先后与 Zoom.in、Mochila、ClipSyndicate 三家网络视频供应商达成合作协议，销售法新社视频产品，提升了法新社视频的影响力，扩大了覆盖范围。2007 年，法新社与盖蒂图片社就视频业务展开战略合作。与盖蒂图片社的合作使得法新社在娱乐领域的视频内容大大丰富。法新社的视频内容主要涉及的领域包括时事、政治、环境、生活与时尚等，可以通过盖蒂图片社的互联网平台 gettyimages.com 销售给更多的客户。

2011 年，法新社每天用 7 种语言生产 150 到 200 条视频，数量在一年内增加一倍。这一增长使得法新社在电视市场获得一个立足之地，其用户包括 CBS、BBC 和 Skynews。2011 年，法新社视频收入增长约 20%。

## （三）运用新的传播技术，实施新战略

近年来，法新社的新产品开发开始与新的传播技术结合起来，多媒体及视频产品成为法新社新的业务核心。在 2008 年的奥运会上，法新社以文字、图片、视频、图表、FLASH 等多种形式提供实时体育比赛结果、重点体育赛事数据库等，显示了新型国际通讯社的风采。新的战略也扭转了法新社在竞争中的不利局面，多媒体及视频服务已经成为法新社的第三大收入来源。[①]

2008 年 2 月，法新社推出移动即时新闻服务。该项服务，是法新社与电讯服务商 MobileScope 合作，主要针对手机用户提供实时的新闻服务。与 MobileScope 的合作对法新社而言是一个很好的机会，可以展示其基于全球的多语种、多媒体的移动即时新闻服务内容。该项服务首先在 2008 全球移动大会上进行展示，之后在全球进行推广。

随后，法新社宣布加入 MINDS International（Mobile Information and News Data Services for 3G）联盟，以进一步促进其手机媒体业务的发展。MINDS International 是欧盟为了推动欧洲地区移动服务的发展而创立的一个项目，由欧洲五家官方通讯社共同组成。这五家通讯社分别是德国新闻社、

① 刘笑盈：《历史最为悠久的世界级通讯社：法新社》，载《对外传播》，2009 年第 9 期。

奥地利国家通讯社 APA、荷兰国家通讯社 ANP、瑞士国家通讯社 sda－ats 和匈牙利国家通讯社 MTI。这五家通讯社希望借助这一项目逐步实现新闻通讯社从单纯的内容服务提供商向移动服务提供商的身份转变。MINDS 项目开发的产品是以适用于通用移动通信系统为前提的，例如为报纸提供新闻发布平台，为报纸提供与读者互动平台，移动博客服务，多媒体手机杂志服务，新闻提醒以及图铃下载等。

法新社加入 MINDS International 联盟，是为了在移动新闻服务领域获得更大的支持。法新社负责新媒体业务的副总裁说，在新媒体领域，作为传统媒体进入的通讯社既有优势也有劣势，在与新媒体先行者的合作中，可以取长补短，最大限度地发挥各自优势，利用合作者在新媒体领域的影响力和渠道来拓展自己的业务，将是传统媒体进军新媒体最为快捷有效的发展模式。

# 第二十一章

# 《世界报》

《世界报》是法国的全国性日报之一，是法国在海外销售最好的报纸，它在法国之外的国家和地区每天的发行量超过 4 万份。[①] 该报内容全面，信息量大，报道严肃，深层报道和评论、政要专访比较多，措辞讲究。其国际时评言简意赅，有较强的权威性和参考价值，颇受各方关注。法国总统、总理、外长常在该报发表独家谈话，外国元首和政经界人物也常接受该报记者采访。该报政治倾向"中左"，在国际问题上反映法政府立场。

1944 年创办时，戴高乐要求该报"无论在法国还是在世界上都具有参考价值"，其创办人伯夫·梅里基本上做到了这一点。《世界报》60 多年如一日，办得极为严肃，版面紧凑，没有照片，有少量图表和漫画，广告较少。该报对时事评论水平很高，文字考究，在国际上颇有声望。该报每天 83 个版.读者对象为高层知识界和专业人员，但其发行范围并不局限于法国，欧洲、北美以及大多数非洲国家都有它的订户。其发行量大体保持在 30 万～40 万份的水平上。2003 年《世界报》进行改版，从严肃转向活泼，开始采用照片，而且数量较多，从单色转为彩色，字体加大 13%，文章数量减少，图片增多，使报纸更贴近读者。

## 一、发展简史

《世界报》从 1944 年 12 月 9 日面世到建构成今日一个庞大的新闻出版集

---

① http://fr.wikipedia.org/wiki/Le_Monde

团，发展历程可以大致分成四个阶段：

### （一）1944 年至 1958 年，报纸的创建阶段

《世界报》的前身为《时报》，创建于 1863 年，直到二战前都是法国最著名的上层社会报纸之一。由于二战期间法国贝当政府与纳粹政权合作，国际形象受到严重破坏。所以，二战之后法国新政府希望开办一份在国内外受到尊重的法国报纸，重塑法国的形象。1944 年，法国著名抵抗运动记者于贝尔·伯夫·梅里在戴高乐的协助下接手了《时报》，联合 30 多名年轻记者创办了《世界报》。

虽然《世界报》创办之初遭遇了不少困难，但它始终坚持其前身《时报》的风格，力图打造一份在法国报界具有参考价值的报纸。该报内容全面、信息量大，报道客观、真实、严肃，将报纸的参考价值置于娱乐价值之上，很快吸引了一批由政府工作人员、教师和大学生组成的固定的读者群。其发行量逐步上升，1946 年为 11 万份，到 1957 年即上升到 20 万份。

### （二）1958 年到 1976 年，报纸的发展扩张时期

从一开始，《世界报》就极力保持其独立的地位。其创办人伯夫·梅里为这份新报纸确定了四大原则：国际视野、保持质量、维护独立、信守承诺。其中，“维护独立”是核心。从 1951 年起，伯夫·梅里决定向《世界报》的编辑们转让报纸四分之一的股权，使他们成为报纸的共同拥有者。因此，报社的任何重大决定和人事任免，若没有编辑的同意，就不能获得通过。这就意味着编辑和报社的最高领导在一起，形成一个“利益共同体”，分担责任，共享利益。

这样的股权结构不仅在一定程度上保证了报纸的独立性，也大大提高了报纸的质量。到伯夫·梅里 1969 年退休时，《世界报》的发行量已经上升到 35 万份。从 1968 年起，《世界报》的股权进一步向报社的其他人员开放，5%的股权出售给普通干部，4%的股权出让给普通职工，至此，《世界报》的员工控制了报纸将近一半的股权（49%，其中 40%为编辑所有）。

从 1964 年到 1976 年，《世界报》经历了一个长达 12 年的黄金飞速发展时期：1964 年，《世界报》的发行量为 20 万份，到 1976 年增加到 44 万份，增速高达 120%；受众在 1964 年是 60 万人，到 1976 年达到 136 万人，增加了 127%；报纸页数从 1964 年的 6254 页增加到 1976 年的 10152 页，增加了 62%，其中每天广告页数从 6 页增加到 12.5 页（增加 108%），编辑内容从 14 页增加到 20.5页（增加 46%）；员工人数从 1964 年的 481 人增加到 1974 年的 1225 人

（增加 155%）；产值从 4400 万欧元增加到 1.22 亿欧元（增加 155%）；资产从 3100 万欧元增加到 9500 万欧元（增加 207%）。[①]

### （三）1976 年到 1994 年，纸媒产业的危机时期

在经历了 20 年的繁荣期后，《世界报》从 20 世纪 70 年代后期开始遭遇一系列的危机，首先是报纸利润急剧下降，虽然报纸的发行量直到 1981 年都还保持在 40 万份以上，但是报社的前景堪忧。从 1974 年到 1981 年法国国内的政治形势，即左派和右派之间的冲突使《世界报》的地位岌岌可危，而报社从 20 世纪 70 年代中期开始遭遇的编辑、产业和管理方面的问题让《世界报》进入了近 20 年的困难时期。

20 世纪 80 年代中期法国新的政治图景使《世界报》的发行量受到影响。1985 年，《世界报》的发行量下滑到了 34.3 万份。1985 年，报纸采取了一系列救社措施，即将报社大楼从巴黎的意大利街搬走；削减员工工资；在伊夫里修建新印刷厂；设立“读者股”，首次向外部开放资本；在全国设立印刷和广告分部；加强编辑部的地位；采用新的排版方式，采用照片等。这些措施取得了一定的效果，发行量在 1988 年上升到了 38.7 万份。[②]

但是《世界报》的这种复苏的基础并不稳固，首先因为它的广告收入只呈现很短时间的增长，广告收入只占营业额的 22%；而且它的财政状况不容乐观，企业举债度日。从 20 世纪 90 年代开始，法国整个日报产业都面临视听媒体和网络媒体的严重威胁，广告收入严重下降。《世界报》的资本结构也表现出了它的局限性，一方面它以独立于政党团体、经济集团而著称，从而赢得读者的信任；但另一方面它又需要从外部不断引进资金，做大做强，以此适应急剧变化的媒体生态环境。这些都对报社的集团化进程提出了更严苛的条件，要求报纸在资本和内容之间找到理性的平衡。

### （四）1994 年到 2002 年，《世界报》的集团化之路

1994 年，颇有争议的一位社长哥仑巴尼开始领导《世界报》，对报纸的管理层和编辑部门都进行了大刀阔斧的改革，对这份严肃古老的报纸重新定位打造，使其发展为一个充满活力、开拓进取的报业集团。

---

① PatrickÉveno，Histoire du journal《 Le Monde》，1944－2004，Paris，éd. Albin Michel，2004

② La presse écrite en France au XX$^{e}$ siècle，par Laurent Martin，éditions Le Livre de poche

首先，哥仑巴尼主导对《世界报》进行彻底的改版工作，他特地为此成立了一个精英团队，专门研究设计报纸的新版面，思考如何能吸引更多的读者。于是，《世界报》的编辑记者们放下身段，放低姿态，靠近读者，将文风从严肃转向活泼，增加彩色照片，增强新闻的可读性，加强政治评论的权威性和深刻性。其次，他进一步拓展报社的筹资渠道，从外部引进股东，但是对他们的权力进行严格的限定，从而尽量保证报纸的独立性和权威性。

1997 年，《世界报》设立了一种职工储蓄方式，全报社职工 500 人，每人每月从工资中提出 152 欧元参加“共同投资基金”。“共同投资基金”的股价增长很快，1997 年 12 月至 2001 年，4 年间，总股值从 137 万欧元增加到 1524 万欧元，为报社走集团化道路准备了资金。2002 年，《世界报》的股份中的 52.7% 由内部股东掌握(包括编辑股 29.58%，创建者股东股 11.77%，报社干部员工股 11.36%，发行股 0.06%)，外部股东持有 47.26%的股份(读者股 10.43%，各种合作投资股 36.83%)。①

2000 年起《世界报》开始陆续创办新刊物，它收购了国内的一些报纸杂志，现已拥有 12 种全国性出版物，一个网络版，成为法国举足轻重的报业集团。

2002 年 11 月创办的《世界报 2》是一本图文并茂的月刊，它精选上个月刊登在《世界报》上的好文章，还邀请专家撰写专题文章，所有重大新闻事件都配有知名摄影师拍摄的新闻照片。刊物做得很精致，问世后广受欢迎，现发行量已达 13.2 万册。

### (五)2002 年至今，面临危机的现状

2000 年，当《世界报》社长哥伦巴尼开始他的第二个任期时，该报的经济困境已经开始浮现。不久，网络媒体开始在法国兴起，抢走了传统媒体大量的广告。与此同时，诸如《20 分钟》、《地铁报》等免费报纸的出现也使原本就已困难的《世界报》雪上加霜。

为求摆脱经济困境，哥伦巴尼对《世界报》进行了一系列战略调整，想通过将蛋糕做大的方式来应对危机，并着力打造“一个庞大的独立报业集团”。2001 年到 2003 年期间，他先后收购了法国地方性日报《自由午报》(*Midi Libre*)、著名周刊《国际快报》(*Courrier International*)以及基督教生活出版社(PVC)，希望借其带来良好收益，以抵消《世界报》的负债。

① 郑园园:《法国〈世界报〉的改革实践》，载《新闻战线》，2003 年第 6 期。

不料结果令他大失所望。之后的业绩证明,《自由午报》对报业集团的贡献微乎其微;更糟糕的是,在平面媒体经营状况整体恶化的大环境下,基督教生活出版社下属刊物《生活周刊》(*La Vie*)开始亏损,原本销量一直不错的《电视指南》杂志(*Telerama*)的收益也开始直线下滑。这一系列失败的收购行动使得《世界报》付出了惨重代价,也使其在危机中越陷越深。

2007 年 6 月,拥有集团 40%股权的编辑部动用否决权,使得原打算开始其第三个任期的哥伦巴尼被迫离职。而新任总裁在刚上任仅 6 个月后,又因和编辑部就《世界报》报纸和网站之间利润分配问题的分歧而主动辞职,局势一时混乱不堪。

当时,一向对《世界报》虎视眈眈的法国出版巨头拉加代尔集团和西班牙主要报纸《国家报》(*El Pais*)的出版商 Prisa 集团曾趁机提出,要将各自手中 3500 万欧元的可转换公司债券转为世界报集团的股份,以解世界报集团的"燃眉之急"。此举受到世界报集团董事会的欢迎,却因被认为会破坏《世界报》历来引以为豪的独立性而遭到编辑部的否决。此后,世界报集团董事会和编辑部之间的矛盾更加激化。

2008 年 4 月,不堪重负的《世界报》决定裁员,取消 130 个编辑部职位。其中记者 89 名,占总采编人员数量的四分之一。但是仅仅依靠 280 名编辑记者运转的《世界报》,很难抵抗平面媒体所遭遇的经济危机。和其他法国报纸一样,《世界报》也在和高昂的印刷和发行开支作斗争,由于法国印刷工会的强势,报社根本无法掌控工会对经营的影响,这使问题变得更加严重。有分析家认为,法国要比欧洲其他国家在印刷上多花超过 40%的成本。这些报纸的定价必须提高来弥补多花出的成本,这导致了法国读报人口减少。一些法国报纸基本依靠政府补贴过活,还有一些报纸最近已经被售出。

2010 年 6 月 29 日,负债累累的法国《世界报》最终决定接受由三个企业大亨组成的联合竞购,他们是瑞德集团(Lazard)法国分部总裁马修·皮加斯(Matthieu Pigasse)领导的一个小组、伊夫·圣·洛朗(Yves Saint Laurent)的联合创始人皮埃尔·贝尔热(*Pierre Bergé*)和电信企业家沙维尔·尼尔(Xavier Niel)。该报此次的收购金额大约是 1.1 亿欧元,其中 6000 万欧元用作还债。[①]

《世界报》的决定遭到总统萨科奇的反对,却得到报社记者和雇员的支持,他们当中 90%的人投票给企业家收购联盟。投资者承诺将保持采编系统的

① www.strategies.fr

独立性，并且不会进行新一轮的裁员。

## 二、基本情况

### （一）人力资源

世界报集团2010年有员工600余人，其中大约有280名编辑记者。[①]

### （二）产品与服务

2010年《世界报》日发行量从10年前的40万份下滑到31.8万份，在法国略逊于第一大报《费加罗报》。[②]

2002年到2003年期间，《世界报》开始提供专版和补充版，使其信息量更加丰富。世界报集团拥有12种全国性出版物，报纸直接控制的附属刊物有《资料和文件》、《教育世界》、《互动选择》，其控股的有《邮票新闻》、《互动世界》、《世界报2》、《外交世界》、《电影笔记》、《亚当》以及2004年1月面世的周末杂志版。还有参股的《自由午报》、基督教生活出版社（PVC）和《国际快报》。

世界报集团为了适应全球化的需求与竞争，还与美国媒体合作，每周出一次英文专版，将美国媒体一周中的重要评论和分析文章或图片原文照搬刊发出来，成为双语平面媒体。这在法国报纸中的确很少见。

《世界报》于2011年9月14日推出新的周末版，其周刊《电视指南》（*Telerama*）也于2012年年初推出杂志版和网络版。

世界报集团旗下的网站包括《世界报》网络版、《电视指南》网站、《国际参考》网站、《生活报》网站以及《邮报》网站等。

### （三）用户和受众

《世界报》受众人数（读者）189.5万人，其发行范围并不局限于法国，欧洲、北美以及大多数非洲国家都有它的订户。《世界报》网站2011年12月份在全球的访问量达到5427万次，在法国的访问量是4068万次。[③]

---

① 《法第二大报狙击总统“黑手”》，载《扬子晚报》，2010年6月30日。

② 《法第二大报狙击总统“黑手”》，载《扬子晚报》，2010年6月30日。

③ www.lemonde.fr

### (四)市场经营

法国媒体批评协会(Accrued)网站上的数据显示,2006年,世界报集团亏损1440万欧元,2007年,该数额上升至2000万欧元。2008年,世界报集团的营业额达到4.35亿欧元,2009年则下降到了3.9亿欧元,大约亏损了1500万欧元。自2001年起,世界报集团经历了连续7年入不敷出。截至2007年年底,其负债金额已高至1.5亿欧元。[①]

世界报集团在2011年4月28日的一份集团监事会通报中披露,其在2010年整个年度的经营亏损高达3400万欧元。这样一份经营"业绩",加之一亿多欧元的债务,迫使其寻求资本重组,避免这样一份世界知名大报从读者的视野里消失。

2010年《世界报》易手他人,重组后于2011年年初步实现盈利,实现盈利480万欧元,报纸的发行量增加了2.7%。它2011年年底在一份公司通报中宣称2012年其利润将达到1000万欧元,而且重申其将在2012年重点整顿其印刷企业的决心和紧迫性。[②]

### (五)知名度

《世界报》在法语地区颇有影响,国际知名度较高。主要读者是法国和法语国家地区的政治、经济、知识界专业人士。

根据Google搜索引擎统计,在全球文字媒体的网络版中,《世界报》网络版的点击率居第9位,在英语之外的文字媒体中,它的点击率居第1位。在法国文字媒体的网站中,更是独占鳌头。[③]

## 三、特点与经验

资本重组后,世界报集团决定增加它在新媒体方面的投资,期望在媒体新时代巩固其以前的老地位,赢得新受众。

① http://www.caijing.com.cn/2008-04-15/100056781.html

② www.strategies.fr

③ 郑园园:《法国〈世界报〉的改革实践》,载《新闻战线》,2003年第6期。

## (一)下功夫打造《世界报》网络版

《世界报》网络版创办于 1998 年,第二年,拉加代尔公司入股,占 34%的股份,两家携手共同改进网络版。2000 年增扩内容,其中最受欢迎的是它的资料库,存有《世界报》刊登过的 70 万篇文章。《世界报》网络版充分发挥网络新闻的滚动和互动特长,发挥平面报纸思考时间充分、行文严谨的特长,同时在一些重要新闻和一些特殊内容上发挥图片和视频的流动、直观和色彩特长,尽可能做到各媒体间的优势互补、取长补短,而不是采取大而全、五味俱全的杂烩汤方式。

《世界报》网络版的读者主要是 35 岁以下的青年,他们过去并不读《世界报》,许多人看过网络版后对这份报纸产生兴趣,进而购买或订阅,网络版就成为通向文字版《世界报》的桥梁,为提高《世界报》本身的发行量作出了贡献。

《世界报》的领导层坚信媒体的生存之本仍然是内容至上,虽然在法国,看传统报纸的读者越来越少,电子版越来越受欢迎,但报纸的内容还是人们需要的。因此他们致力于不断打造《世界报》的品牌,他们要求编辑记者不断提高新闻的质量,提高新闻的可信度,从而提高报纸的权威性。在新媒体时代,传统报纸在向电子版或网站的转型过程中,品牌对受众是十分重要的。因为在新媒体时代,信息太多,受众难以辨别真相,在这种情形下,品牌的优势就显现出来,受众愿意选择的是有品牌的媒体。这也是为什么《世界报》网络版在法语世界如此受欢迎的原因。

目前日报的网站经营得越来越顺利,《世界报》网络版已经成为全报最成功的版面,利润提高了 30%,营业额达 1400 万～1500 万欧元。①

2011 年 3 月,《世界报》网络版又推出了手机报形式,一批资深记者在线和读者网民互动,在热点问题和重大事件的报道中取得了巨大的成功。奥斯卡之夜,《世界报》网站取得了 100 万的访问量,在 iPhoneE 版上甚至达到了 500 万的访问量。

## (二)和郝芬顿邮报合作,成立法语郝芬顿邮报网站

世界报集团领导人认识到新媒体在如今全球化时代的影响力巨大,必须积极寻找有实力的在线网站,和它们合作,以提升自己在年轻读者中的影响力。

---

① 于平安:《法国期刊业面临再次创新》,载《出版参考》,2007 年第 22 期。

郝芬顿邮报(*The Huffington Post*)是美国当今最具影响力的新闻博客网站,号称第一份“互联网报纸”。据美国在线流量网站(comScore)统计,郝芬顿邮报网站每个月的访问量达到3700万人次。[①]

赫芬顿邮报是专为“连线一代”(wired generation)设计的,抓住了他们注意力持续时间较短和沉迷社交媒体的特性。赫芬顿邮报上的新闻种类繁多,有可读性强的硬新闻,也有内容空洞的常规报道,虽然很多都是对其他媒体的报道改写而来,但原创比例正在逐渐增大。但最重要的是,该网站的很多报道中都会融合博客作者的大量评论。

赫芬顿邮报的成功秘诀是:娱乐性强、技术性高,这样它就可以为读者提供谷歌或社交网络所能提供的内容。无论其品牌知名度如何,其内容在搜索引擎里都具有高度的扩散性和可见性。

2011年10月10日,法国世界报集团、新独立出版公司(LNEI)和郝芬顿邮报媒体集团宣布创建郝芬顿邮报的法国版。他们的合作充分结合了郝芬顿邮报的强大平台和法国本土强大的编辑网络。法国世界报集团CEO路易斯·德利法斯(Louis Dreyfus)在宣布这一消息时说:“与这些具有强大影响力的新媒体合作比置身事外干瞪眼强。”[②]

① baike. baidu. com/view/5186726. htm

② 《互联网推动报业巨头艰难变革:全球化成主流》,http://news. cnfol. com/120316/101,1587,11992026,00. shtml

# 第二十二章

# 国际文传电讯社

国际文传电讯社(Interfax)成立于1989年,是俄罗斯非官方的通讯社,总部设在莫斯科。国际文传电讯社是国际文传信息服务集团的成员,专业从事有关中、东欧,巴尔干国家,俄罗斯及其他原苏联地区,高加索和亚洲地区20个新兴市场的商业、行业和金融信息报道。在国际文传的品牌下有30家公司在运营,其中新闻信息采集以国际文传电讯社为核心。

## 一、发展简史

国际文传电讯社创办时名为时事新闻社,在苏联解体的报道中成名。从20世纪90年代初期起,国际文传电讯社开始成为俄罗斯与原苏联国家新闻信息的主要提供者。国际文传电讯社在车臣战争、2008年8月高加索冲突的报道中都是领先发布新闻的媒体。国际文传电讯社也是俄罗斯及独联体地区经常被引用的信息源,每天及时传播并报道各类新闻信息,包括政治、社会、商业、体育、文化等。

国际文传电讯社在俄罗斯率先建立了全国新闻网,在每个联邦州都有分社。国际文传电讯社还建立了系列新闻中心,包括俄罗斯、乌克兰、哈萨克斯坦和阿塞拜疆在内的30个新闻中心,这在独联体地区是最大的。国际文传电讯社在乌克兰、白俄罗斯、哈萨克斯坦和阿塞拜疆等国都是市场领先的通讯社。

随着国际文传信息服务集团商业信息业务的发展,国际文传电讯社现在已经转型,以提供商业信息为主,建立了一些专门的行业新闻信息专线,如石油天然气、能源、金融信息等。在过去十几年中,国际文传电讯社作为集团的一员，开始面向中国以及中欧新兴市场提供政治与商业新闻，并成为重要的提供者之一。

2000年3月，国际文传电讯社成立中国分社，这是该社最后建立的一家驻外分社。自1999年进入中国以来，国际文传电讯社已在北京、上海和香港设立了记者站或联络处。国际文传电讯社中国分社是国际文传集团最大的海外项目，也是当前在华最大的外国媒体。2005年，国际文传电讯社中国分社推出了中国新闻的英语网站。

在向商业信息社转型后，国际文传信息服务集团重点发展搜索数据库、提供投资者关系和发布服务，这些业务由国际文传集团信息社运营，它运行俄罗斯最大的企业信息数据库——SPARK，这个数据库覆盖了俄罗斯、乌克兰和哈萨克斯坦的1200万家公司。国际文传集团提供经济分析报告的核心，是银行和保险公司评级报告，这些报告被冠以国际文传－100和国际文传－1000(Interfax－100 and Interfax－1000)的品牌。

国际文传集团与穆迪的投资者服务合作建立了穆迪—国际文传评级公司，在俄罗斯评级服务市场上处于领先地位。

2004年年底，国际文传集团与风险管理和商业信息服务公司益百利集团合作，开始涉足信用历史市场，利用数据和资料，提供商业情报，可以帮助客户制定和执行更好的业务和营销决策。

2005年，国际文传信息服务集团全球门户网站 http://www.interfax.com 改版并重新推出，国际文传旗下有俄罗斯、中国等独立域名子网站。

从2006年起，国际文传信息服务集团成为路透集团在俄罗斯的战略合作伙伴，主要提供投资者关系服务。

2008年，国际文传信息服务集团与邓白氏公司合资成立国际文传—邓白氏(D&B)合资公司，基于国际文传的SPARK数据库向国际客户提供俄罗斯公司的信息。

2009年，国际文传电讯社编辑出版《信息准则与规章》(*Information Standard and Charter*)，供俄罗斯多家院校的新闻系作为教材使用。这份100页的手册全面阐述了国际文传电讯社所采用的原则、规章以及职业准则，并给出了具体的实例。该手册由国际文传电讯社新闻业务负责人编写，一直以来都作为内部文档用于员工内部培训。

国际文传信息服务集团总裁米盖尔·科米萨说："作为原苏联的第一家私营新闻社，国际文传电讯社本着公正、独立、负责的原则，率先制订了全新的资讯新闻报道准则。我们勇于开拓，以经济与财经产品这种新的形式，为投资者和金融及商品市场参与者提供专业资讯。这已经成为其他许多俄罗斯媒体机构的行业标准。"①

国际文传集团积极与俄罗斯众多一流院校的新闻系开展合作。国际文传电讯社的记者在莫斯科国立罗蒙诺索夫大学（MSU）和俄罗斯国立高等经济大学（HSE）新闻高等学院讲授高级课程，国际文传电讯社还在莫斯科国立罗蒙诺索夫大学新闻系设立了特别奖学金。

## 二、基本情况

### （一）采集网络

国际文传电讯社在全球各地有超过 70 家分社、记者站，在伦敦、纽约、丹佛、法兰克福、香港等城市设有国际化的运营中心。②

### （二）人力资源

国际文传电讯社拥有超过 1000 名编辑和记者。

### （三）技术水平

国际文传信息服务集团开发了 IFX、EFIR、SPARK、SCAN 等一系列高科技新闻信息分析产品，帮助客户进行风险管理与营销决策。

SCAN（System of Comprehensive News Analysis，全面新闻分析系统）是国际文传集团开发的一套新闻和分析数据库，能够非常有效地分析媒体情况、监测新闻环境。其中包含 2000 多个资讯来源，如报纸、杂志、通讯社、互联网、广播、电视以及公司和人物的相关补充参考资讯。③

### （四）产品与服务

目前，在俄罗斯、独联体、中国与中欧国家有 30 家公司在国际文传的品牌下运营。国际文传信息服务集团用俄语、英语、乌克兰语、哈萨克语和德语等 7 种语言发布新闻并提供超过 100 种特定的产品服务。国际文传电讯社每天

---

① http://www.ldnews.cn/financial/cfinancial/200909/20090911095430.html

② http://www.interfax.com/txt.asp? rbr=1

③ www.scan-interfax.ru

播发 3000 篇新闻文章，包括每天和每周的行业分析报告、商业信息报告、实时新闻、市场数据和汇率报告。其产品可以通过电子邮箱发送，也可登录官方网站通过订阅账户在线阅读，覆盖的行业包括银行、金融、石油、天然气、能源、矿业、金属、食品和农业、医疗和健康、电信媒体技术、保险等。

### （五）用户和受众

国际文传信息服务集团为政治和商业决策者提供新闻与其他信息产品，固定读者及服务对象包括世界各大知名企业、投资财团、银行、证券公司及其他商业金融机构。

### （六）市场经营

国际文传信息服务集团是一家私营的传媒集团，总部位于伦敦和莫斯科，在全球 22 个国家和地区设有办事机构，旗下拥有 30 多家子公司。国际文传信息服务集团在美国、英国、德国以及波兰等国设有发行公司，能够更直接地为客户提供服务。

### （七）知名度

国际文传电讯社（Interfax）是俄罗斯最知名的独立新闻社之一，作为一家专业的新闻社，国际文传电讯社在全球范围内也有一定知名度。

## 三、特点与经验

### （一）转型以提供经济、商业信息和服务为主

国际文传电讯社现在已经转型以提供商业信息为主，国际文传信息服务集团提供政治和商业决策者需要的新闻及其他资讯产品，提供投资者关系服务。国际文传电讯社的产品和服务包括：新闻报道、证券交易所资讯、分析报告、可检索数据库、公司业务参考、评级与排名、信用报告、信息技术服务、信息披露以及举办记者招待会等。

### （二）建立了数据库，擅长资讯分析

国际文传信息服务集团擅长收集、储存和分发原创的高质量资讯，并提供创新的资讯交付解决方案，在这些方面积累了丰富经验。旗下拥有俄罗斯最

大的企业信息数据库——SPARK。

2009年，国际文传电讯社向全球一些专门从事俄罗斯研究的机构开放了其自1989年以来的新闻存档。这些存档资料包括国际文传集团内部各国家级、地区级和行业新闻机构报道的所有新闻。

研究者可以使用国际文传电讯社的SCAN新闻与分析数据库。该数据库中包含了国际文传电讯社自创始以来的全部新闻报道存档。SCAN的搜索引擎允许用户按正文、机构名称和人名进行搜索，并对资讯进行分析。

### (三)重视新兴市场尤其是中国

2000年3月，国际文传电讯社成立中国分社，在北京、上海、香港设有办事处，目前有约40名记者和雇员，是国际文传信息服务集团最大的子公司。国际文传电讯社中国分社有6条新闻专线，每周出版6种行业报告。[①] 2002年夏天俄罗斯国有商业银行俄罗斯外贸银行加入国际文传电讯社的中国项目，进一步推进了国际文传电讯社在中国业务的发展。国际文传电讯社的记者每天通过与官员、行业领导者、分析家、研究员、学者及遍布中国的联系网络直接沟通进行报道。

国际文传电讯社中国分社每周发行3种英文周刊：《中国能源周刊》、《中国金属周刊》和《中国信息产业与电信业周刊》，其内容聚焦中国大陆行业内的最新消息与动态、相关统计数据与分析，并重点报道中国最新出台的相关政策。股市行情栏目聚焦沪深及香港股市动态。周刊还开辟专栏，对行业重要事件及相关企业进行深度报道和调查。同时还开设了即时中国商业新闻专线网站。国际文传电讯社中国分社还提供客户需要的研究服务。

2005年国际文传电讯社中国分社推出网站 http://www.interfax.cn，提供英语新闻，新闻由国际文传电讯社在上海、北京和香港的三个记者站负责编写。这是国际文传电讯社中国新闻俄语网站的姐妹站，这个cn后缀的网站包含国际文传电讯社中国分社的所有英语新闻产品。目前“头条新闻”专栏在网站上对其他媒体免费开放。

国际文传信息服务集团总裁米盖尔·科米萨说：“国际文传电讯社中国分社目前是国际文传集团在国外最大的一个项目。中国分社所有成员的专业技能确保我们可以通过 http://www.interfax.cn 向国际读者提供世界级的新

---

① http://www.interfax.cn/content/about-interfax

闻内容。”[①]同时，这家网站还提供免费的国际文传中国商业电讯的摘录，以及每天早晚两次的中国媒体报道概要。国际文传中国分社为用户免费提供部分信息，希望他们将来能够加入客户群中。

---

① http://biz.cn.yahoo.com/050425/6/9fgj.html

# 第二十三章

# 《读卖新闻》

日本《读卖新闻》是世界上发行量最大的报纸，创刊于1874年，如今读卖集团已经发展成为一个庞大的多媒体帝国。

## 一、发展简史

《读卖新闻》于1874年11月2日创刊于东京。在它之前已有一些创刊更早的报纸，例如，日本最早的真正具有代表性的近代报纸《横滨每日新闻》（创刊于1871年）、在东京发行的最早的报纸《东京日日新闻》（《每日新闻》的前身，创刊于1872年）、《邮便报知新闻》（创刊于1872年）等等。这些报纸内容大都以政论性文章、硬派新闻为主，有一些是作为政治性言论机构存在的，高调谈论政治，纵论国家与天下，文体也都是十分晦涩的汉文体，以知识分子为读者对象，需要有较高文化程度的人才能读懂，因此这类报纸的读者不是一般的平民百姓。这类报纸被称为“大报”，与此相对应的是“小报”。“小报”不刊登社论、不涉及政治，也没有政论性文章，以市井传闻、孝子贞妇等美谈类的软性新闻为主，劝善惩恶、通俗易懂，文章中出现的日文汉字也都注上假名以便于识读，以不关心政治的民众为读者对象。《读卖新闻》就是以这样一种“小报”的姿态问世的。

《读卖新闻》创刊号是比B4尺寸略大的横向较长的一张纸。上下两段，两面印刷。刚创刊时是隔日出版，第二年5月转为日刊，第三年的1月改为纵向较长的尺寸，上下三段，共四个版面。当时的定价是8厘，每月订报费预付的话是25钱。当时木工一天的收入约为23钱。创刊时印刷了300份，但还是有不少没能卖出去。《读卖新闻》在叙述自己的发展史时称当时的发行量为

200份左右。报社想了各种办法扩大销售，例如在投递员背的报箱上印上报社的名字扩大影响等等。这些措施颇为奏效，第二年6月，销售量就达到了每天1万份。

《读卖新闻》在创刊号的广告栏中说："此新闻纸之宗旨在于通俗易懂地写出在教化女人孩童方面有益的事物，因此如有耳闻目睹之有益事物，请以谈话形式书写，并附上尊姓大名及府上地址投寄本报。"这段广告可以说是《读卖新闻》的办报宗旨，文字表述中的汉字部分都注有假名，可以让文化水平不高的人也能看懂，做到了真正的平民化。

《读卖新闻》在创刊时就有了一种明确的定位，这从"读卖"这一报纸名称的来由便可见一斑。"读卖"原来是江户时代瓦版的旧称。瓦版是日本近代报纸出现之前用来介绍各种社会事件、类似于传单的一种印刷品。瓦版以街头叫卖的方式销售发行，因为是边读边卖，所以也称作"读卖"。瓦版的形式图文并茂，内容多是社会事件，例如地震、火灾、报仇、殉情等各种奇闻逸事。瓦版不是江户幕府正式认定的东西，因此它不是定期发行的，也只有依赖边读边卖的方式销售。《读卖新闻》的特点之一就是沿用瓦版的这种方式，并且获得了成功，开拓出了很多和已有报纸读者不同的新的读者群，发行量大增。《读卖新闻》的成功促使更多新发行的报纸纷纷以普通民众为对象，使看报纸成为社会一大流行现象。①

1942年8月5日，《读卖新闻》与报知新闻合并，报名改为《读卖报知》。1946年5月1日，报名改回《读卖新闻》。同年7月1日，采用现在的报名题字。1947年12月6日，开始实施读者投票选当年"日本十大新闻"活动（票选海外十大新闻活动则从1989年开始）。1949年3月1日，早报第一版的时评栏目名称由《明窗》改为《编辑手册》，并成为常设栏目。

1950年6月1日，读卖新闻报社成为股份公司。1952年11月25日开始发行大阪《读卖新闻》。

1955年4月1日，《读卖新闻》发行英文报纸，现为 *The Daily Yomiuri*。1959年5月1日，札幌市的北海道支社（同年3月1日设立）开始在当地印刷报纸。1964年9月23日，读卖新闻西部总社成立。同年11月，在日本首次设立新闻奖学金制度，用以保障大学生等的学费。

1970年6月2日，《读卖新闻》在日本报界率先开设新闻综合解说、评论版

① 山田俊治：《大众报纸建立起的明治时代的"日本"》，日本放送出版协会，2002年，第13～17页。

“今日断面”。1971年10月29日，《读卖新闻》在东京大手町建成东京总社大楼。

1977年2月，日本ABC协会报告的发行量显示，《读卖新闻》居第一位（早报720万份）。同年7月1日，《读卖新闻》开始在纽约当地印刷报纸（至2003年）。1978年3月4日，《读卖新闻》开始每月举行全国舆论调查。

1986年10月19日《读卖新闻》引入电脑系统，东京总社所有版面实施CTS化，在制作过程中告别了铅字。同年《读卖新闻》开始在纽约发行卫星版。

1994年3月10日，吉尼斯大全再度认定《读卖新闻》发行量世界第一。同年5月，日本ABC协会报告的《读卖新闻》发行量突破1000万份大关，早报达到1001万份，为历史上首次。

1995年6月16日，读卖新闻总社开设网站，登载社论以及英文消息等。2001年1月，日本ABC协会报告的《读卖新闻》发行量达到有史以来最大的1031万份。同年5月10日，《读卖新闻》制定《读卖新闻记者行为规范》。

2002年7月1日，读卖新闻集团进行重组，在持股公司读卖新闻集团总社（渡边恒雄任社长）下，配置5家核心企业——读卖新闻东京总社、读卖新闻大阪总社、读卖新闻西部总社、中央公论新社、读卖巨人军。

2007年10月1日，《读卖新闻》与朝日、日经两家报社达成一致意见，开展互联网共同网站的运作以及报纸销售事业的业务合作等。2008年1月31日，日经、朝日、读卖互联网事业组合开设网站“新S ARATANISU”。

2009年2月10日，《读卖新闻》开始提供在线数据库“yomidasu历史馆”的服务，通过该数据库可以检索从报纸创刊开始的1000多万条消息。同年2月27日，《读卖新闻》与《华尔街日报》达成编辑、销售、印刷多方合作协议。

## 二、基本情况

### （一）采集网络

2010年8月的数据显示，《读卖新闻》有东京、大阪、西部（位于九州地区的中心城市福冈）3家总社，下辖海外总局、支局35家，国内分社343家，共378家。

《读卖新闻》海外的35家总局或支局包括欧洲的伦敦（欧洲总局）、巴黎、布鲁塞尔、日内瓦、柏林、法兰克福、罗马、维也纳、莫斯科、布拉格、雅典。北美和中南美地区的华盛顿（美国总局）、纽约、洛杉矶、墨西哥、巴拿马、里约热内卢。东亚地区的北京（中国总局）、上海、沈阳、香港、台北、首尔。东南亚地区的曼谷(亚洲总局)、马尼拉、新加坡、雅加达。大洋洲的悉尼。西南亚地区的新德里、伊斯兰堡。中东地区的开罗、耶路撒冷、德黑兰、伊斯坦布尔以及非洲的约翰内斯堡。

### (二)人力资源

《读卖新闻》东京、大阪、西部3家总社员工总数为5083人,其中男4387人、女696人。女性员工数比以前有了较大幅度的增加,但是仍然很少。采编人员总数不详,不过日本报纸的普遍情况是采编人员占员工总数的一半左右。[①]

### (三)技术水平

《读卖新闻》东京、大阪、西部3家总社中分别设有制作局、媒体战略局,制作局负责报纸的制作印刷,管理位于全国各地的印厂;媒体战略局负责报社网站、卫星电视频道及数字频道的运营、向相关有线电视台、调频电台以及地方报纸提供新闻,制作销售存有已刊发消息及图片资料的光盘。

### (四)产品与服务

《读卖新闻》分为早报、晚报,另外还发行有四五万份的英文报,及网上《读卖新闻》。

《读卖新闻》数据库2009年1月的报纸刊发消息有大约31.7万千条。数据库中存储有1986年9月开始的消息532万多条(截至2010年9月30日)。

《读卖新闻》东京总社1997年还开始了一项向地方报纸提供消息和图片的发稿服务。每天通过互联网发稿的数量为《读卖新闻》的消息大约120条,图片大约20张。地方报纸可以用《读卖新闻》的消息、图片来弥补自身的不足。这种双向互补合作体制的广泛构建是为了能进一步普及报纸。加入这一系统的地方报纸有34家,其中有一家还是国外的,巴西的圣保罗新闻社。

### (五)用户和受众

《读卖新闻》是世界上发行量最大的报纸。根据日本ABC协会2010年7月的统计,《读卖新闻》每天发行的朝刊(早报)为1001万份,比位居第二的《朝日新闻》(791万份)多出210万份,比第三位的《每日新闻》(352万份)更是多出649万份。

---

① 藤竹晓:《图说日本的大众传媒(第二版)》,日本广播出版协会,2005年,第43页。

《读卖新闻》读者层比较集中在从事体力劳动和事务性劳动以及工商服务业的人群上，无论从全国范围读者看，还是从东京版的读者看，这三个人群的合计比率都超过了61%。这些数据说明，该报的读者属于社会中下阶层人群。该报读者中高中毕业人群比率最高，全国范围读者为46.2%，东京版读者为44%。而大学毕业人群比率最低，全国范围读者为25.7%，东京版读者为27.8%，都低于其他全国性大报的读者水平。这些都证明其读者受教育的程度比较低。①

### （六）市场经营

读卖新闻集团总社成立于2002年7月1日，注册资本6亿多日元。渡边恒雄担任董事长、主笔。社长是白石兴二郎。2010年度的销售额为4230亿日元。集团拥有6个法人。

读卖新闻集团拥有180家子公司，主要拥有《报知新闻》（体育报纸，发行量达90万份）、《福岛民友新闻》（福岛县早报，发行量20万份）、中央公论新社等报纸。在出版集团之外，还有读卖旅行（年营业额超过100亿日元的日本国内的中坚旅行公司，职员1000人）、读卖理工学院（有IT、汽车整备等专科学校，报考者为高中毕业以上学历者）、读卖日本电视文化中心（在首都圈为中心的24个地区经营包括外语、绘画、书法、舞蹈等各种讲座业务）、读卖日本交响乐团（与NHK交响乐团并称为“两大交响乐团”）等等，这些产业都支持着读卖新闻集团的发展。

### （七）知名度

《读卖新闻》是日本的全国性报纸，具有相当的影响力。发行量几次被列入吉尼斯世界纪录。该企业在2006年度“世界品牌500强”排行榜上名列第500位。

## 三、特点与经验

《读卖新闻》2000年1月1日制定的信条是：“《读卖新闻》的目标是基于个人尊严以及基本人权的人本主义，追求负责任的自由。站在国际主义的立场上，为日本以及世界的和平、繁荣作出贡献。以追求真实公正的报道和勇敢

① 尹良富：《日本报业集团研究》，广州：南方日报出版社，2005年，第102页。

而负责的言论，来回报读者的信任。”

### （一）媒体设置议程，进行建言报道

得到国民的支持，把国民关心的问题作为《读卖新闻》的建议积极向政府提出，这就是《读卖新闻》的一大特征。《读卖新闻》曾经在1994年制定出一个宪法修正草案，在自己报纸上作为建言报道推出后引起各界很大争论。在那个特定时期《读卖新闻》提出修宪路线，受到普遍关注，报纸发行量因此扩大，影响力大增。[①] 2008年《读卖新闻》提出了有关养老金以及医疗改革的建言，系统、全方位地指出了适合超老龄化社会的社会保障应有的形式。

### （二）强调可读性

《读卖新闻》社长内山齐表示：“我们一直排除‘迎合大众’的论调。但是，为了维持并发展早报1000万份以上、晚报400万份的发行量，报道的可读性非常必要，即使是较难懂的政治、经济、国际问题，也要编得使中学生都能够理解才行。”

### （三）以办对读者有益的报纸为目标

《读卖新闻》以为读者服务和办对读者有益的报纸为目标。因此，编辑局设立医疗情报部和社会保障部，配置约30名记者，每天刊载有关健康和医疗方面的文章。目前设立这样部门的报纸只有《读卖新闻》，因此也受到读者很高的评价。[②]

比如，患病时该到怎样的医院治疗之类的问题，《读卖新闻》坚持10年以上一直报道这样的医疗信息，做过的这种栏目超过3600个；也报道关于社会保障的问题。时刻留意对大众有益的报道，主旨就是“关心一切对国民有益的事物”。[③]

---

① 滨田纯一、田岛泰彦、桂敬一：《新订新闻学》，日本评论社，2009年，第43页。

② 崔保国：《走进日本大报》，广州：南方日报出版社，2007年，第104页。

③ 崔保国：《走进日本大报》，广州：南方日报出版社，2007年，第104～105页。

第二十四章

# 卡塔尔半岛电视台

半岛电视台(Al Jezeera,阿拉伯语 ʕ,意为“岛”或“半岛”)是一家位于卡塔尔首都多哈的阿拉伯电视媒体,拥有阿拉伯语、英语频道,24 小时不间断播送世界新闻报道。半岛电视台地处冲突、战争不断的中东地区,在报道阿拉伯世界及巴以冲突等热点题材上具有西方媒体所不具备的地域、语言和文化优势,而且半岛电视台在新闻报道方面坚持不同于西方媒体的视角,从而引起了全世界的广泛关注,逐渐成为阿拉伯地区乃至世界上拥有重要影响力的电视媒体。

## 一、发展简史

1996 年 2 月,半岛电视台在卡塔尔成立,同年 11 月,新闻频道正式开播,当时每天播送 6 个小时的节目。1999 年 2 月,半岛电视台开始用阿拉伯语 24 小时不间断播送全球消息和报道,覆盖西亚、北非、北美等诸多地区。在半岛电视台建立之前,阿拉伯世界自己还没有一个 24 小时连续播出新闻的阿拉伯语电视台。

创办自己的新闻频道的想法最初是卡塔尔外交部部长贾巴·阿尔一塔尼提出来的。这一想法获得卡塔尔新上台的亲王谢赫·哈马德·塔尼的赞同,于是卡塔尔决定投资上亿美元创立卡塔尔半岛电视台。

半岛电视台成立时,正值 BBC 中东频道关闭不久,因此许多原来 BBC 的职员加入了半岛电视台,而且半岛电视台以高薪和享有完全自由的双重许诺,也吸引了一批 BBC 阿拉伯语部的记者,可以说是 BBC 为半岛电视台储备了人才基础,由此半岛电视台集中了众多阿拉伯电视新闻界的精英。

作为阿拉伯地区的第一家私营新闻电视台，半岛电视台一直致力于打造其在本地区的新闻权威地位。开播之初，为了增加收视人群，半岛电视台着力于播出海湾各国争议性事件，包括沙特、科威特、巴林和卡塔尔等各国政府新闻以及叙黎关系、巴以冲突等。

1998 年 12 月，当时美英战机连续 4 个晚上空袭伊拉克首都巴格达。空袭过后，各国都十分关心萨达姆的生死，这时萨达姆接受了半岛电视台的专访，向世人展示他依然活着。专访播出后半岛电视台初露锋芒。

2000～2001 年，半岛电视台播出的纪录片《黎巴嫩内战》在观众中引起很大反响。2000 年巴勒斯坦爆发阿克萨群众起义，半岛电视台立即将之列为报道的重中之重，并抽调精兵强将前往冲突地区。在其后一年多的时间里，半岛电视台播发了许多独家报道，逐渐成了外界了解冲突情况的首要媒体。随后就是塔利班炸佛事件。半岛电视台第一个向世界播放了塔利班炸毁巴米扬大佛的录像。正是对这三件大事的报道使半岛电视台确立了自己的地位。

2001 年“9・11”事件之前，半岛电视台就已经是拥有 4000 万观众、500 名职员的阿拉伯世界第一大电视台。自 2001 年年底起，半岛电视台开始借助默多克控股的天空广播公司向英国和欧洲地区传送节目。

“9・11”事件发生后，半岛电视台几乎与美国 CNN 同步，用阿拉伯语播放美国遭袭击事件的整个过程，并调动它在世界各地的记者站进行 24 小时跟踪报道。在 10 月 7 日美英对阿富汗实施空中打击开始后，塔利班政权宣布禁止各国记者进入阿富汗境内，而半岛电视台成为唯一能够进入塔利班控制区的电视台，利用这一优势，半岛电视台开始在阿富汗战争的新闻报道中独领风骚。

2003 年，伊拉克战争爆发，半岛电视台在报道中坚定自己的立场，受到阿拉伯人的欢迎，被称作“海湾的 CNN”。

2006 年 3 月，半岛电视台更名为“半岛电视新闻网”（Al Jazeera Network），扩增为国际性媒体集团，旗下包括半岛阿拉伯新闻台、半岛英语新闻台、半岛电视纪录片频道、半岛电视体育频道、半岛电视媒体训练与发展中心、半岛电视研究中心、半岛电视 Mubasher（现场转播）、半岛移动频道等。

现在，半岛电视台不仅为阿拉伯世界提供新闻，还通过卫星覆盖了全球的大多数国家和地区。

## 二、基本情况

### (一)采集网络

半岛电视台在全球有65个记者站，其中多数在南半球。①

### (二)人力资源

半岛电视台在全世界有超过3000名员工，其中包括400多名记者，他们来自60多个国家。② 现在半岛电视台多哈总部员工有上千人，其中30%是女性，这一比例在阿拉伯国家是非常少见的。半岛电视台的记者、编辑、技术人员几乎全是阿拉伯人。③

半岛电视台英语频道拥有员工1000多人。

### (三)技术水平

半岛电视台在发展路线上向西方媒体靠拢，以直播为主，采用大量先进技术和设备，为电视发展提供支持。

### (四)产品与服务

半岛电视新闻网旗下包括半岛阿拉伯语新闻(卫星)频道、半岛英语新闻频道、半岛电视纪录片频道、半岛电视体育频道等。除电视频道，半岛电视台还提供手机电视服务，另有一个英阿双语的网站。

### (五)用户及受众

半岛电视台在全球100多个国家有超过2.2亿收视用户。④ 半岛电视台在阿拉伯的地区影响力已经远远超过了所有的美国新闻网。

---

① 半岛电视台网站，http://www.aljazeera.com/aboutus/2010/11/20101110131438787482.html

② 半岛电视台网站，http://www.aljazeera.com/aboutus/2010/11/20101110131438787482.html

③ 刘笑盈：《异军突起的半岛电视台》，载《对外传播》，2009年第1期。

④ 半岛电视台网站，http://www.aljazeera.com/aboutus/2010/11/20101110131438787482.html

### (六)市场经营

半岛电视台的资金来自于卡塔尔政府。创办之初政府提供了1.37亿美元,初始目标是在2001年开始盈利,自给自足,然而这个目标没有能够达成。由于广告收入并不能够维持电视台的正常运转,卡塔尔王室每年会给予4000余万美元的资助。[①]

半岛电视台其他主要收入来自广告、有线电视接入、处理其他广播公司的节目、售出新闻节目(据俄罗斯《真理报》的消息,"半岛电视台播出的本·拉登录像声明,每分钟售价20000美元")等。

### (七)知名度

半岛电视台在"9·11事件"之后声名鹊起,成为在中东地区和伊斯兰世界最有影响力的电视媒体,被称为"中东的CNN"。

在2006年度"世界品牌500强"排行榜上,半岛电视台名列第497位。

## 三、特点与经验

### (一)采集播出支持全球化

半岛电视台在发展方向上向国际化和立体化方向不断迈进。在全球设有65个记者站,尤其是阿拉伯地区,对于热点地区更是提前布点,如阿富汗战争开始后,半岛电视台用独一无二的战地报道形式吸引了全世界的目光。半岛电视台能做到这一点,主要得益于它事先在阿富汗首都喀布尔建立的记者站。

为了保证24小时播出,半岛英文台摒弃过往新闻频道采用的"中心指挥"的方式,取而代之的是由其设在多哈、吉隆坡、伦敦、华盛顿特区的制作中心"接力式"地制作新闻。

### (二)采用西方的新闻运作模式

半岛电视台是西方全天候和负面新闻报道模式与理念的忠实学习者。半岛电视台模仿了CNN的很多运作模式:大量的现场直播和前方记者连线、24小时新闻滚动播放以及每周固定时间播出的大型栏目,在栏目形态上,也是模

① 《"装"独立的半岛电视台》,网易新闻,http://news.163.com/special/reviews/aje.html

仿加创新。而新闻作为半岛电视台的中心内容，每半小时播出一次。每天有三次播出时间超过 65 分钟的新闻节目，新闻报道方式以时事评论为主。

在当代的媒体竞争中，若想在第一时间发出真正属于自己的声音，首要的前提就是“我在新闻现场”。半岛电视台坚持哪里有新闻哪里就有半岛电视台记者的原则。美国袭击阿富汗战争中，半岛电视台的记者从轰炸现场发来的画面和文字报道阿富汗平民的伤亡。伊拉克战争期间，半岛电视台充分利用自己人员知名度的优势，组成 30 多人的报道小组深入伊拉克各个城市，从首都巴格达到南、北重镇巴士拉、摩苏尔，以及战况激烈的纳西里耶、纳杰夫，甚至不起眼的小城市乌姆盖苏尔、祖拜尔，几乎有战斗的地方就有半岛电视台的记者作现场报道。

## （三）立足阿拉伯世界，发出自己的声音

穆斯林和阿拉伯文化，对西方媒体来说是一道难以逾越的鸿沟，阿拉伯世界和欧美民众之间缺乏一个互相沟通的平台。半岛电视台抓住机遇，即时切入，填补了真空地带。阿拉伯新闻是半岛电视台的特色之一。在没有半岛电视台之前，外界了解阿拉伯国家的情况都是通过西方记者的报道，难免带有偏见，半岛电视台的崛起则让世人能够更加真实准确地了解阿拉伯世界。半岛电视台的全球新闻近年来更是受到人们极大的关注，一旦发生国际大事，人们在习惯性观望西方媒体态度的同时，也不忘关注半岛电视台，并且这种欲望越来越强，因为相对于西方主流媒体千篇一律的言论，半岛电视台的报道常常能给人耳目一新的感觉。

半岛电视台的新闻制作手法与 CNN、BBC 相类似，但半岛电视台又有 CNN 所不能比拟的阿拉伯和伊斯兰电视台的优势。半岛电视台不完全追随西方媒体，它具有更强的独立性，完全以自己所追求的职业化、专业化立场报道阿拉伯世界。半岛电视台的发展策略以拓宽阿拉伯人视野、更新阿拉伯人观念为宗旨，坚持放眼全球的原则，并把主要精力放在关注伊斯兰世界的种种问题上，他们尤其注重寻找独特的视角，以阿拉伯人的观点报道出被西方媒体忽视或忽略掉的，发出与西方主流媒体不同的声音。半岛电视台的所有节目都是自己制作的，作为穆斯林和阿拉伯国家与发展中国家的受众，人们更愿意看到来自自己阵营的媒体，这是半岛电视台的受众优势，更是半岛电视台本土化策略的胜利。在海湾地区，无论走到哪里，只要有阿拉伯人在看电视新闻，大都是在看半岛电视台的新闻节目。

### （四）制造冲突，打破中东地区沉闷的媒介环境

半岛电视台敢于在阿拉伯世界做“第一个吃螃蟹的人”，冲破阿拉伯世界对媒体认识上的条条框框，挑战政府对新闻的某些限制，用自己活跃生动的节目在沉闷的媒介报道环境中脱颖而出。半岛电视台经常向阿拉伯传统文化挑战。它播出的政治言论触及很多阿拉伯世界的禁忌，如性、一夫多妻、政府腐败、妇女权利等等。在阿拉伯世界对新闻媒体严加控制的大环境下，卡塔尔政府也给予半岛电视台特权，半岛电视台是唯一能够不经当局新闻审查而自主播出新闻节目并发表评论的电视台。①

为了增强节目吸引力，半岛电视台经常制造冲突。半岛电视台新闻频道的谈话类节目常常涉及有关政治、社会、经济和宗教的各种敏感话题，而节目对于嘉宾的选择也是特意做到越有争议越好，以此来吸引更广泛的观众群。半岛电视台的新闻节目经常会有一些“敏感人物”露面，有时一个节目邀请嘉宾展开辩论，这些嘉宾来自两个积怨颇深的国家，有时他们在摄像机前会吵作一团，一些嘉宾狂怒咆哮之下还弄坏了音响设备。②

半岛电视台最具争议的，也最具代表性的节目就是《针锋相对》。《针锋相对》的节目模仿了美国有线电视网的《交锋》(Crossfire)，是一档政治类节目，每周二首播。节目由费萨尔·卡西姆博士主持，邀请两位意见完全相左的嘉宾对一个争议性的主题进行讨论，而主持人则在一旁煽风点火。争吵、尖叫、呼喊、恐吓、辱骂、拂袖而去等情况常常出现在节目现场，观众的电话参与也不采取任何延时直播一类的保护措施而直接播出，在阿拉伯地区，如此高自由度的节目无疑具有革命性的意义。

### （五）原生态报道，努力成为对立两面的中间者

半岛电视台的节目理念是“意见和异见”，试图努力地成为对立两面的中间者，从一个公正的立场来看待事物的两个方面，从而达到反映真实的目的。另外就是强调新闻的原生态，以快速播送全球各地的即时新闻和组织主题尖锐的国际政治辩论见长。

半岛电视台坚持平衡、独立、公正的报道原则，其准则是“一个观点、另一

---

① 刘耐霞、乔哲：《从半岛电视台看发展中国家如何提高国际传播力》，载《湖北广播电视大学学报》，2008年第9期。

② 刘笑盈：《异军突起的半岛电视台》，载《对外传播》，2009年第1期。

个观点"，表明其允许各种声音说话的胸怀。作为一个政治上完全独立的电视台，半岛电视台总是在重大新闻事件发生后，尽量把冲突双方的意见不经新闻检查，无删节地客观发表。因此，半岛电视台既全文发表布什、沙龙、布莱尔的讲话，也发表本·拉登的讲话。在报道形式上，半岛电视台总会适时报道美国官方的反应，在内容的选择上站在人道主义立场上还原残酷战争的本来面目，并不凸显强烈的反美意识和煽动强烈的民族感情。半岛电视台还有一些"脱口秀"节目，以敢于探讨阿拉伯和伊斯兰世界的敏感话题而赢得了广大观众。这种开放态度不但为不同意见者的交流提供了一个平台，同时也提高了半岛电视台的声望。

# 第二十五章

# 《金字塔报》

《金字塔报》是埃及的著名大报，现已从单一的报纸经营产业向多产业拓展，成为内容丰富、组织庞大、体系完善的报业托拉斯集团。《金字塔报》的报头标志是金字塔。开罗的城外有 3 座金字塔，《金字塔报》以其巨大的影响力被称为“第四座金字塔”。

## 一、发展简史

### （一）初创：模仿英美大报风格

1875 年 12 月 27 日，两位黎巴嫩人——萨利姆·塔克拉和比沙拉·加布雷勒·塔克拉兄弟在埃及亚历山大城创办了《金字塔报》。创刊前，萨利姆向埃及总督提出申请，希望能得到出版《金字塔报》的许可证。通常申请许可证的手续如下：倘若申请人是埃及人或是阿拉伯人，应该向外交部提出申请，然后由外交部呈报总督。假如申请获准，就在报上公开宣布。在申请报告中，萨利姆论证了在亚历山大城发行《金字塔报》的益处，说明该报将刊登电讯、商业、科学、农业和地方新闻等消息，也将出版有关词法、句法、语言学、医学、数学、历史学、趣闻、诗歌和文学小说等书籍，并表明这些书报绝不涉及政治问题。1876 年 8 月 5 日，塔克拉兄弟在亚历山大发行了第一期报纸。第一期《金字塔报》的刊头如下：正中是两座金字塔，金字塔之间是狮身人面像，狮身人面像的上面、两座金字塔的中间是阿拉伯文的刊名“金字塔”，刊名上方是一弯新月，新月的月牙里是一颗灿烂的星星。

创刊之初，《金字塔报》的形式为一份四页纸的周报，进行商业化经营，是埃及第一家不受政府资助的报纸。早期的《金字塔报》注意吸收先进技术，首先在埃及使用活版印刷，采用记者采访形式。该报风格上模仿美英大报——美国《纽约时报》与英国《泰晤士报》，积极发表政见，及时报道商情，倡导摆脱宗教束缚，并传播科学文化，被誉为“埃及升起的一颗文明新星”。1879 年一度遭封闭。1881 年 1 月 3 日复刊后改为日报，报纸风格与经营模式不变。1900 年《金字塔报》迁址至开罗，仍由塔克拉家族经营。不过，直到 1952 年“7·23”埃及革命前，《金字塔报》一直在接受英美及埃及王朝的津贴，也自然会维护英美等西方大国及埃及封建王朝的利益，不能做到真正的独立，以及其所倡导的与政治分离。

### (二)转型:半官方的政府喉舌

20 世纪四五十年代，埃及风云多变，本应是《金字塔报》新闻事业蓬勃发展的一大机遇，但《金字塔报》却因内部高层的变动而使报社的发展遭遇瓶颈。20 世纪 40 年代中后期，《金字塔报》的发行人和主编相继去世，继任者竟是一个几乎不懂阿拉伯语的人，办报的方针和举措也受到世人诟病，导致《金字塔报》的质量严重下滑，失去了大批的读者与市场份额。这一时期，报纸发行量从每天 10 万份下跌到 6.8 万份，报社也在 1945 年至 1955 年间亏损 50 万埃镑。埃及资产阶级革命时，《金字塔报》为革命进行积极的舆论宣传。埃及革命后的 1957 年秋，埃及政府接管了该报 30% 的股份，政府开始控制该报，任命著名记者穆罕默德·哈桑宁·海卡尔为总编辑，鼓励其通过改革让《金字塔报》重振雄风。1960 年 5 月，政府进一步将《金字塔报》收归国有，使之成为半官方的政府喉舌。

海卡尔于 1956 年至 1974 年间任《金字塔报》总编。海卡尔毕业于开罗大学新闻系，曾在《埃及公报》(英文报纸)、《最后一点钟》、《消息报》等著名报刊担任记者、编辑和主编。他不仅在埃及新闻界知名度很高，而且还是埃及总统纳赛尔的密友。在他的改革措施里，首先要求必须要有明确的办报方针与鲜明的政治倾向。其他改革措施包括:大量录用人才，训练报社新人;建造新的办公大楼，购置现代化印刷设备，提高工作效率。他特别注重报纸的头版，强调客观报道新闻，提高标题质量;开辟“社论版对页”，加强编读往来;建立专家学者组成的战略研究中心，提供新闻报道背景材料与研究性文章;成立“《金字塔报》广告社”，出版金字塔经济学家杂志和国际事务杂志，建立海外发行系统，等等。

海卡尔的改革卓有成效。到 1958 年年底，《金字塔报》日发行量增至 12

万份，报社随之转亏为盈。1960年，海卡尔被任命为《金字塔报》董事长。1964年年初，海卡尔对《金字塔报》再次进行重大改革，开辟每周国际评论专栏，亲自撰文综述国际重大问题，还将报纸增至12版，星期五出增刊。海卡尔的改革使《金字塔报》获得了新生，并跻身于世界先进的报业行列，享有"东方报业帝国"的盛誉。自海卡尔改革后，《金字塔报》得到长足发展，影响力逐渐达到巅峰。后任《金字塔报》的董事长兼总编辑伊卜拉欣·纳菲尔是阿拉伯新闻联合会主席，也是总统穆巴拉克在埃及新闻界的密友。纳菲尔每天为评论专栏写一篇当前重大事件的文章，每周五为周末版写一篇政治性的文章。从1962年加入《金字塔报》开始，纳菲尔报道过许多重大国际事件，采访过中东地区所有国家和地区组织的领导人以及许多西方国家领导人。《金字塔报》文字清新活泼，内容丰富多彩，并为新闻内容提倡深度报道与解读，因此深受读者好评。更重要的是，该报基本上均反映政府观点，政治倾向明确，在政府支持下迅速成为埃及乃至非洲最有影响力的报纸。

### （三）现状：典型的报业托拉斯

《金字塔报》是一家比较严肃的政治性报纸，每天在夜间10时、凌晨1时30分和3时30分三个时间定版，共出40个版，约10万字的容量，被称为埃及的"新闻王国"。该报采取各种措施争取读者，不断扩大发行量，增强在国内外的影响力。该报还出版系列报刊，建立埃及历史上第一个报业集团。如今，报社经营项目包括：印刷中心、广告代理公司、微缩资料系统和计算机中心、出版发行公司、翻译服务公司、投资公司等，金字塔报集团已发展为典型的报业托拉斯。不过，《金字塔报》虽然是一个庞大的报业托拉斯集团，却并不涉足广播电视业，原因是政府对广播电视控制较严，而且《金字塔报》的经营理念仍然是办报，子报子刊杂志也大都与主报密切相关。

## 二、基本情况

### （一）采集网络

目前该报拥有7个海外站点，分别是伦敦站、美国站、俄罗斯站、土耳其站、迪拜站、纽约站和吉达站；另外在8个国家设有驻外记者，分别是奥地利、希腊、卡塔尔、伊拉克、也门、巴林、巴勒斯坦、阿尔及利亚。

## (二)人力资源

《金字塔报》有员工1.2万名，其中采编人员为400多名。[①] 为推动经营创新，培育新闻人才，《金字塔报》建立起一套有效的管理机制。报社提倡团队精神，同时鼓励内部员工良性竞争，实施激励机制。报社拉大采编人员与一般员工的工资档次，每年为采编人员普调20%的工资，调动编辑记者的积极性。

## (三)产品与服务

《金字塔报》用阿拉伯文早、中、晚三次印刷出版，另有周末版。《金字塔报》一般为24～28版报纸，价格为1埃镑(1美元约合6埃镑)。

《金字塔报》出版发行的品种包括纸质报纸、电子报纸、在线电台、网站和手机报等。除《金字塔报》、《金字塔晚报》外，还用阿、英、法等文字出版10多种杂志，内容涉及政治、经济、文化、社会、家庭、军事、体育等领域。《金字塔报》还出版发行有相当深度的社科类研究丛书和战略发展报告。《金字塔报》办有两份国际版的周报，即以英文形式付印的《金字塔周报》(*Al－Ahram Weekly*)，以及法文版本的《金字塔周报》(*Al－Ahram Hebdo*)。《金字塔报》的英文网站是金字塔在线(Ahram Online)，网址为English. Ahram. org. eg，是一个持续更新的国际性新闻网站。从2005年开始，报社出于商业利润的考虑，规定除《金字塔报》外，子报子刊不再提供免费上网阅读服务，读者需花钱订购。

## (四)用户和受众

自海卡尔建立海外发行系统以来，《金字塔报》不断发展完善国际传播系统。该报拥有5个境外印刷点，即伦敦、纽约、法兰克福、迪拜和科威特城。除当天发行到埃及各地外，该报还以固定的渠道发行到阿拉伯各国以及欧洲一些国家。目前《金字塔报》在全球的日发行量近百万份，成为具有世界影响力的国际性阿拉伯文日报。

## (五)市场经营

作为国有新闻机构，金字塔报业集团经营主要依靠政府的财政扶持，并在

---

① 胡冠:《走近阿拉伯报业》,http://www.jhnews.com.cn/zt/2008－06/17/content_164882.htm

政府的政策保护下参与国际竞争。政府减免其报业税收，以国家新闻法的形式保证编辑记者的最低保底薪酬，并不断制定政策提高其待遇。

### （六）知名度

埃及《金字塔报》是世界上最早出现的报纸之一，国际知名度很高，早在1988年就曾被世界报纸指南组织列入“最佳国际报纸”之一。[①] 目前，《金字塔报》已成为埃及以及非洲经久不衰、最具影响力的报纸。

## 三、特点与经验

### （一）重视国际新闻采编

《金字塔报》追求新闻时效，特别重视国际新闻的采编，不断加大国际新闻的报道力度。每天均有重大国际新闻被报道并印刷出版，其中不乏许多深度报道与全面分析的力作。该报编辑以最新消息为准进行随时改版，连续报道国际事件事态的发展，遇有国际重大事件，如果埃及中东社和该报记者尚未发稿，便直接发布反应最快的国际媒体的新闻报道。

目前，《金字塔报》日均发稿量约为140条，包括文字稿和图片图表漫画稿，其中若文字配图不单计。该报采编机构设置如下：发稿中心、消息部、突发事件和重大问题部、体育部、经济部、调研部、阿拉伯事务部、国际新闻部、国内新闻部、信息部、环境部、宗教部、摄影部、科学部、议会部、军事部、对外部、文化部。其他编辑室还有：娱乐新闻编辑室、妇女新闻编辑室、周五特刊编辑室、勘误室、联络室。

《金字塔报》重视与国际媒体的交流合作。旗下的研究中心定期召开埃及、阿拉伯、国际三个层次的学术研讨会，用以促进《金字塔报》与国际新闻界的合作与交流。2009年，今日中国杂志社访问《金字塔报》。《金字塔报》明确表示要与中国媒体开展合作。交流合作方式包括：签订友好媒体协议、接受人员培训、相互推介稿件、组织记者采访、进行高层互访、进行版面合作，合作采写稿件，等等。《金字塔报》通过上述方式，利用当地媒体向读者投送期刊，扩大国际影响，特别是根据国际受众的文化习俗与阅读方式合作采写稿件，扩大

① 胡冠：《走近阿拉伯报业》，http://www.jhnews.com.cn/zt/2008－06/17/content_164882.htm

其国际传播的管道。

### (二)受众群瞄准阿拉伯世界

作为埃及的官方阿文报纸,《金字塔报》一直将目光投向阿拉伯受众群。《金字塔报》是阿拉伯国家中创办最早的报纸。早在1950年,中东研究机构就形容《金字塔报》对阿拉伯受众的影响,相当于《泰晤士报》对英国人、《纽约时报》对美国人的影响。金字塔报社发行了两个阿拉伯语版本,一个瞄准阿拉伯世界,另一个和英文版、法文版一起指向国际读者。瞄准阿拉伯世界的版本名为 *Al Ahram Al Arabiya*,主要为阿拉伯世界的读者及移民阿拉伯国家的埃及人服务。这一版本以阿拉伯文的日报形式在巴林、沙特阿拉伯、科威特、阿拉伯联合酋长国等中东、海湾地区发行。阿拉伯语的国际版名为 *Al Ahram al Duwali*,自1984年起以日报形式在伦敦出版,在伦敦与巴黎两地同时印刷,并在整个欧洲、美国、加拿大与埃及发行。

《金字塔报》每版内容通常为:1版为时政要闻及本刊重要消息索引,偏向国内领导层动向和时政要闻,间或有国际时政要闻;2版为埃及广播电视消息专版;3版为政经社文要闻版;4版、5版为内阁、议会消息版;6版为埃及国内政治或涉埃政治版;7版为调研文章版;8版为世界时政新闻版;9版为阿拉伯时政新闻版;10版至12版为专家学者观点文章;13版为广告;14版为地方新闻版;15版为各省新闻版;16版至19版为体育版;20版为经济版;21版至23版为旅游版;24版为饮食健康妇女儿童版或社会生活版;25版为宗教理论文章版;26版、27版的内容包括漫画、小游戏、讣告、贺信或寻人启事等;28版为广告与娱乐新闻版。各版内容结构大致如此,但每日报纸中各版顺序有所不同。每逢周五付印报纸为40版,除上述内容外还有车市、楼市信息。另外附赠8版的文化专刊。内容与近期阿拉伯的文化活动有关。如2011年12月16日附赠内容就是有关悼念埃及伟大文学家纳吉布·马哈福兹的文章。

如今,《金字塔报》已发展为中东地区及阿拉伯世界最有影响的阿拉伯文日报。埃及国内以及阿拉伯世界的新闻多数由该报记者采写,头版的重要消息绝大部分出自该报记者。为提高时效和报道质量,报社在记者之间开展竞赛活动,在编辑部设记者工作成绩表,将记者采访数量和质量、记者漏报重要消息的次数列入表内。由此,该报独家新闻的出稿率超过了埃及国家通讯社中东社,在阿拉伯新闻界处于极高的地位。前埃及总统穆巴拉克每天都看《金字塔报》,阿拉伯世界的政治经济精英以及各界人士绝大多数都看《金字塔报》。《金字塔报》旗下的经济周刊在阿拉伯世界也有重要影响。从埃及辐射至整个阿拉伯世界，《金字塔报》具有思想中心的地位和舆论影响的作用。

### （三）政府支持参与国际竞争

《金字塔报》被认为是政府的半官方喉舌。《金字塔报》总编辑历来由总统任命，同时也是总统智囊团中的重要成员。《金字塔报》经常反映官方观点，阐述政府内外政策。例如，海卡尔任总编辑期间，曾在该报头版连续发表长篇政治述评文章。2005 年 7 月 4 日，政府完成对金字塔报报业集团的大规模改组，包括对报团最高层的任命，以及促使其加大编采分开的改革。2010 年 9 月，《金字塔报》受到辛辣批判，起因是报纸修改埃及总理与美国、巴勒斯坦、以色列和约旦等国领导人会见的照片，将穆巴拉克的位置从五位领导人中的最右边挪到了最前面。

金字塔报业集团经营主要依靠政府的财政扶持，政府规定《金字塔报》每份售价 1 埃镑，而将《国际先驱论坛报》、《泰晤士报》等西方大报定价为每份 30 埃镑，是《金字塔报》售价的 30 倍。政府还将金字塔战略研究中心所出著作定价约 30 埃镑，而将西方著作定价为其数十倍。这样，政府为金字塔报报业集团提供了若干优惠政策，帮助其抵御国外报业同行的竞争。

### （四）以思想库提升国际影响

《金字塔报》的影响力来源于其所拥有的人才宝库，被称为"智慧能源"和"思想库"。《金字塔报》在与学者的沟通方面极为突出。《金字塔报》为学者提供了公开发表其研究成果的机会，学者的介入也提升了《金字塔报》的品质与国际影响力。比如，很多文学家都担任过该报社长或总编；该报的编辑记者中有许多国内外知名的优秀学者；聘请著名作家撰稿，为读者提供一些文学家和思想家的专栏，把文化艺术版办得有声有色；作者队伍中拥有一批知名度高的学者，加强了报纸评论的权威性，有助于扩大报纸的发行量。报社的许多专栏编辑很容易约到学者的高质量稿件，因为这些作者均与报社有密切联系。

报业集团旗下的金字塔战略研究中心是一个相对独立的研究中心。联合国前秘书长布特罗斯·加利曾担任中心主席。该中心专门从事重大国际问题和阿以争端的研究工作，为国家的战略决策提供意见和依据，地位相当于美国的兰德公司，是埃及首屈一指的智库甚至阿拉伯世界的思想库。中心与埃及外交部关系密切，每当国际重大突发事件发生，外交部都会邀请中心的研究人员共同讨论并研究对策。中心研究人员多为博士，来自世界各国，学术素养与专业素质均很高。在编专业研究人员不多，但聘请的编外研究人员几乎囊括了埃及所有的知识精英，许多国际知名的学者也应邀参与中心的研究工作，其研究成果因此备受世界关注。中心的研究刊物被世界各国的政府机关与研究机构订阅，还出版了许多具有国际影响的论著。研究人员既是学者，又是《金字塔报》的重要撰稿人，为报纸提供及时的新闻报道背景材料、研究性文章与深度的国际评论。这些研究人员及其文章提升了金字塔的发行量，并成为《金字塔报》无形的品牌资源，为报社创造了独特的国际知名价值。

# 第二十六章

# 《印度时报》

《印度时报》是目前世界上发行量最大的英文对开日报，有超过 300 万的日发行量和千余万的读者群；同时，《印度时报》的网络版得益于与门户网站的合作，拥有世界上最大的报纸网站点击量。

## 一、发展简史

《印度时报》1838 年在孟买创刊，当时叫《孟买时报》。每星期三、六出版。1850 年改为日报。1861 年 5 月与《旗帜报》、《电讯与信使报》合并，改用现名。原为英国贝内特·科莱曼有限公司经营，后被印度达尔米亚·贾殷财团收购。

尽管印度仍是一个并不富裕且存在大量文盲的国家，但却拥有世界上最大的报纸读者群。尤其是近些年来，经济发展迅猛，以及总体的互联网普及率仍然很低（目前仅有 150 万家庭用户、覆盖 1300 万人）等原因，印度国内的报业市场很繁荣，增速依然较快。2009 年，在世界遭遇金融危机、全球报纸日发行量下降的情况下，印度报纸的日发行量依然增长至 1.1 亿份，读者数量超过 2 亿人，报业广告增长率达到 25％。①

目前，印度全国报纸的数量达到创纪录的 6 万种。发行数量最多的日报是印地文报纸，有 2600 多种，英文报纸有 400 多种。然而，尽管没有数量优势，但在印度社会政治生活中，英文报纸的地位却要高很多，英文媒体对印度外交决策具有重要的舆论影响力。在这其中，《印度时报》的影响力首屈一指。

---

① 廖政军：《印度报业“老大”地位难撼动》，载《中国新闻出版报》，2011 年 12 月 1 日。

它是世界上发行量最大的英文报纸，2010 年，该报日平均发行量已经达到 343 万份。《印度时报》读者主要为知识分子、商人、官员等社会主流阶层。该报每日出 12～20 版，广告占 50%～70%。

《印度时报》的网络版是英文报纸中点击量最大的。《印度时报》网络版与门户网站合作，向登录用户提供其他新闻网站没有的新闻信息。《印度时报》的网络版是世界上访问量最大的英文报纸网址，超过《纽约时报》、《太阳报》、《华盛顿邮报》、《每日邮报》和《今日美国》。[①]

《印度时报》的扩张能力也不容小觑。印度腹地广大，很长一段时间内，有能力跨越省界的报纸比例不高，所以地方特色报、方言报，多能独霸一方。近几年来，由于外资的进入，很多大报开始广泛设置地方版。目前，《印度时报》已经走出传统阵地新德里和孟买这样的大城市，开始在其他城市制作发行地方版本。《印度时报》总部在新德里，但在全国有 8 个不同版本，其中只有一个评论版是全国统一版本，其他各版都不相同，不同发行地区可根据当地读者需要设置版面和提供消息。

## 二、基本情况

### (一)采集网络

《印度时报》是最早派出驻华记者的印度媒体。

### (二)产品与服务

《印度时报》在印度全国有 8 个不同版本，不同发行地区可根据当地读者需要设置版面和提供消息。

《印度时报》网络版与门户网站合作，向登录用户提供其他新闻网站没有的新闻信息。

### (三)用户和受众

《印度时报》读者主要为知识分子、商人、官员等社会主流阶层。根据世界报业协会的统计，2003 年印度发行量最大的日报是《印度时报》，发行量 213 万份；2010 年《印度时报》仍然是印度发行量最大的日报，发行量则上升到 388

---

① http://en.wikipedia.org/wiki/The_Times_of_India

万份，在世界报纸发行量排名从2003年的第15位猛然上升到2010年的第3位。[①]

根据美国互联网流量跟踪分析公司ComScore的数据，2009年5月，《印度时报》网络的访问量接近1.6亿次，是世界上访问量最大的英文报纸网址。

### （四）市场经营

基础雄厚、影响力不断扩张，给《印度时报》带来了良好的经济效益。该报的广告收入在印度名列前茅，报社大楼坐落在首都新德里的巴哈杜尔·沙阿·扎法尔街，这里是市中心最繁华的地段。《印度时报》与其他40余份报纸组成了印度时报报系，其中，达尔米亚家族财团控股25%，主管经营；贾股家族财团控股12%，主管编务。[②]

### （五）知名度

《印度时报》在印度中产阶级和上层社会当中有着广泛的影响力。

## 三、特点与经验

印度英文媒体是印度与外部尤其是西方之间联系的一个平台和纽带，英文媒体非常关注国际问题，报纸上的国际新闻就像面向外部世界的窗口，信息与价值观借此流通互动。同时，由于印度的政府官员、知识精英及对外交政策有影响力的人士都讲英语，就使得英文媒体对印度外交决策产生了潜移默化的渗透力和舆论影响力。

### （一）关注美欧和南亚，不太重视亚洲整体

在《印度时报》的国际新闻报道中，现实利益、地理优先性与文化/历史纽带决定着新闻报道的数量。

鉴于《印度时报》的读者主要是中产阶级及以上的人群，这样的家庭大都有亲人在美国读书；同时，印度服务外包的客户大部分在美国；再者，一段时间以来，美印关系声应气求，颇为融洽，这样，三管齐下，美国受到了比其他任何国家更多的关注，有关美国的内容占据了国际版发稿量的第一名。相形之下，

① 陈中原：《迎接世界报业大变革的时代》，载《新闻记者》，2012年第10期。

② 陈力丹：《印度独立后新闻业发展的四个特征》，载《国际新闻界》，2001年第5期。

因为除了军事合作，印、俄之间缺乏民间与经贸交往，俄罗斯正在逐渐淡出《印度时报》的视线。

印度自身所在的南亚一直比其他地区受到更多关注。与印度有过三次战争的核国家巴基斯坦，占据着该报国际新闻版第二的位置。然而，《印度时报》对于亚洲整体的关注仍嫌不够。其实，这也是亚洲媒体的一个共同点：近些年来，尽管网络化的黏性使亚洲国家间的互动越来越密切，但是，各国的媒体对彼此的关注度并不高。2008 年，一项针对亚洲国家主要报纸的调查显示，《印度时报》事关美国的新闻发稿量是与亚洲（包括中东）的发稿量相当。①

在《印度时报》的历史上，一种报道模式形成后会产生强大的惯性或惰性，不会轻易因国际关系权力格局的变化而改弦易辙。比如，通过对冷战前后暨 1985 年至 1993 年期间《印度时报》的内容分析发现，该报的报道框架和思想一旦确定，很难改变：虽然国际权势格局已经从两强争霸转变为一超独霸，但《印度时报》的报道仅是多了些对经济问题的关注，地区优先性的预设并无太多变化——新闻注意力并没有因世界格局的新动态的干扰而分散。②

### （二）为实现"有声有色的大国"制造有利舆论

自摆脱英国殖民统治、印巴分治以来，世界大国的目标一直让印度梦绕魂牵、孜孜以求。印度独立后首任总理尼赫鲁如此阐述国家雄心："印度要么做一个有声有色的大国，要么销声匿迹。"近些年来，得益于迅猛发展的经济和有利的国际格局，印度想成为全球性大国的愿望更加迫切。资本力量和政治力量的合谋得到了传媒力量的支持：在《印度时报》上，对大国身份的诉求，是"政治正确"，更是一种报道和解释框架。

2008 年 10 月 28 日，《印度时报》公布了印度总审计署一份最新调查报告。该报告措辞空前严厉，指出印度空军的飞行员培训体系和防空系统建设"漏洞百出"，根本无法满足保卫领空的要求。实际上，每个国家的军备建设都有"阿喀琉斯之踵"，不可能毫无缺点。印度空军的规模已经稳居南亚头牌，在世界范围内也排名靠前。但是，这种状况并不能让《印度时报》满意，它忧心忡忡地发问："面对两个拥有核武器的邻国与随时可能爆发的边境冲突，国防部

---

① 崔英宰：《在"在亚洲新闻媒体中描述亚洲国家：网络分析"》，载《2008 第六届亚洲传媒论坛——国家形象传播论文集》。

② Elizabeth C. Hansona：Framing the world news：The Times of India in changing times，Political Communication，Volume 12，Issue 4，1995.

的人却整天忙着查缺补漏；这不能不让公众怀疑，我们的军队真的准备好了吗？”

《印度时报》是主流英文媒体的风向标，它的“忧天”引来众多“杞人”纷纷指责国防部门懈怠。面对舆论压力，印度国防部长承认，军方之所以在装备更新上裹足不前，主要是因为政府不肯提供足够的经费。他表示：“无论过去发生了什么，但我能保证事情正在走向正确的轨道，我们将尽快向空军提供任何他们想要的先进设备。”①

类似的报道还有很多。这样，不管是主观有意还是客观有利，《印度时报》都成了扩充军备者的同谋，通过制造舆论，助力印度打造一副钢铁骨架。

### （三）重视对华报道，但存在偏见

中国是最受亚洲各国媒体关注的焦点之一。这是中国经济30多年迅猛发展的结果。而因为地理相邻、历史恩怨和地缘政治等原因，印度媒体更是非常关注中国、重视对华报道。进入21世纪，面对中印同时崛起的局面，印度国内出现了一种同中国“较劲”的心态，中国的一举一动都备受关注。印度英文主流媒体争相挖掘中国新闻，以保持竞争力。“China”一词成为许多媒体增加收视率、吸引目光的灵丹妙药。

在对华报道方面，《印度时报》又走在了前面，它是最早派出驻华记者的印度媒体。② 近些年来，事关中国的稿件数量一直稳居该报国际新闻版第二的位置。同时，印度关于中国最有代表性的观点也多出自《印度时报》及其他一些英文主流媒体。

然而，尽管《印度时报》在报道国内容易引起公共生活矛盾恶化的问题时，偏见较少，且总是三思而行，③但是，在对华新闻报道上，它却与某些不入流的印度媒体一样，以追求耸人听闻为能事，诸如“中印边界爆发流血冲突”和“要10天内封杀中国手机”等有明显事实差错的假消息，始作俑者都是《印度时报》。

实际上，中印边境事务一直是《印度时报》制造噱头和假新闻的重灾区。

---

① 《印度空军日常坠机超700架 雷达难挡空中入侵》，载《青年参考》，转引自新华网。

② 梁建平：《立足竞争——印度报业管窥》，载《新闻与写作》，2001年第8期。2008年，《印度斯坦时报》撤销了驻俄罗斯的记者站，换到了中国。

③ Ashutosh Varshney ，Ethnic Conflict and Civil Society，India and Beyond，World Politics 53.3 (2001) 362－398

一方面，中印没有得到两国政府共同认可的边界协议和界碑，边境巡逻的军人在无意中误入争议地区的事并不鲜见；另一方面，为了节约成本，印度记者“走基层”去边境地区考察过的少之又少，不了解这一地区历史与地理的复杂情况。在这种情况下，在某些不愿看到中印关系不断加强的政治势力的裹挟下，《印度时报》某些编辑、记者很容易偏听偏信甚至无中生有。

《印度时报》国际新闻的观点来源也有问题。一些非政府层面的分析家、退役将领和退休文官，经常在该报上发表意见，影响公众对华认知。尽管印度官方在对华问题上保持和平立场，然而，印度非政府战略层面人士的对华敌对情绪却非常严重。2009 年印度主流英文媒体“反华歇斯底里”反映的其实是印度非政府战略层面精英的对华认知。

另外，经济利益的考量也在推波助澜。印度的媒体多为私营，依靠广告维持生存，点击率、收视率、发行量是媒体生存之本。为此，许多媒体不惜代价，千方百计地在首发新闻、独家新闻和深度报道方面赢得竞争优势。在此背景下，中国话题自然成了印度媒体吸引公众眼球、占领新闻市场的一个撒手锏。对此，BBC 曾经一针见血地评价道：“任何一家印度主流媒体，如果一期没有几条重要的中国新闻压阵，就很难拿出手。”①

经济利益当前，职业道德退位。有时，《印度时报》明知是虚假新闻依旧照发不误。譬如，在接到“中印边界发生流血冲突”的消息后，编辑打电话到国防部核实，国防部称绝无此事，纯属谣言。但《印度时报》前线记者认为新闻可靠，后方编辑也觉得事情重大，即便不实也能制造轰动效应，于是坚持刊发该条新闻。为了提高发行量，该报不惜把严肃的硬新闻当作可以炒作的娱乐软新闻来对待。

如此，在《印度时报》的对华报道中，就形成了一种迎合某些利益集团特殊需要的结构性谎言。实际上，近些年来，以《印度时报》为首的主流英文媒体，已经形成了如下的对华报道模式：首先寻找中印关系中的敏感话题，然后某家媒体捕风捉影在头版头条进行报道，接着其他媒体跟风炒作，短时间内这些虚假新闻形成强势影响舆论，最后官方察觉事态的严重性后出面澄清。②

幸运的是，读者和观众人数均超过英文媒体的印地语媒体并未对中国等

---

① 郑保卫、覃敏：《从印度媒体的对华报道看虚假新闻的“传播力量”》，载《新闻爱好者》，2011 年第 1 期。

② 郑保卫、覃敏：《从印度媒体的对华报道看虚假新闻的“传播力量”》，载《新闻爱好者》，2011 年第 1 期。

外部事物表现出相同兴趣，也不像英文媒体那样肆无忌惮地猜忌中国。同时，中国读者也很少直接关注《印度时报》的报道从二手渠道获知的一些无中生有的报道也极难引起关注国内问题与中美关系的普通中国人的兴趣，两国民间敌对情绪并未因此发酵。而且，两国政府对双方的真实态势和方向有更好的了解和把握，政府间的互动与媒体的选择性报道并不重合——当然，政府存心利用媒体的歪曲，通过制造民族主义情绪，来达到不正当目的的情况除外。

第二十七章

# 阿纳多卢通讯社

土耳其阿纳多卢通讯社(Anadolu Agency)创建于1920年4月6日,属于半官方通讯社,主要发布与国家相关的新闻与资讯。阿纳多卢通讯社是土耳其覆盖面最广、记者站最多的媒体。

## 一、发展简史

1920年,奥斯曼土耳其帝国议会被废除后,一些知识分子来到安卡拉,决定成立阿纳多卢通讯社。4月6日,阿纳多卢通讯社(AA)成立,17天后,土耳其首届大国民议会开幕,大国民议会宣布成立土耳其共和国的第一个立法就是由阿纳多卢通讯社发布的。

在土耳其解放战争时期,阿纳多卢通讯社的任务是向战争中的土耳其人民告知发生在世界各地的事情,同时也向世界公众舆论传播土耳其的要求和声音,阿纳多卢通讯社见证了土耳其的解放战争、各个阶段的民族斗争和改革。

1925年3月1日,阿纳多卢通讯社在进行西方通讯社式的改造后,成立了阿纳多卢通讯社公司,从此,阿纳多卢通讯社取得了自治地位。

2005年年底,阿纳多卢通讯社与新华社签订图片交换协议;2009年6月25日,两社签署了视频新闻互换协议。

2010年起,阿纳多卢通讯社任亚太通讯社组织(OANA)轮值主席国,阿纳多卢通讯社同时也是欧洲通讯社联盟的创始成员。

2012年3月11日,阿纳多卢通讯社在巴尔干地区开辟了地区办事处,用波斯尼亚语、塞尔维亚语和克罗地亚语发布新闻。高加索地区的办事处设在阿塞拜疆的巴库，用阿塞拜疆的突厥语和俄语发布新闻，而阿拉伯语新闻的总部设在埃及的开罗。

2012 年春季，阿纳多卢通讯社决定与阿联酋国家媒体委员会、阿联酋通讯社、半岛电视台、卡塔尔通讯社和科威特通讯社合作。

阿纳多卢通讯社从 2012 年开始提供库尔德语服务，3 月已经开始提供波斯尼亚语服务，2012 年 5 月开始提供阿拉伯语服务，在巴库提供俄语服务。

2012 年 4 月，阿纳多卢通讯社 92 周年社庆，阿纳多卢通讯社董事长兼总裁凯末尔·奥兹塔克(Kemal Ozturk)在周年纪念会上提出，阿纳多卢通讯社要成为一家有全球影响力的新闻机构，为此建立了百年计划，目标是到 2020 年成立百年之时，成为世界五大通讯社之一。到 2020 年，阿纳多卢通讯社将用 11 种语言发布新闻，拥有 7000 名用户，每天发 4000 条新闻、2500 张照片、400 条视频和 15 个图表。①

## 二、基本情况

### (一)采集网络

阿纳多卢通讯社在土耳其国内有 49 家分社、记者站，国际有 27 家分社，其中，欧洲 14 家分社，亚洲 11 家，美国 2 家。② 阿纳多卢通讯社在布局上重视周边国家，一半国外分社(13 家)设在周边。③

### (二)人力资源

阿纳多卢通讯社现有采编人员 584 名。④

### (三)技术水平

阿纳多卢通讯社的技术水平较为先进，拥有可进行互联网检索的图片数据库。阿纳多卢通讯社还建有分社记者站的通讯系统，每天早晨，所有区域主

---

① http://www.aa.com.tr/en/corporate－news/44007－－anadolu－agency－celebrates－92nd－anniversary

② http://www.aa.com.tr/en/corporate/64552－－international－offices

③ 参见阿纳多卢通讯社网站 http://www.aa.com.tr

④ 参见阿纳多卢通讯社网站 http://www.aa.com.tr

管和在其他国家的记者通过电视电话会议系统召开会议，会议被称为“编辑台”。

### （四）产品与服务

阿纳多卢通讯社每天提供600条常规新闻和60条特稿，每天发超过600张照片和140条视频。如果算上本地新闻和照片，这些数字还会翻倍。

产品分为主要新闻包（每天600条常规新闻）、独家新闻包（每天60条特稿）、最新消息包、网络新闻包（每天约150条最新消息）、经济新闻包（每天150条新闻）、体育新闻包（每天150条新闻）、视觉新闻包（每天150条高清画质视觉新闻）、英语新闻包、公司新闻包、欧洲新闻包、区域照片和新闻包（可供用户选择城市的新闻）以及照片包。照片包有一般照片包（每天600张照片）、预付费网络照片（服务新闻网站的低分辨率照片）和存档照片（超过130万张新闻照片），还有图表服务和网络视频包。

阿纳多卢通讯社提供代理的EPA照片（每天1500张照片）和Abaca新闻图片（每天300张照片）。

到2015年。阿纳多卢通讯社计划推出11种语言的新闻服务，包括用英语、阿拉伯语、俄语、库尔德语、汉语、法语、德语和西班牙语播发稿件。

### （五）用户和受众

阿纳多卢通讯社有近1200家用户，用户来自新闻媒体，如报纸、电视、互联网门户网站，以及国家机关、银行和大公司。

### （六）市场经营

2012年4月，在阿纳多卢通讯社成立92周年纪念会上公布的信息，在过去的7个月内，阿纳多卢通讯社的收入增长了45%。收入增长主要来自新用户、新业务和新产品。

阿纳多卢通讯社的目标是到2020年时年收入为1.3亿土耳其里拉。

### （七）知名度

阿纳多卢通讯社是知名的半官方通讯社之一，阿纳多卢通讯社的土语新闻在时效性、准确度和权威性上领先于大多数土耳其当地媒体，作为一家专业的通讯社，在西亚、中东和欧洲范围内也有一定知名度。

## 三、特点与经验

### (一)传统优势在摄影和图表报道

阿纳多卢通讯社的优势在摄影和图表,阿纳多卢通讯社的数据库里有近150万张照片,这是土耳其最大的数字照片数据库,网址是 http://foto.aa.com.tr。阿纳多卢通讯社的照片稿件也通过这个网址打包下载,分一般照片包和预付费网络照片包,一般照片包每天发稿600张,预付费网络照片包是专门服务新闻网站的低分辨率的照片。

阿纳多卢通讯社是土耳其第一家聘请持有滑翔伞驾照的摄影记者的通讯社,也是第一家深入地表630米以下,在土耳其宗古尔达克煤矿进行拍摄的通讯社。阿纳多卢通讯社的摄影记者和摄像师经常在各种比赛中获奖。

阿纳多卢通讯社是世界上重要的图表新闻通讯社之一,这项服务的目的是满足印刷和视觉媒体对图形的需要。自2007年以来,阿纳多卢通讯社已向外国通讯社提供了超过3.2万张照片。

随着视频地位的日益重要,阿纳多卢通讯社也提供视频产品,视觉新闻包每天提供150条高清画质视觉新闻,通过卫星到达用户。网络视频包每天提供15～20条配音新闻和50条无评论新闻,以满足网站的互联网电视需要。

### (二)重视培训,成立新闻学院

阿纳多卢通讯社2012年成立了新闻学院,背靠通讯社的大树,旨在培养新一代的记者。考虑到技术的发展,阿纳多卢通讯社的目的是以专业的方式培养合格的见习记者、记者、首席记者、摄影记者、摄像师。学院还通过综合媒体计划,给报纸和电视台的从业人员提供培训。此外还有通讯社新闻、财经新闻和战地新闻等专门领域培训课程。

**通讯社新闻证书课程**

阿纳多卢通讯社为"新一代"的新闻记者提供培训,培训者经过4个月的理论培训和实践训练,将接受基本的新闻学教育,写作新闻报道、专题报道,采访、拍摄,处理和传输照片训练,其中的佼佼者将受聘在阿纳多卢通讯社。

**战地新闻证书课程**

阿纳多卢通讯社总裁奥兹塔克认为,"根据其地理位置,土耳其需要培养战地记者”。[①] 阿纳多卢通讯社的记者先前是在伦敦接受“战地记者”的训练。由此阿纳多卢通讯社新闻学院成立后决定培养自己的战地记者。阿纳多卢通讯社和土耳其的警察学院、总参谋部签署了一项协议，在土耳其训练战地记者。根据这项计划，传媒工作人员将接受一些课程，学习在极端环境下和战场中生存，同时给新闻中心发送新闻报道、照片和视频新闻。培训共 82 小时，包括 42 小时的野外训练。土耳其武装部队的教官会教授给战争法、战争理论和术语、生化袭击、海上作业、空中作业、设置路线以及读地图等技能。阿纳多卢通讯社新闻学院也对外提供培训，授课有土耳其语、英语和阿拉伯语课程选项，将开始为中东、巴尔干和高加索地区的媒体训练战地记者。

**财经新闻证书课程**

阿纳多卢通讯社的产品现在有经济新闻包、公司新闻包，通讯社希望加强财经新闻，能够跻身世界财经新闻通讯社的前 10 名。因此阿纳多卢通讯社新闻学院与土耳其财政部、土耳其国库署、土耳其统计研究所、银行业监督管理委员会、证券交易委员会合作，开设财经记者证书课程，3 个月之久的“财经新闻证书课程”包括 420 小时的培训，成功的参加者将受聘于阿纳多卢通讯社。

**外事记者证书课程**

阿纳多卢通讯社新闻学院与土耳其外交部合作，通过长达 3 个月的“外交新闻学证书课程”，培训熟练的外事记者。

### (三)重视新媒体建设

阿纳多卢通讯社的新网站 www. aa. com. tr 在 2012 年春天启动，用四国语言发布新闻报道，网站语言可以选择波斯尼亚语、阿拉伯语、英语和土耳其语。

阿纳多卢通讯社在 iPhone、iPad、平板电脑和 Android 应用程序都有应用。阿纳多卢通讯社还通过社交网络如 Twitter、Facebook、Linkedin、YouTube、Vimeo 等进行传播。

阿纳多卢通讯社与土耳其领先的 GSM 移动电话运营商 Turkcell 签署了三年的合约，Turkcell 提供 1500 条声音线路和 600 条数据线路供阿纳多卢通讯社使用。根据该协议和活动，所有记者都配备了 iPhone，而编辑和管理者则配备了 iPad。

---

① http://www. aa. com. tr/en/corporate－news/44007－－anadolu－agency－celebrates－92nd－anniversary

### (四)国际合作与国际化战略

阿纳多卢通讯社与美联社、法新社、德新社、埃菲社、安莎社、新华社以及来自世界各地的上百家通讯社都有合作和新闻交换。与海湾地区的阿联酋国家媒体委员会、阿联酋通讯社、半岛电视台、卡塔尔通讯社和科威特通讯社都有合作。

阿纳多卢通讯社与欧洲新闻图片社(EPA)合作提供照片,欧洲新闻图片社是一家总部在德国的图片通讯社,由德国、西班牙、葡萄牙、荷兰、瑞典、波兰和意大利等国知名通讯社联合成立。欧洲新闻图片社每天发布约1500张照片,以满足来自世界各地的媒体的照片需要。阿纳多卢通讯社拥有在土耳其、阿塞拜疆和土库曼斯坦的提供他们照片服务的权利。

阿纳多卢通讯社还与阿巴卡新闻图片社(Abaca)合作,阿巴卡新闻图片社总部设在美国和法国,提供从各种名人照片到日常照片。阿纳多卢通讯社每天从阿巴卡新闻图片社向用户提供约300张照片。

阿纳多卢通讯社的新闻培训也在周边国家和北非产生了一定影响,阿纳多卢通讯社总裁奥兹塔克说,利比亚政府已经要求阿纳多卢通讯社训练他们的记者,埃及政府希望阿纳多卢通讯社帮助他们改造他们的国家通讯社。[①]

---

① http://www.aa.com.tr/en/corporate-news/44007--anadolu-agency-celebrates-92nd-anniversary